Manoel Benedito Rodrigues
Álvaro Zimmermann Aranha

Geometria Espacial
Caderno de Atividades - Volume 3

Editora Policarpo

Coleção Vestibulares

Matemática nos Vestibulares – vol. 4 e 5
História nos Vestibulares – vol. 3 e 4

Coleção Exercícios de Matemática

Volume 1: Revisão de 1º Grau
Volume 2: Funções e Logaritmos
Volume 3: Progressões Aritméticas e Geométricas
Volume 4: Análise Combinatória e Probabilidades
Volume 5: Matrizes, Determinantes e Sistemas Lineares
Volume 6: Geometria Plana

Caderno de Atividades

Números Complexos
Polinômios e Equações Algébricas
Trigonometria – vol. 1 e 2
Geometria Espacial – vol. 1, 2 e 3
Geometria Analítica – vol. 1 e 2

Coleção Exercícios de Matemática

Matemática – 6º ano – vol. 1 e 2
Matemática – 7º ano – vol. 1 e 2
Álgebra – 8º ano – vol. 1 e 2
Álgebra – 9º ano – vol. 1 e 2
Geometria Plana – 8º ano
Geometria Plana – 9º ano
Desenho Geométrico – 8º ano
Desenho Geométrico – 9º ano

Diagramação e desenhos: **DIGIARTE**

Dados Internacionais de Catalogação, na Publicação (CIP)
(Câmara Brasileira do Livro, SP, Brasil)

Aranha, Álvaro Zimmermann. Rodrigues, Manoel Benedito
Geometria espacial: caderno de atividades: volume 3/

Matématica / Aranha, Álvaro Zimmermann. Rodrigues, Manoel Benedito

São Paulo: Editora Policarpo, 7. ed. - São Paulo

Editora Policarpo, 2015

Bibliografia

ISBN: 978-85-87592-18-7

1.Geometria no Espaço 2. Problemas, exercícios etc. 3. Matemática
I.Aranha, Álvaro Zimmermann. Rodrigues, Manoel Benedito. II. Título.

11-11897 CDD-510.7

Índices para catálogo sistemático:
1. Matemática: Estudo e ensino 510.7

Todos os direitos reservados à:
EDITORA POLICARPO LTDA
Rua Dr. Rafael de Barros, 175 - Conj. 01- São Paulo - SP - CEP: 04003-041
Tel./Fax: (11) 3288-0895
Tel.: (11) 3284-8916

Índice

I - Cilindros 1

      Exercícios 3

II - Cones 35

      Exercícios 37

III- Esferas 75

      Exercícios 80

IV- Semelhanças e Troncos 143

      Exercícios 160

      Respostas 205

I - CILINDROS

1 Cilindro circular

Definição: Considere dois planos paralelos distintos, uma reta **g** concorrente com ambos e uma região **B** contida em um deles. A união de todos os segmentos paralelos à reta **g**, com uma extremidade em B e a outra no outro plano, chamamos de **cilindro**.

Se a região da definição for uma região poligonal, o cilindro será chamado **prisma**, se a região for elíptica ele é chamado **cilindro elíptico** e se a região for um círculo ele é chamado **cilindro circular**.

Salvo explicação em contrário, quando falarmos apenas **cilindro**, estaremos nos referindo ao **cilindro circular**.

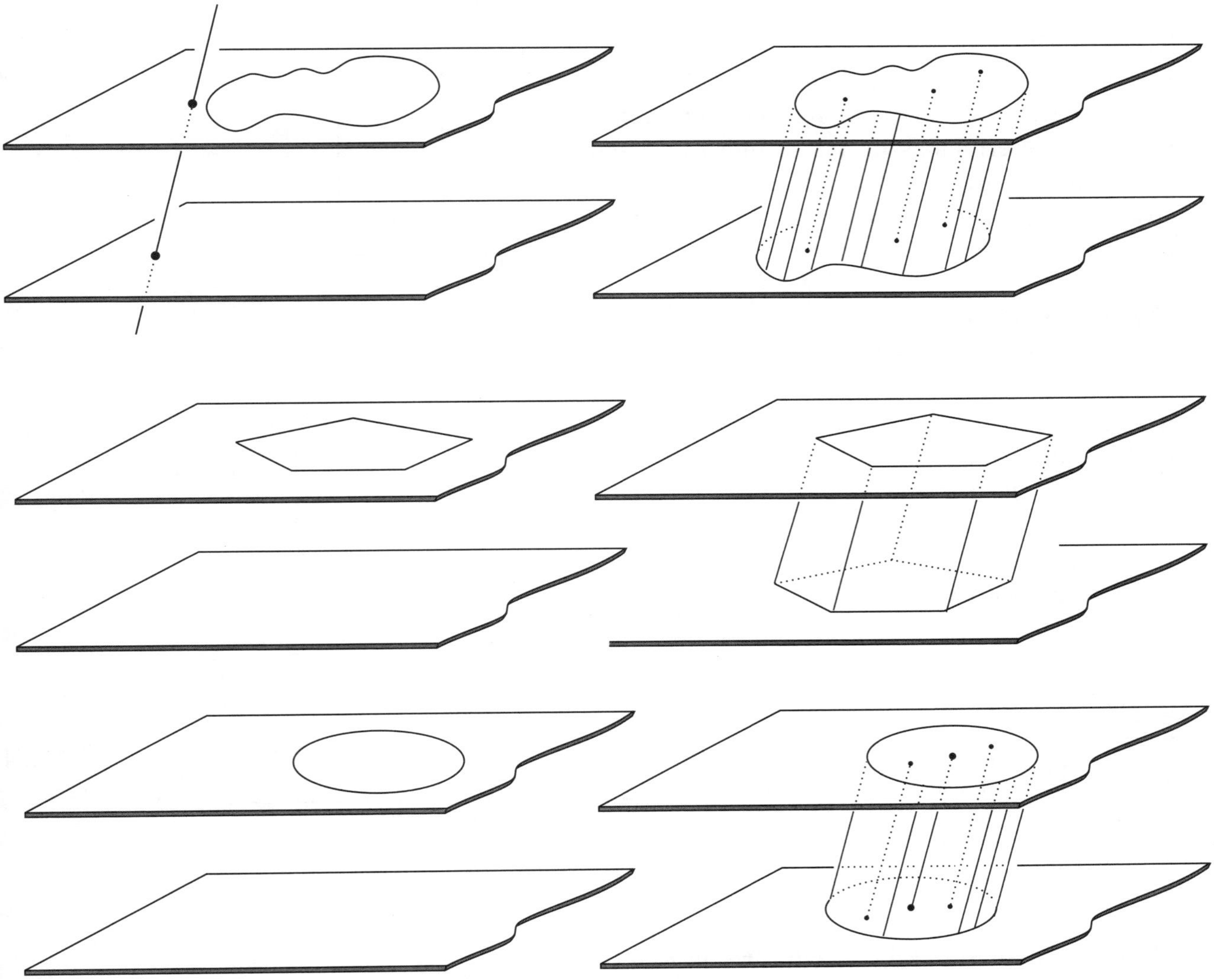

Para o caso do cilindro circular temos:

- Os círculos são chamados **bases**.
- A reta que passa pelos centros das bases é chamada **eixo**.
- O segmento paralelo ao eixo indo de uma circunferência à outra é chamado **geratriz**.
- A distância entre os planos das bases é chamada **altura**.

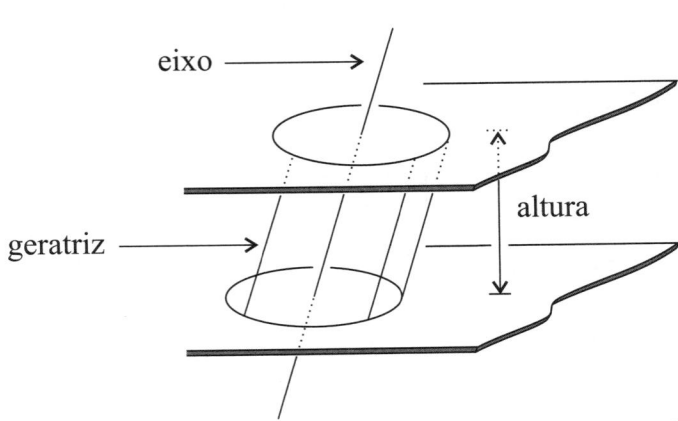

2 Cilindro reto (ou cilindro de revolução)

Um cilindro é chamado **cilindro reto** quando o seu eixo for perpendicular aos planos das bases. Note que as geratrizes também são perpendiculares aos planos das bases. O cilindro reto também é obtido pela rotação de um retângulo quando gira em torno de um eixo que contém um lado.
Daí o nome **cilindro de revolução**.
Se o eixo não for oblíquo ao plano da base o cilindro é chamado **oblíquo**.

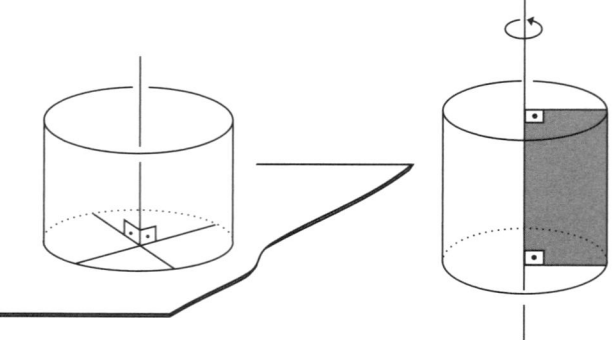

3 Secção meridiana

A intersecção de um cilindro com um plano que passa pelo eixo é chamada **secção meridiana**. As secções meridianas de um cilindro reto são retângulos e de um cilindro oblíquo são paralelogramos (há apenas uma que é retângulo).

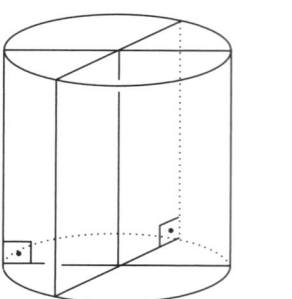 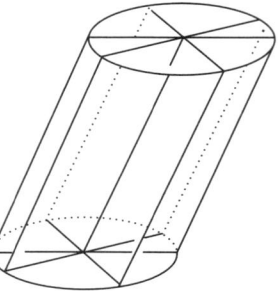

4 Cilindro equilátero

Cilindro equilátero é o cilindro reto cuja geratriz (ou altura) e congruente ao diâmetro da base.
As secções meridianas de um cilindro equilátero são quadrados.

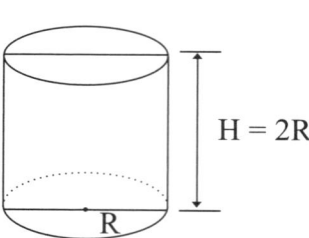

$H = 2R$

5 Área lateral de um cilindro reto

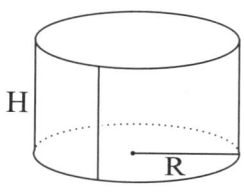 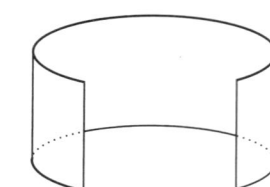 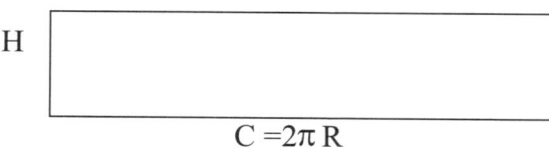

$C = 2\pi R$

$A_L = 2\pi R \cdot H$

6 Volume de um prisma e de um cilindro circular (reto ou oblíquo)

B = área de uma base, **H** = altura

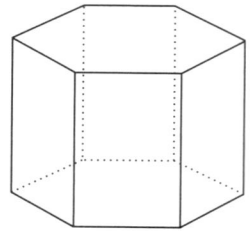 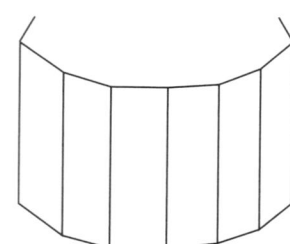 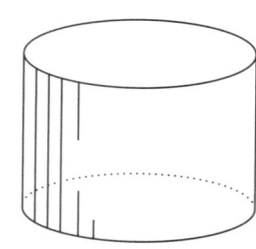

$V_{prisma} = B \cdot H$ $V_{prisma} = B \cdot H$ $V_{cilindro} = B \cdot H = (\pi r^2) \cdot H$

EXERCÍCIOS:

1. Determine o volume do cilindro reto nos casos:
   a) 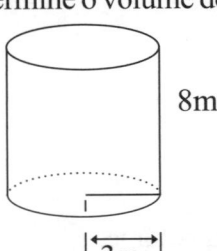 8m, 3m

   b) 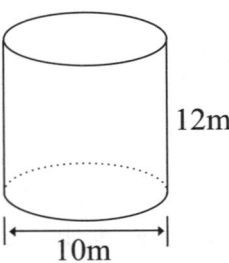 12m, 10m

2. Determine a área (área total) do cilindro reto nos casos
   a) 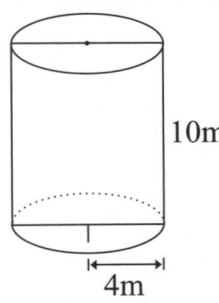 10m, 4m

   b) 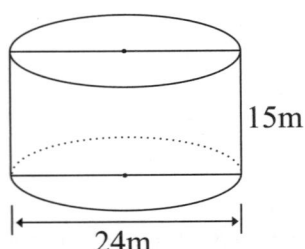 15m, 24m

3. Determine o volume e a área de um cilindro de revolução (cilindro reto) de 6m de raio e 10m de altura.

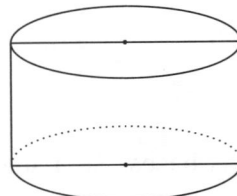

4. Determine o volume e a área de um cilindro equilátero de 8m de raio.

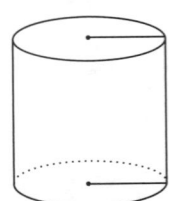

5. Determine o volume e a área de um cilindro de revolução de 6m de altura, sabendo que a secção meridiana tem 72m² de área.

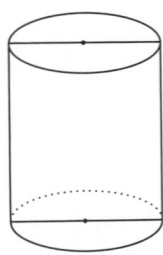

6. Determine a área de um cilindro equilátero de $250\pi m^3$ de volume.

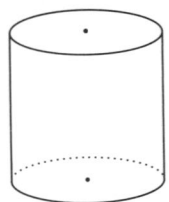

7 Um cilindro reto de 8m de altura tem $200\pi m^3$ de volume. Determine a sua área.

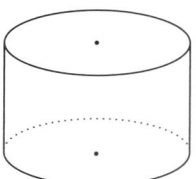

8 Um cilindro de revolução de 4m de raio tem $120\pi m^2$ de área. Determine o seu volume.

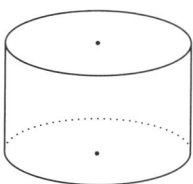

9 Um cilindro reto de 8m de altura tem $306\pi m^2$ de área. Determine o seu volume.

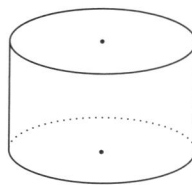

10 A área lateral de um cilindro de revolução é igual à soma das áreas das bases. Se a sua área é de $196\pi m^2$, qual é o volume?

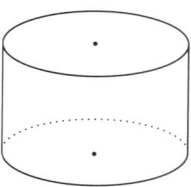

11 Se aumentarmos o raio ou a altura de um cilindro reto em 6m, num e noutro caso o seu volume aumenta $x\ m^3$. Sendo de 2m a altura do cilindro, determine x.

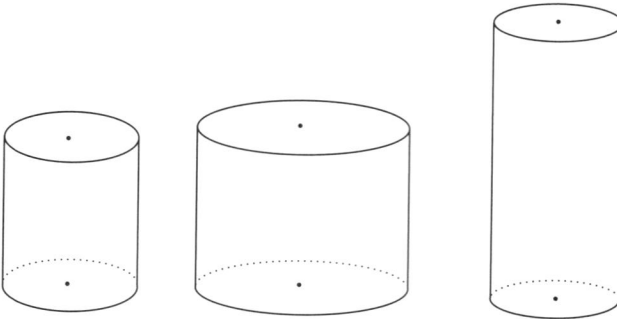

12 Com uma folha retangular de 12πcm por 18cm constrói-se a superfície lateral de um cilindro de revolução. Qual é o volume desse cilindro

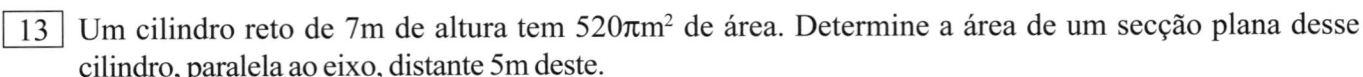

13 Um cilindro reto de 7m de altura tem $520\pi m^2$ de área. Determine a área de um secção plana desse cilindro, paralela ao eixo, distante 5m deste.

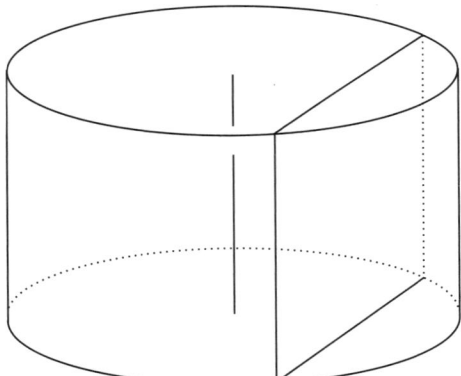

14 Determine a altura de um cilindro reto de $75\pi m^3$, sabendo que uma secção plana paralela ao eixo, distante 4m do eixo, tem $18m^2$ de área.

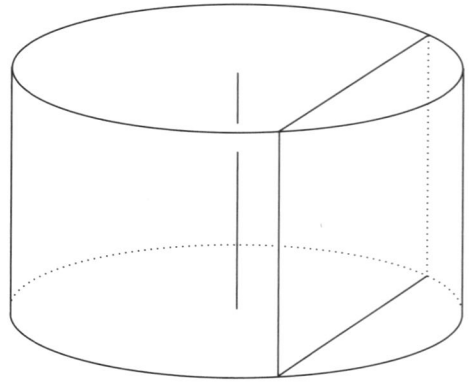

15 A razão entre o raio e a altura de um cilindro de revolução é 2:3. Se aumentarmos o raio em 3m, conservando a altura, o seu volume aumenta $198\pi m^3$. Determine a área desse cilindro.

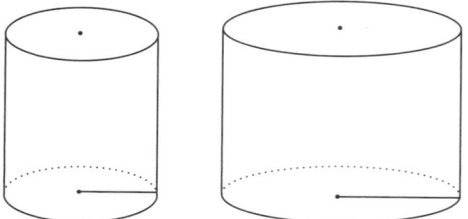

16 Determine o volume dos seguintes cilindros retos:
(Não faça um esboço da figura. Apenas pense nas figuras)
a) Com raio de 5m e altura de 20m.
R:

b) Com diâmetro de 8m e altura igual ao raio.
R:

c) Cilindro equilátero com raio de 10m.
R:

d) Com raio de 6m e área da secção meridiana de 84m².
R:

17 Determine a área dos seguintes cilindros retos:
(Não faça um esboço da figura)
a) Com raio de 8m e altura de 5m.
R:

b) Com diâmetro de 14m e altura de 5m.
R:

c) Cilindro equilátero de geratriz igual a 40m.
R:

d) Com altura de 18m e secção meridiana com 72m² de área.
R:

18 Resolver: (Não faça figura)
a) Determine a área de um cilindro equilátero de $1024\pi m^3$.

b) Determine o volume de um cilindro equilátero de $294\pi m^2$.

c) Determine o volume de um cilindro reto de 4m de raio e $104\pi m^2$.

d) Determine a área de um cilindro reto de 9m de altura de $324\pi m^3$.

e) Determine a área de um cilindro reto de 6m de raio e $648\pi m^3$.

f) Determine o volume de um cilindro reto de 10m de altura e $288\pi m^2$.

g) A área lateral de um cilindro de revolução é igual a área de uma base. Se o seu volume é de $6912\pi m^3$, qual é a sua área?

19 Ao calcular o volume de um cilindro reto o calculista enganou-se trocando as medidas do raio e da altura. O volume do cilindro aumentou ou diminuiu? Discutir.

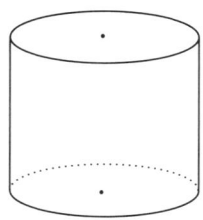

20 Determine o volume e a área da peça esboçada abaixo. Ela é composta de cilindros retos com eixos coincidentes.

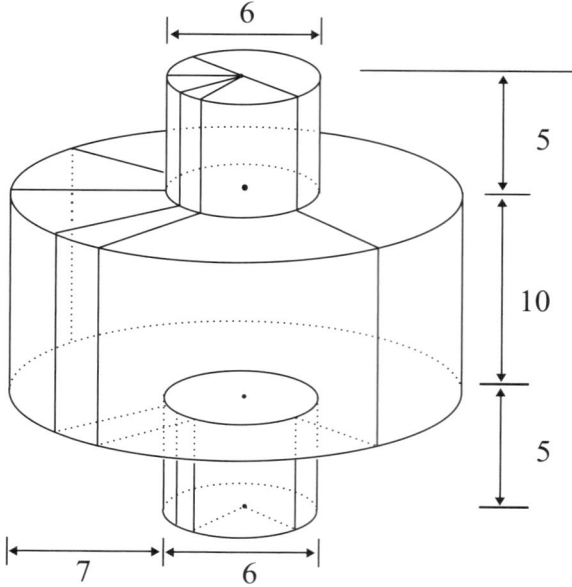

21 Determine o volume e a área da peça esboçada abaixo. Ela é obtida de um cilindro reto com um furo cilindro também reto. Ela não tem a interrupção apresentada na figura. Isto foi feito para que se visualize melhor a parte interna.

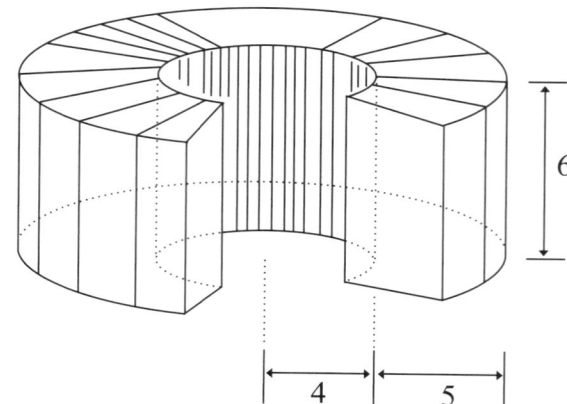

22 Determine o volume e a área do cilindro de revolução que se obtém quando o retângulo sombreado gira em torno de um eixo que contém o lado maior, nos casos:
a) Retângulo com lados de 5m e 9m.
b) Retângulo com lados de 4m e 12m.

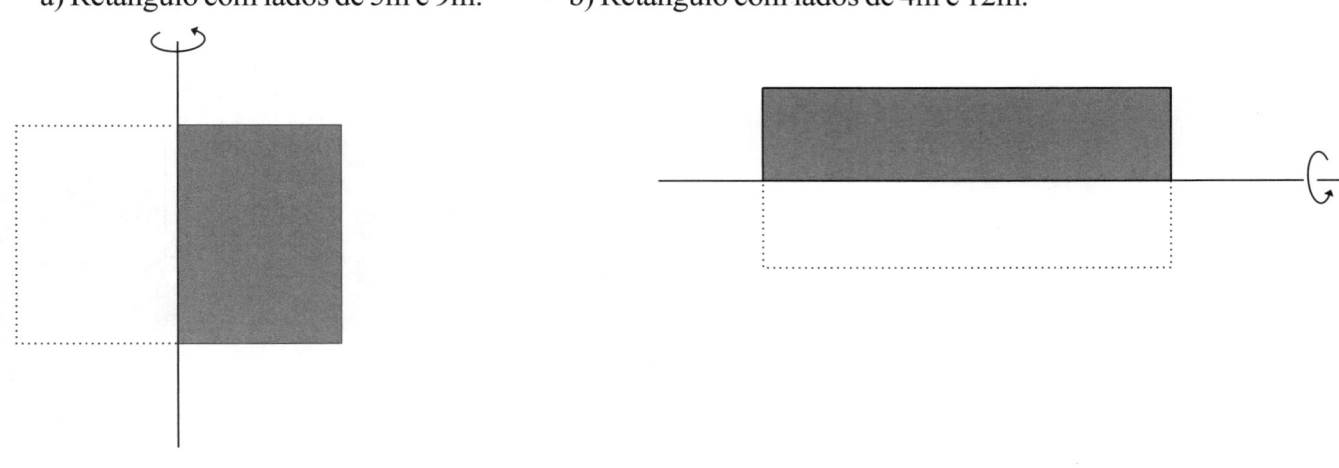

23 Determinar o volume e a área do sólido de revolução que se obtém quando um retângulo, de 6m por 8m, gira em torno de um eixo paralelo ao lado maior, distante 4m do retângulo.

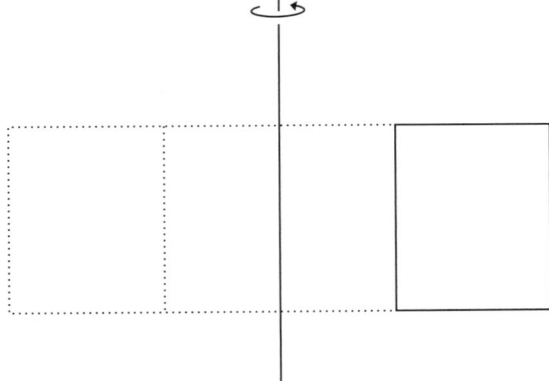

24 A região sombreada da figura gira em torno do eixo y, gerando um sólido de revolução. Determine a área da parte deste sólido gerada pelos seguintes segmentos.

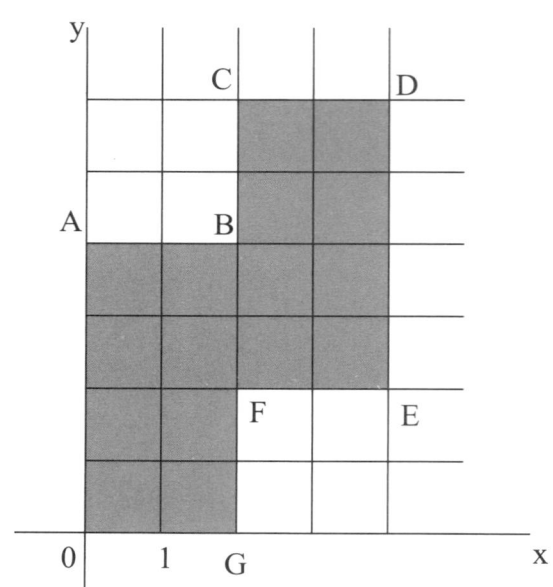

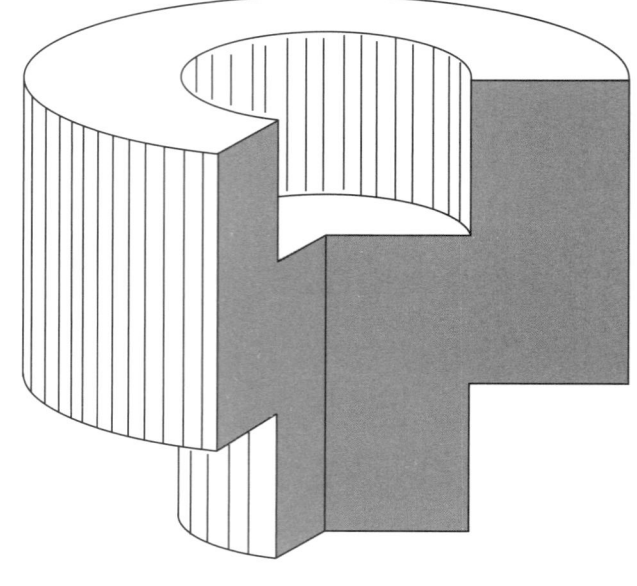

a) AB: b) CD: c) EF:

d) BC: e) FG: f) DE:

25 Idem ao anterior quando gira em torno do eixo x.

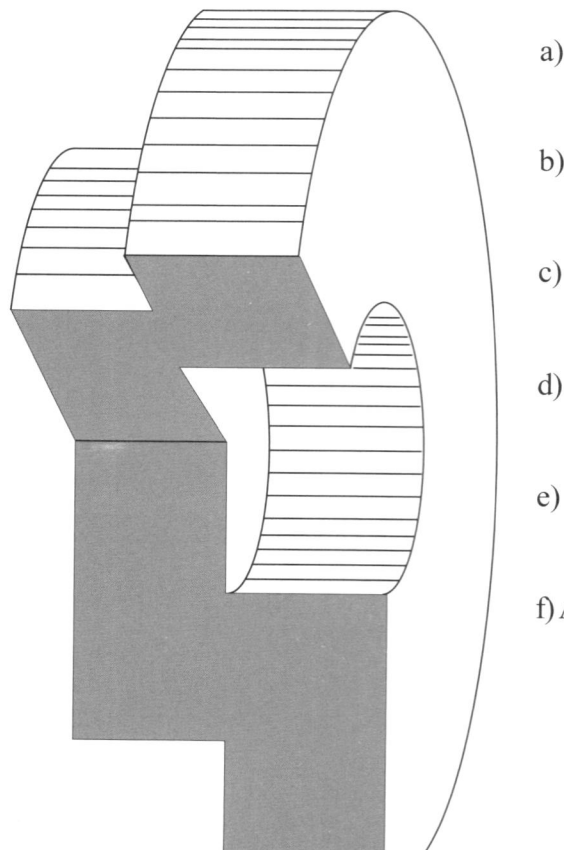

a) OA:

b) BC:

c) FG:

d) DE:

e) CD:

f) AB:

26. Determinar o volume e a área do sólido de revolução gerado pela rotação da parte sombreada, quando gira em torno do eixo y, nos casos:

a)
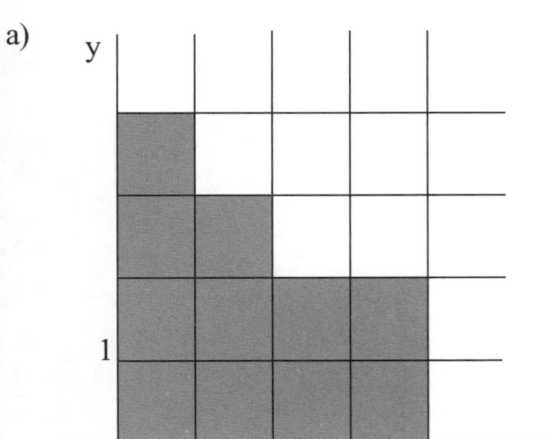

b)
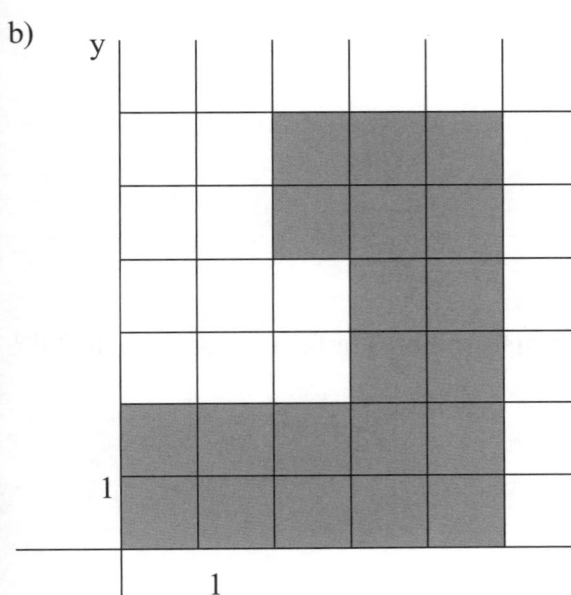

c)
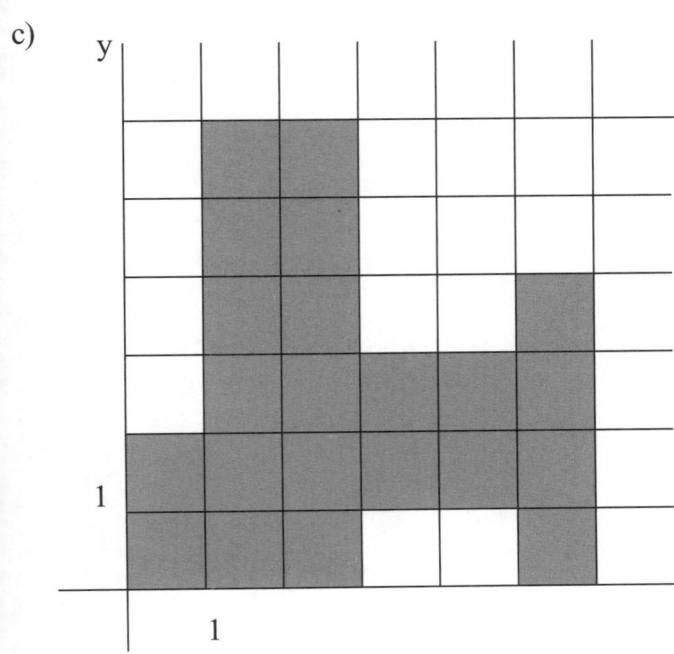

27 Determine o volume e a área do sólido que se obtém quando um retângulo de lados 8m e 12m faz uma rotação de 210° em torno de um eixo que contém o lado que mede 12m.

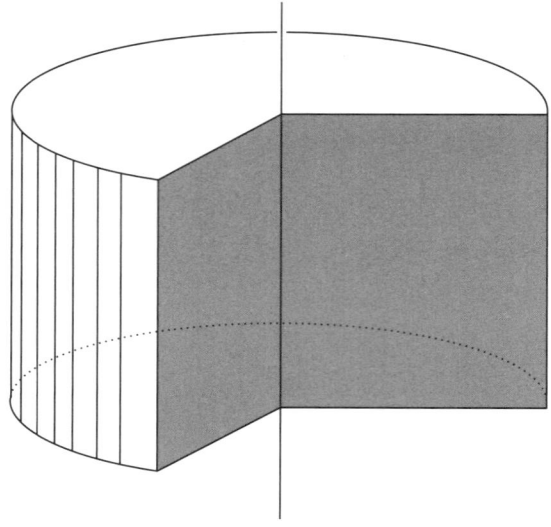

28 Determine o volume e a área do sólido gerado quando a região sombreada faz uma rotação de 288° em torno do eixo y.

29 a) Mostre que a área S de um triângulo dados os lados **a** e **b** e o ângulo compreendido γ é dada por
$S = \frac{1}{2} ab \operatorname{sen} \gamma$

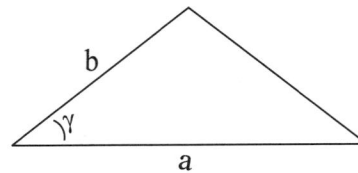

b) Determine a área do triângulo abaixo.

c) Determine a área do paralelogramo.

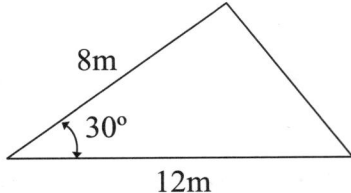

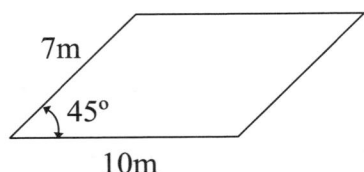

30 Determine a área do triângulo abaixo.
$$S = \sqrt{p(p-a)(p-b)(p-c)}, \quad p = \frac{a+b+c}{2}$$

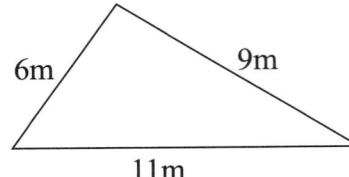

31 Determine a área do triângulo abaixo.

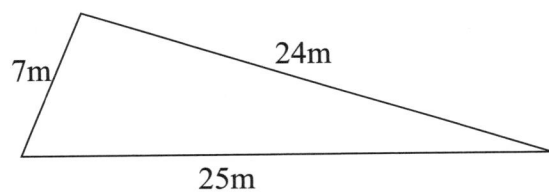

32 Dado um triângulo equilátero de 12m de lado, determine o raio da circunferência.
 a) inscrita no triângulo
 b) Circunscrita ao triângulo

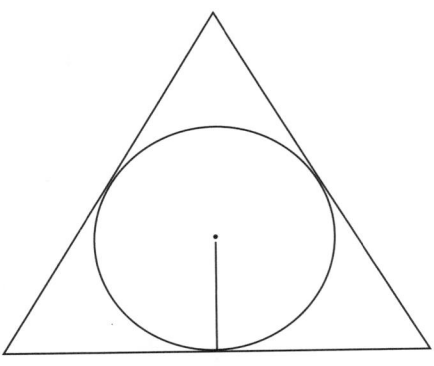
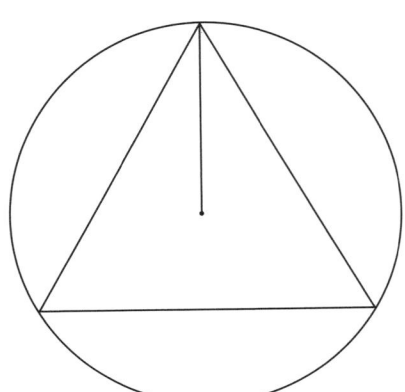

33. Os lados de um triângulo medem 30m, 39m e 39m (triângulo isósceles) determine ao raio da circunferência inscrita nele.

a) Por semelhança.

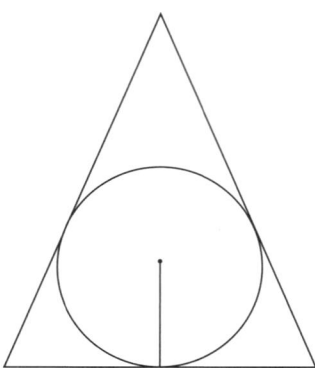

b) Por Pitágoras.

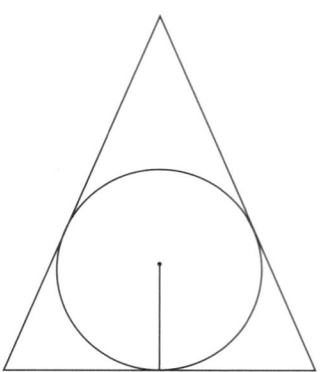

34. Os lados de um triângulo isósceles medem 16m, $8\sqrt{5}$m e $8\sqrt{5}$m. Determine o raio da circunferência cinrcunscrita a ele.

a) Pitágoras.

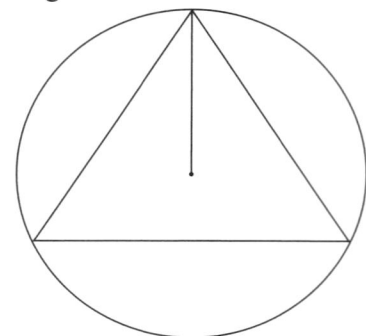

b) Potência de ponto.

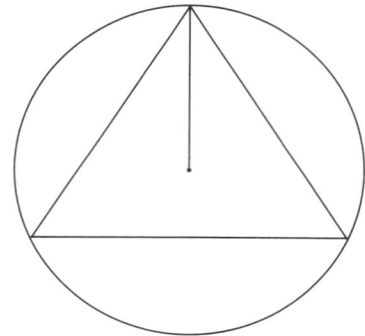

c) Semelhança.

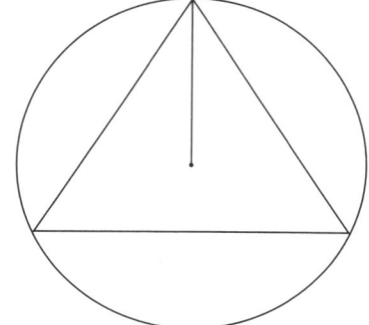

35 Dado um triângulo retângulo de catetos 12m e 16m, determine:
a) O raio da circunferência inscrita.   b) O raio da circunscrita.

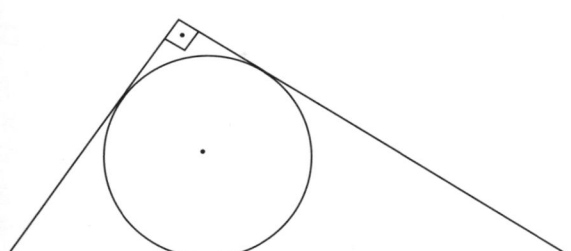 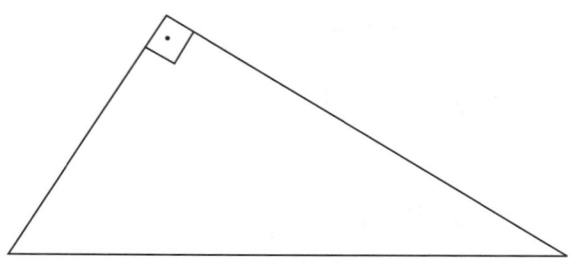

36 Mostre que a relação entre a área **S** de um triângulo, o raio **r** da circunferência inscrita nele e os seus lados **a**, **b** e **c** é $S = p \cdot r$ onde $p = \frac{a+b+c}{2}$.

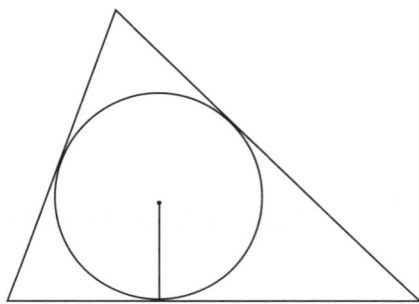

37 Determine o raio da circunferência inscrita num triângulo cujos lados medem, 7m, 8m e 9m.

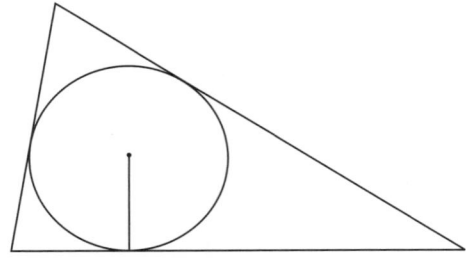

38 Determine o raio da circunferência inscrita em um triângulo equilátero de 18m de lado. (Faça de dois modos).

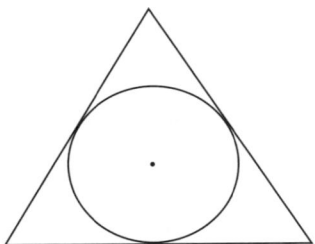

39 Prove a lei dos senos: $\dfrac{a}{\text{sen }\hat{A}} = \dfrac{b}{\text{sen }\hat{B}} = \dfrac{c}{\text{sen }\hat{C}} = 2R$

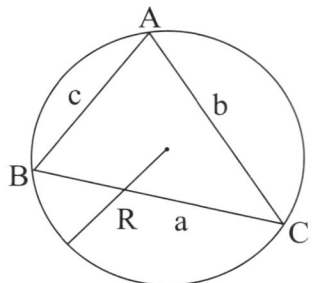

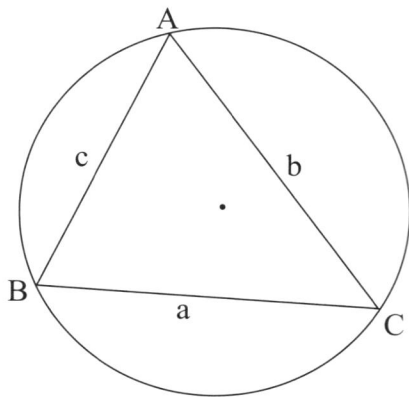

40 Mostre que a relação entre a área **S** de um triângulo, o raio **R** da circunferência circunscrita a ele e os lados **a, b,** e **c** é $S = \dfrac{abc}{4R}$.

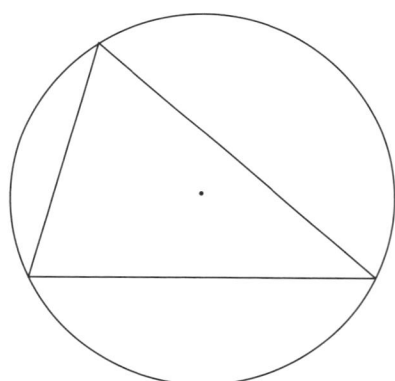

41 Determine o raio da circunferência circunscrita a um triângulo cujos lados medem 9m, 11m e 12m.

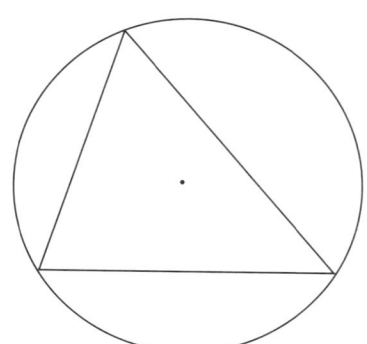

42 Determine o volume de um prisma quadrangular regular cuja altura relativa à base mede 3m sabendo que ele tem 224m² de área.

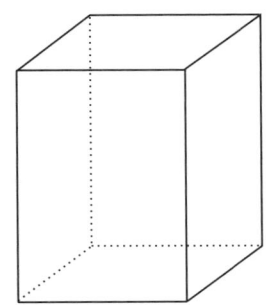

43 Um prisma triangular regular cuja aresta lateral mede $9\sqrt{3}$m tem $116\sqrt{3}$m² de área. Qual é o volume desse prisma?

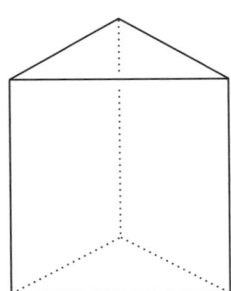

44 Uma aresta de um prisma quadrangular regular mede 8m e ele tem 160m². Qual é o volume desse prisma?

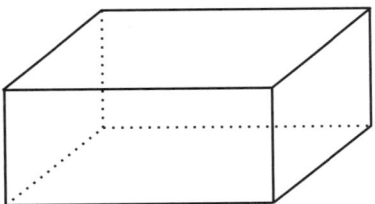

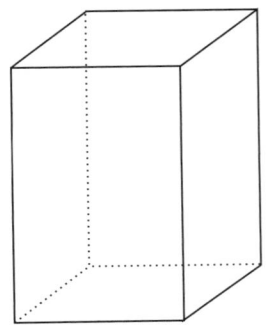

17

45 A aresta lateral de um prisma hexagonal regular mede $2\sqrt{3}$m e a sua área é de $180\sqrt{3}$m². Qual é o volume desse prisma?

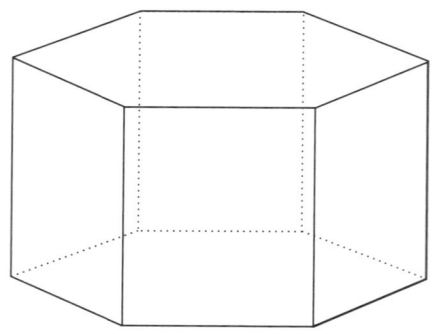

46 Determine o volume do prisma reto abaixo.

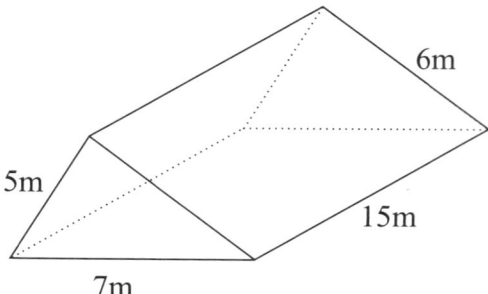

47 A aresta da base de um prisma quadrangular regular mede 8m e o cilindro inscrito nele tem 80πm². Determine o volume desse prisma.

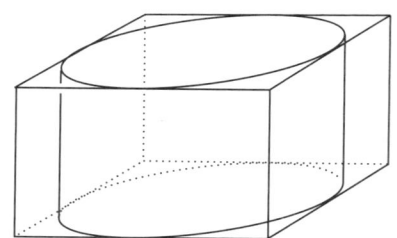 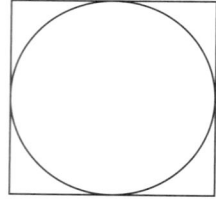

48 A aresta da base de um prisma triangular regular mede 12m e o cilindro inscrito neste prisma tem 144πm³. Determine o volume desse prisma.

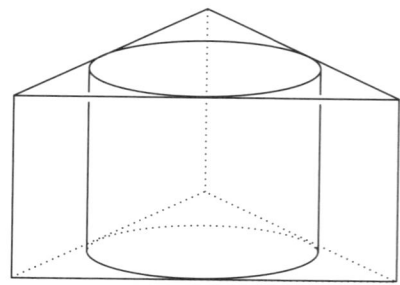 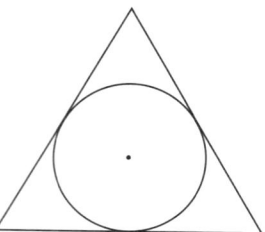

49 A aresta lateral de um prisma hexagonal regular mede $5\sqrt{3}$m e o seu volume é de 1440m³. Determine a área do cilindro inscrito nesse prisma.

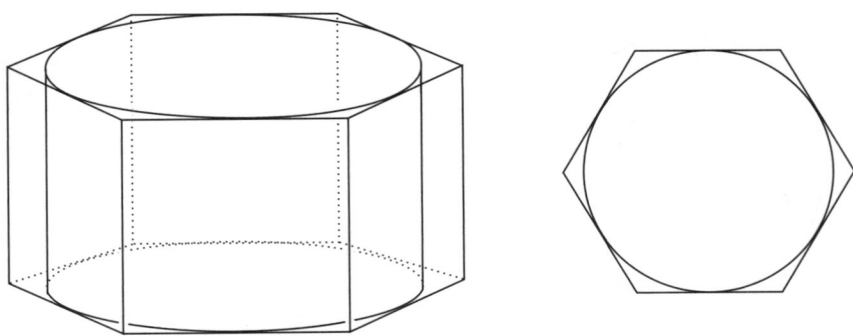

50 Um cilindro reto de 4m de geratriz tem 280πm². Determine o volume do prisma quadrangular regular inscrito nesse prisma. (A base do prisma está na base do cilindro).

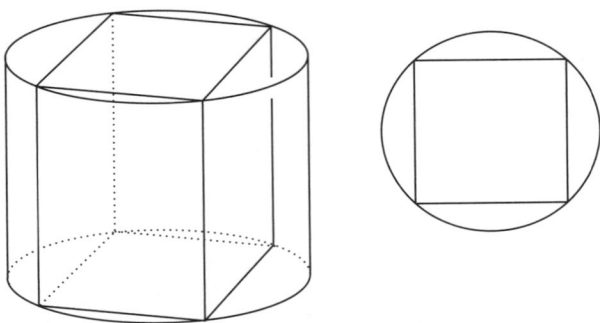

51 A geratriz de um cilindro reto mede $8\sqrt{3}$m e o prisma hexagonal regular inscrito nele tem $576\sqrt{3}$m². Determine a área do cilindro.

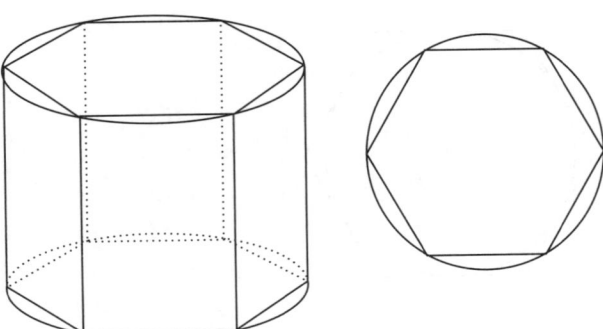

52 A aresta da base de um prisma triangular regular mede 12m e o cilindro circunscrito a ele tem 240πm². Determine o volume desse prisma.

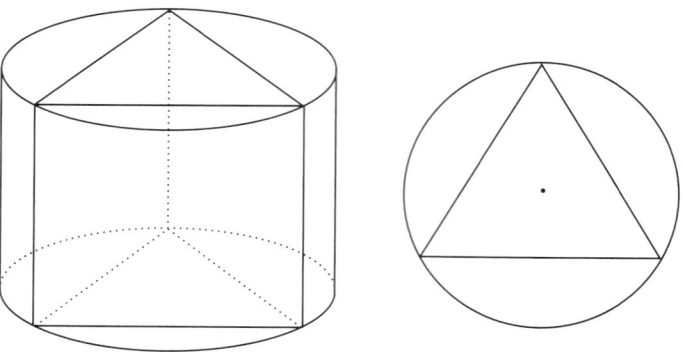

53 Determinar a área do prisma quadrangular regular circunscrito a um cilindro equilátero de 294πm².

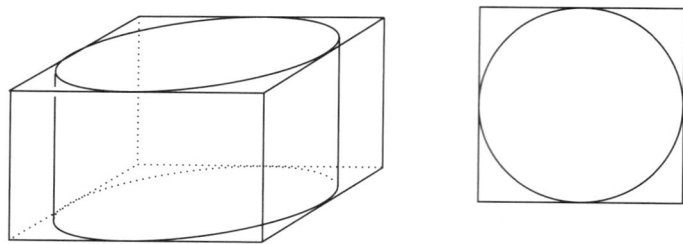

54 Determine a área do prisma hexagonal regular circunscrito a um cilindro equilátero de $1296\sqrt{3}\pi$m³.

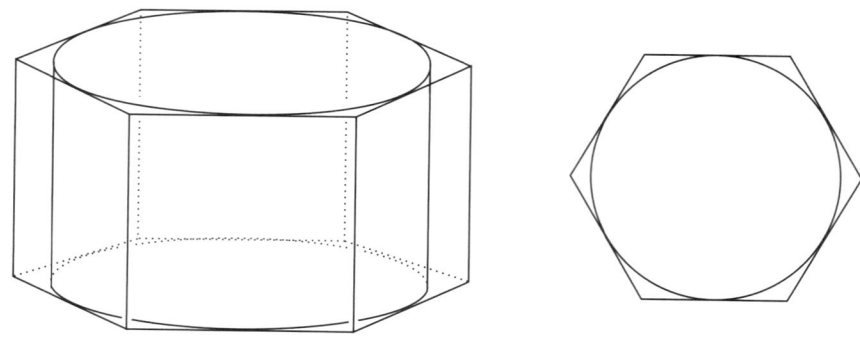

55 A área do prisma triangular regular circunscritível a um cilindro equilátero é de $486\sqrt{3}\,m^2$. Determine o volume desse prisma.

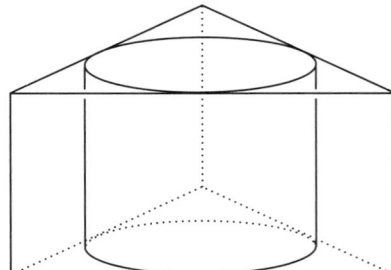
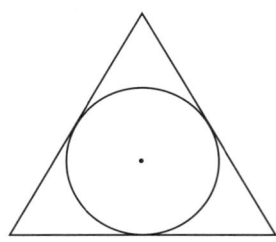

56 O prisma hexagonal regular inscrito em um cilindro equilátero tem $144(\sqrt{3}+4)\,m^2$. Determine o volume desse prisma.

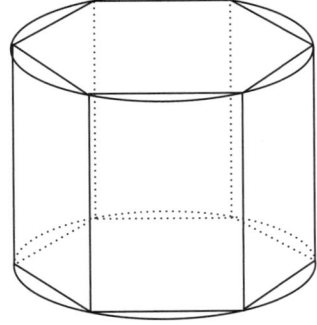
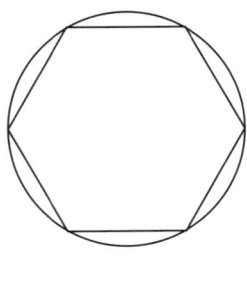

57 O cilindro circunscrito a um prisma triangular regular de arestas congruentes entre si tem $32(\sqrt{3}+1)\pi\,m^2$ de área. Determine o volume desse prisma (um prisma regular não tem necessariamente a aresta lateral congruente à aresta da base).

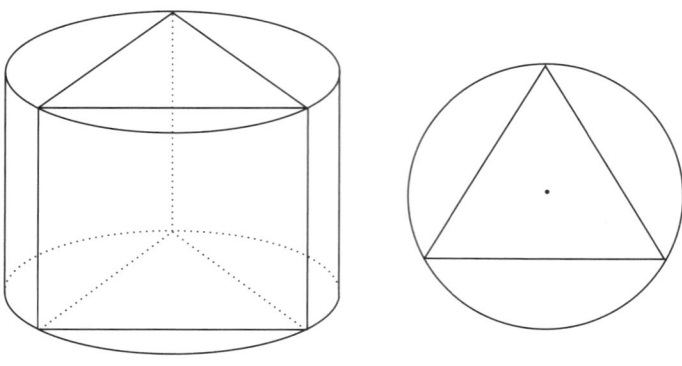

58 A base de um prisma reto é um triângulo isósceles com lados de 8m, $4\sqrt{5}$m e $4\sqrt{5}$m. Se esse prisma tem $16(3\sqrt{5}+7)m^2$ qual é a área do cilindro circunscrito a ele?

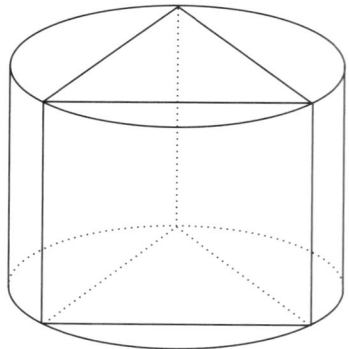 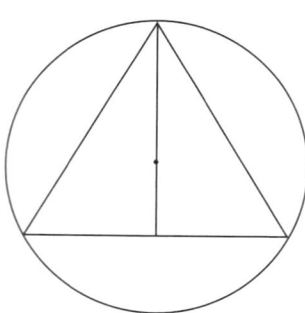

59 A base de um prisma reto é um triângulo cujos lados medem 24m, 20m e 20m. Se esse prisma tem 960m², qual é a área do cilindro inscrito nele?

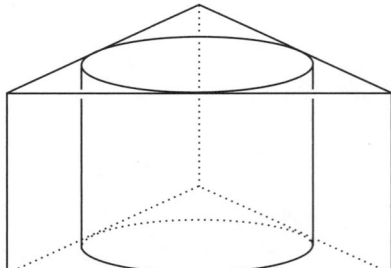
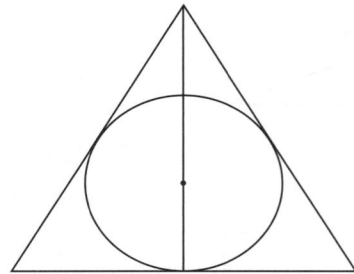

60 Os lados de um triângulo medem 16m, 30m e 34m e ele é base de um prisma reto inscrito em um cilindro de 1734πm³. Determine a área desse prisma.

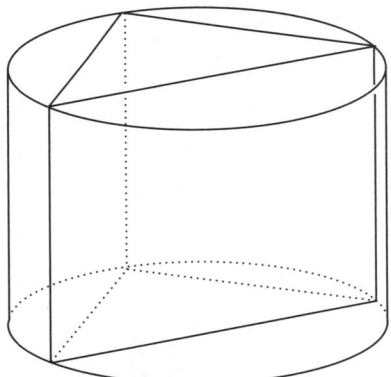

61 A base de um prisma reto é um triângulo cujos lados medem 7m, 24m e 25m. O cilindro inscrito nesse prisma tem $108\pi m^2$. Qual é a área desse prisma?

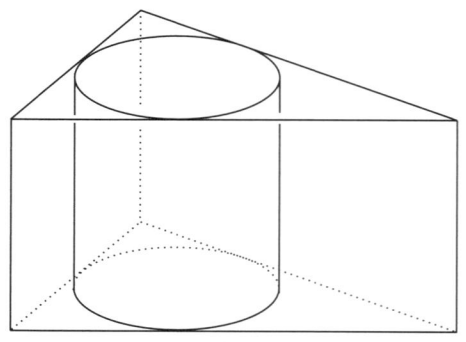

62 Os lados de um triângulo medem 10m, 17m e 21m e ele é base de um prisma reto. Se o cilindro inscrito nesse prisma tem $147\pi m^2$, qual é o volume desse prisma?

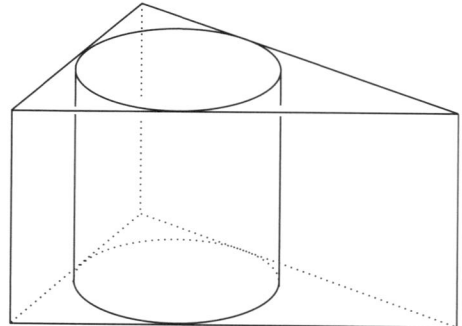

63 A base de um prisma reto é um triângulo cujos lados medem 8m, 10m e 12m. Se esse prisma tem $240\sqrt{7}m^2$, qual é o volume do cilindro circunscrito a ele?

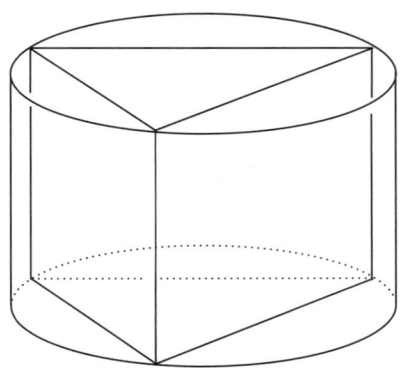

64 Um cubo está inscrito em um cilindro reto de $108\pi m^3$. Determine o volume do menor segmento cilíndrico que uma face do cubo, secante com esse cilindro, determina nele.

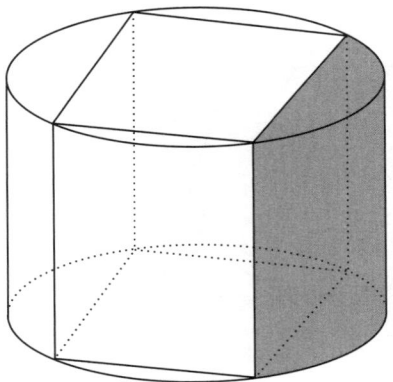

65 Um cilindro de 168πm² está circunscrito a um prisma triangular regular cuja aresta lateral mede 8m. Determine o volume do maior segmento cilíndrico que uma face do prisma, secante com o cilindro, determina nele.

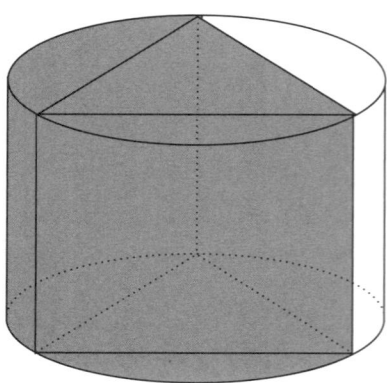 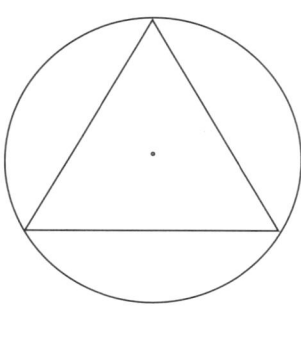

66 Um prisma reto cuja base é um trapézio isósceles com bases de 4m e 16m circunscreve um cilindro reto. Sendo 440m² a área desse prisma, qual é a área do cilindro?

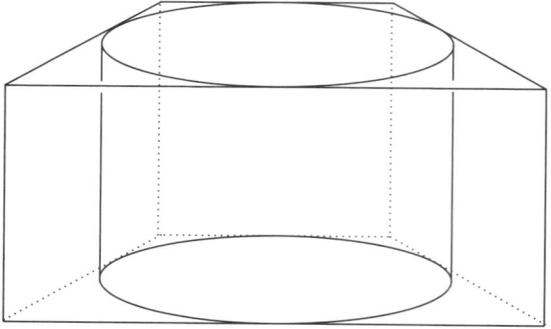 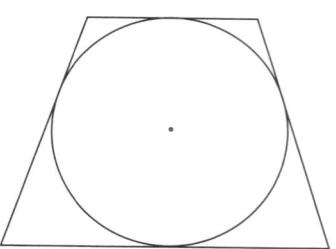

67 Um prisma reto cuja base é um trapézio retângulo com bases de 4m e 12m circunscreve um cilindro reto de 72πm². Determine a área do prisma

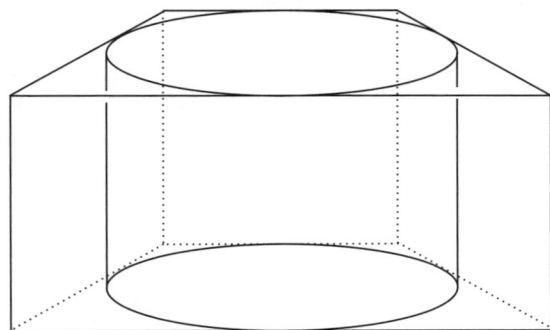
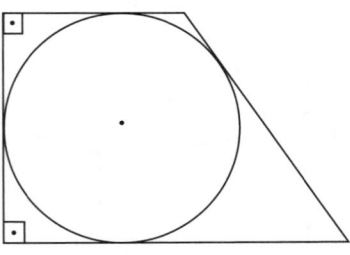

68 Dois cilindros de revolução de 6m de raio são tais que o eixo de cada um contém uma geratriz do outro. Se a parte comum tem 4(28π - 9√3)m², qual é o seu volume?

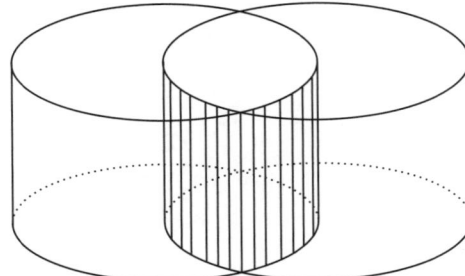
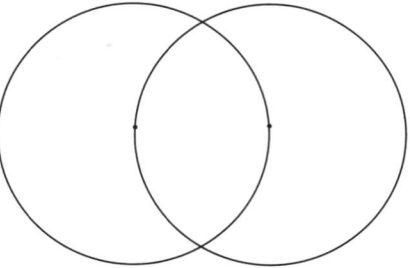

69. A base de um prisma reto é um triângulo ABC com AB = 12m, AC = 18m e BC = 6√7m. Se este prisma tem 648√3m³ e ele está inscrito em um cilindro reto, qual é o volume do menor segmento cilíndrico que a face lateral do prisma, que contém BC, determina no cilindro?

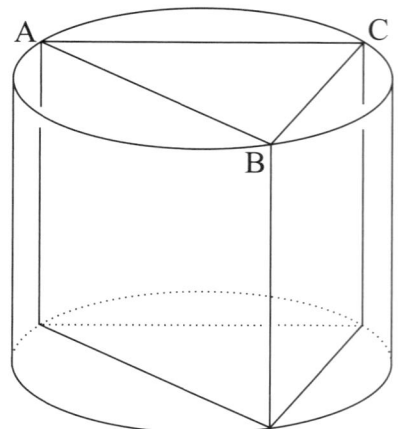

70 Baseando-se no seguinte teorema: "Se uma reta é oblíqua a um plano, então existe uma única reta desse plano que é perpendicular a ela", mostre que se um cilindro é oblíquo, então existe uma única secção meridiana dele que é retângulo.

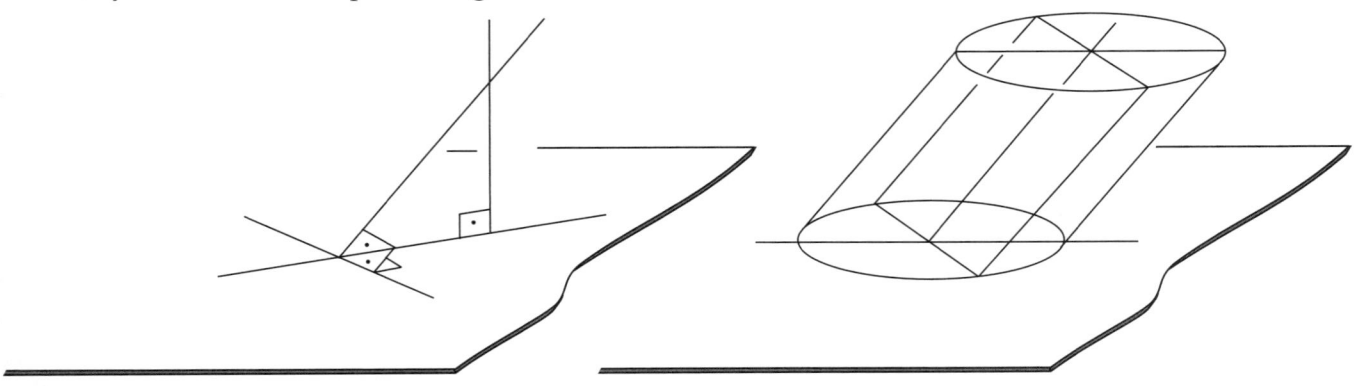

71 A projeção ortogonal de uma base de um cilindro sobre o plano da outra base tem apenas um ponto em comum com a outra base. Se as secções meridianas de maior e menor áreas têm 60m² e 48m², qual é o volume desse cilindro?

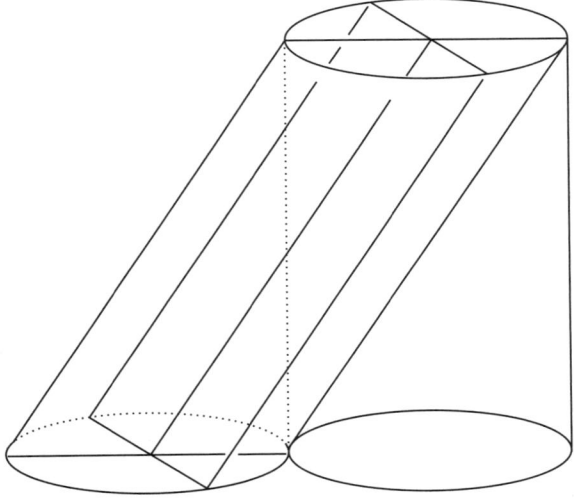

72 A aresta da base de uma pirâmide quadrangular regular mede 12m e ela tem 864m³ de volume. Se um cilindro reto inscrito nela tem 80πm² de área, qual é o seu volume?

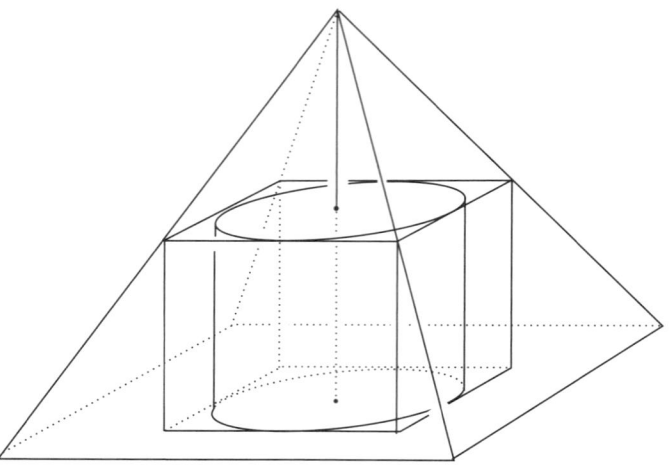

73 Um cilindro equilátero está inscrito em uma pirâmide triangular regular, com uma base do cilindro contida na base da pirâmide. A aresta da base da pirâmide tem 18m e a sua área lateral é de $81\sqrt{6}$m². Determine a área desse cilindro.

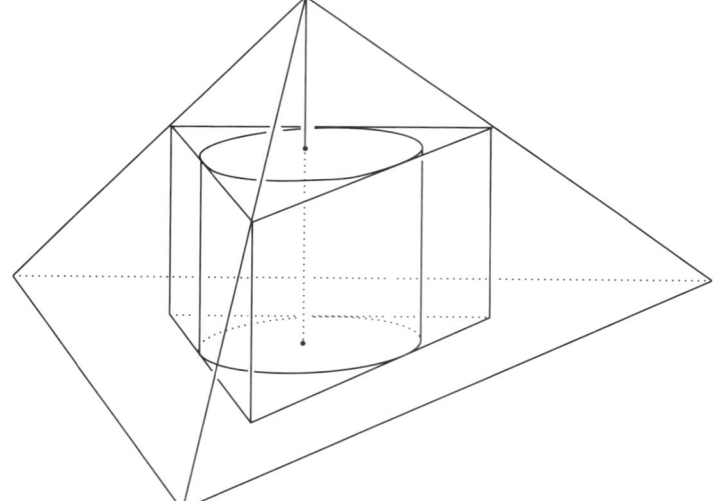

74 As arestas de um paralelepípedo reto retângulo (ou apenas paralelepípedo retângulo) medem 9m, 12m e 16m. Qual é o volume do cilindro circunscrito a este paralelepípedo.

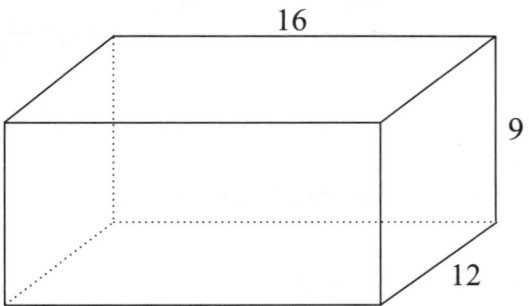
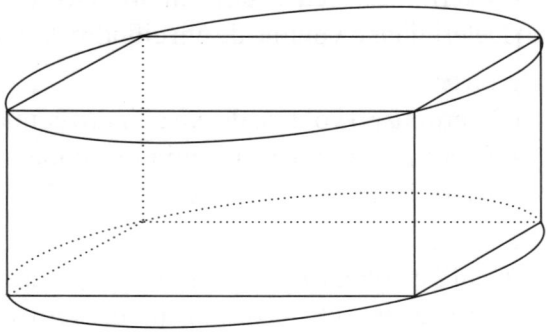
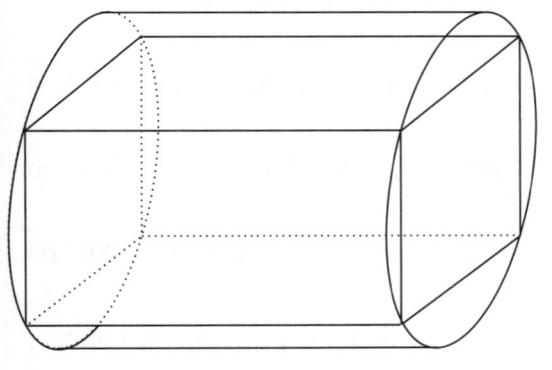
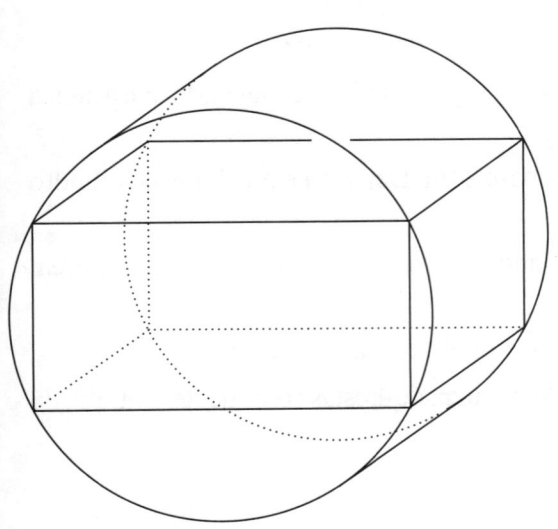

75 Resolver:
a) Determine o volume e a área de um cilindro reto de raio 6m e altura 8m.
b) Determine a área de um cilindro reto de 4m de altura sabendo que o seu volume é de $256\pi m^3$.
c) Determinar o volume de um cilindro de revolução de 7m de altura sabendo que a sua área é de $120\pi m^2$.

76 Resolver:
a) Determinar o volume de um cilindro equilátero de $150\pi m^2$.
b) Determinar a área de um cilindro equilátero de $1024\pi m^3$.
c) Determinar a razão entre a área lateral e a soma das áreas das bases de um cilindro equilátero.

77 Resolver:
a) Qual é o volume de um cilindro equilátero cuja secção meridiana tem $144m^2$?
b) A secção meridiana de um cilindro reto de $130\pi m^2$ tem $80m^2$. Qual é o volume desse cilindro?
c) O perímetro da secção meridiana de um cilindro reto de $234\pi m^2$ tem 44m. Qual é o volume desse cilindro?

78 Uma secção plana de um cilindro reto de 8m de raio, paralela ao eixo, distante 6m do eixo, tem $16\sqrt{7}m^2$ de área. Qual é o volume desse cilindro?

79 Uma secção plana de um cilindro reto, paralela ao eixo e distante 3m do eixo, tem $16m^2$ de área. Sabendo que a área lateral desse cilindro é de $20\pi m^2$, qual é o seu volume?

80 Uma secção plana de um cilindro reto de 6m de altura, paralela ao eixo, distante 3m do eixo, tem $48m^2$ de área. Determine o volume e a área desse cilindro.

81 A superfície lateral de um cilindro de revolução tem $120\pi m^2$ de área e o cilindro tem $720\pi m^3$ de volume. Determine a área desse cilindro.

82 A área lateral de um cilindro de revolução é igual à soma das áreas das bases. Se ele tem $216\pi m^3$ de volume, qual é a sua área?

83 A área lateral de um cilindro reto excede a área de uma secção meridiana em $6m^2$. Determine a área lateral desse cilindro.

84 Determine o volume de um cilindro reto de área lateral $120\pi m^2$ e área total $170\pi m^2$.

85 Um cilindro reto tem $40\pi m^2$ de área e $16\pi m^3$ de volume. Determine o raio e a altura desse cilindro.

86 Um prisma quadrangular regular, cuja aresta da base mede 16m, tem $768m^3$ de volume. Qual é a área do cilindro inscrito nesse prisma?

87 A aresta lateral de um prisma quadrangular regular mede 9m. Se este prisma tem $560m^2$, qual é o volume do cilindro inscrito nele?

88 Qual é a área do cilindro inscrito em um hexaedro regular (cubo) de $864m^2$ de área?

89 Qual é o volume do cilindro circunscrito a um hexaedro regular de $64m^3$ de volume?

90 Qual é o volume do cilindro circunscrito a um prisma quadrangular, regular de $264m^2$, sabendo que a aresta lateral mede 8m?

91 A aresta lateral de um prisma triangular regular mede 4m e a da base 24m. Determine o volume do cilindro inscrito nesse prisma.

92 A aresta lateral de um prisma triangular regular mede 7m e o cilindro circunscrito a ele tem $88\pi m^2$ de área. Determine o volume desse prisma?

93 Determinar o volume do prisma triangular regular inscrito em um cilindro equilátero de raio **r**.

94 Determinar o volume do cilindro inscrito em um prisma triangular regular, de arestas congruentes entre si, de $54\sqrt{3}m^3$.

95 Um prisma triangular regular de arestas congruentes entre si está inscrito em um cilindro reto cujo volume é de 72πm³. Determinar o volume desse prisma.

96 Ache o volume do cilindro circunscrito a um prisma triangular regular, de arestas congruentes entre si, cujo volume é de $432\sqrt{3}$m³.

97 Um cilindro equilátero está inscrito em um prisma triangular de $48\sqrt{3}$m³. Qual é a área desse cilindro?

98 A secção meridiana de um cilindro reto e uma secção plana paralela ao eixo, distante 3m dele têm 60m² e 48m². Determine o volume e a área desse cilindro.

99 Se aumentarmos o raio de um cilindro de revolução em 2cm, sem alterarmos a medida da altura, a sua área aumenta 56πcm² e o seu volume aumenta 96πcm³. Qual é o volume do cilindro original?

100 Duas secções planas de um cilindro reto, paralelas ao eixo do cilindro, distantes 2m e 4m do eixo, têm $16\sqrt{5}$m² e $32\sqrt{2}$m² de área. Qual é o volume desse cilindro?

101 A área lateral de um cilindro reto é igual à soma das áreas das bases e o prisma triangular regular inscrito nele tem $288\sqrt{3}$m² de área. Qual é o volume desse prisma?

102 Qual é o volume do cilindro reto, de maior raio possível, que circunscreve um prisma reto cuja base é um triângulo isósceles de 8m de base, sabendo que o cilindro tem 70πm² de área e o prisma 64m³ de volume?

103 A base de um prisma reto é um triângulo isósceles de 12m de base. Se este prisma tem 15m de altura e o cilindro inscrito nele tem 108πm² de área, qual é a área desse prisma?

104 Um prisma reto com 4m de altura tem como base um triângulo retângulo de hipotenusa 17m. Se este prisma tem 280m² de área, qual é a área do cilindro inscrito nele?

105 Um cilindro reto de 240πm² de área circunscreve um prisma cuja base é um triângulo retângulo de hipotenusa 20m. Sendo 288m² a área do prisma, qual é o volume?

106 Os lados da base de um prisma triangular, reto medem 4m, 6m e 8m. Se esse prisma tem $60\sqrt{15}$m² de área, qual é o volume do cilindro inscrito nesse prisma?

107 A base de um prisma reto é um triângulo cujos lados medem 4m, 7m e 9m. Se o cilindro circunscrito a esse prisma tem 441πm³, qual é a área lateral do prisma?

108 Um prisma triangular reto de menor área possível, cuja base tem dois lados com 5m e 8m e área de $10\sqrt{3}$m², circunscreve um cilindro reto. Se o prisma tem $100\sqrt{3}$m² de área, qual é a área do cilindro?

109 Um prisma quadrangular regular com altura de 2m tem 384m² de área. Um cilindro está circunscrito a este prisma. Determine o volume do menor segmento cilíndrico que uma face lateral desse prisma determina nesse cilindro.

110 Determinar o volume e a área do sólido de revolução que se obtém quando o retângulo sombreado gira em torno do eixo **e** nos casos.

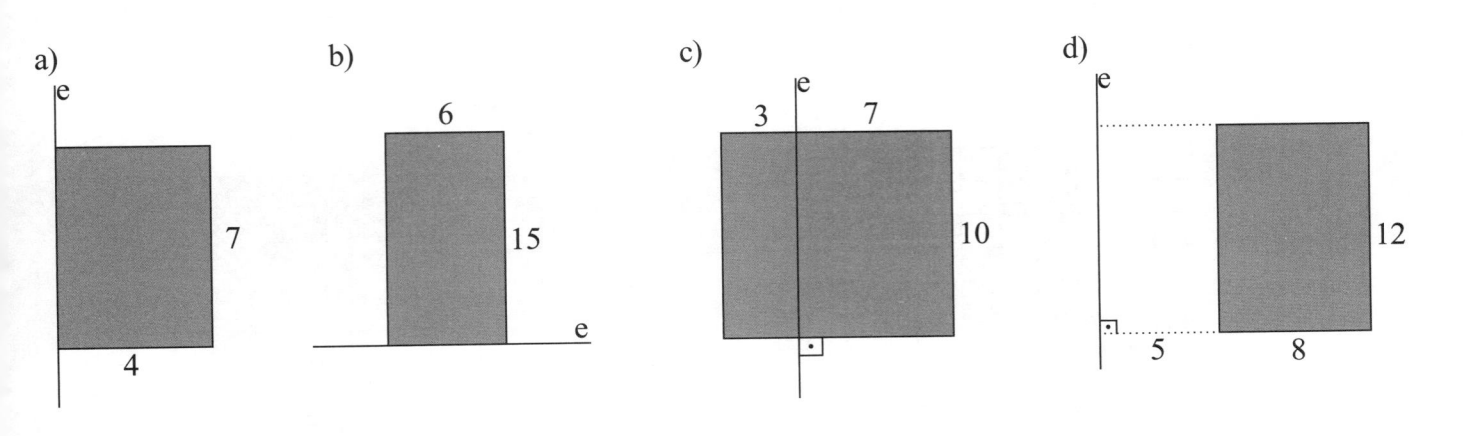

111 A região sombreada da figura gira em torno do eixo y gerando um sólido de revolução. Determine a área da parte deste sólido gerada pelo segmento indicado em cada caso:

a) AB b) CD c) EF

d) HG e) JI f) LK

g) BC h) ED i) FG

j) IH k) JK l) LM

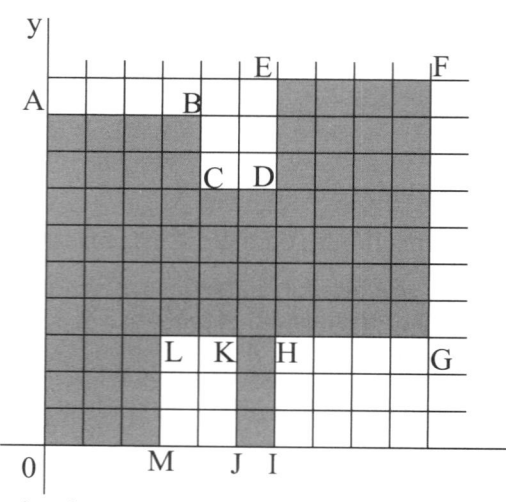

112 Determinar o volume e a área do sólido de revolução determinado pela rotação da região sombreada quando gira em torno do eixo y nos casos:

a)

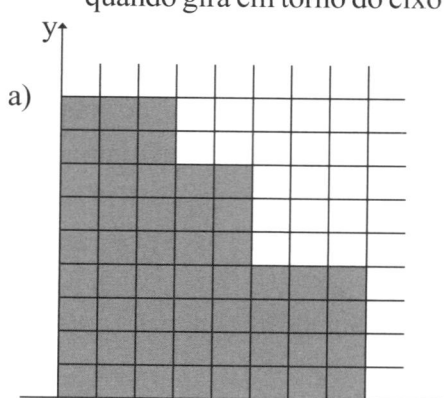

b)

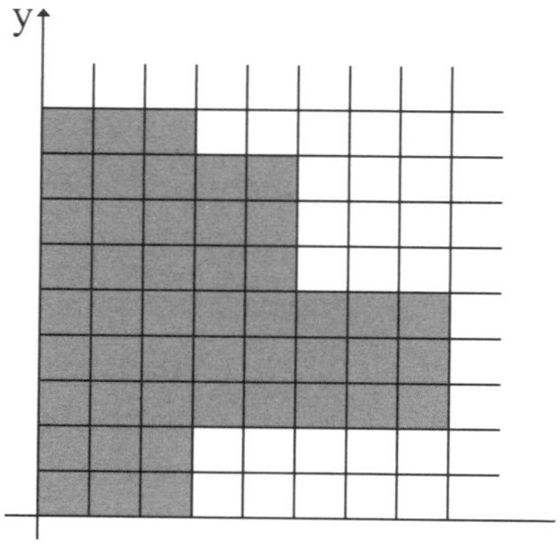

c)

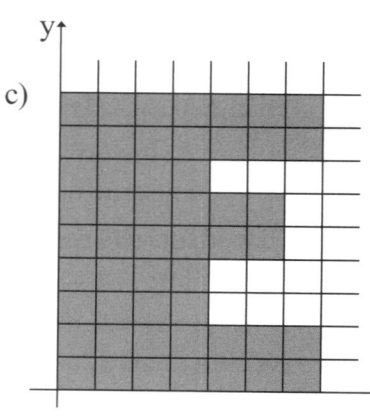

d)

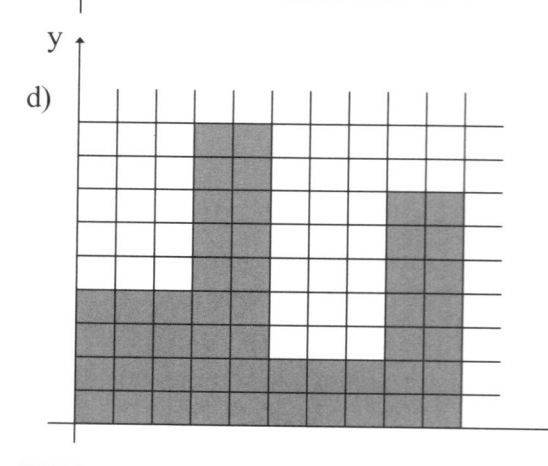

e)

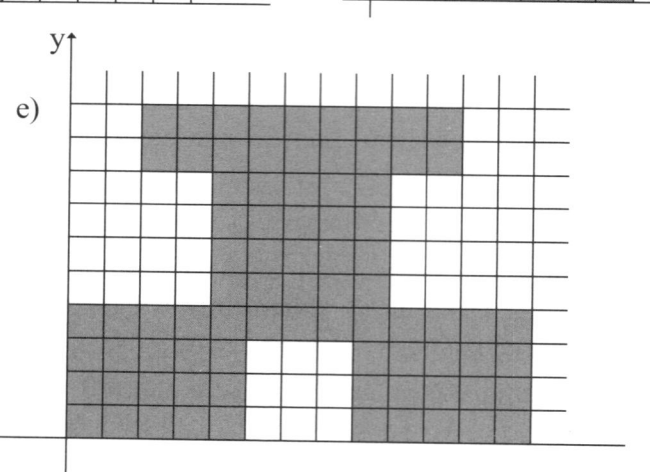

113 Determinar o volume e a área do sólido gerado quando a região sombreada faz uma rotação de α em torno do eixo y, nos casos:

a) α = 216°

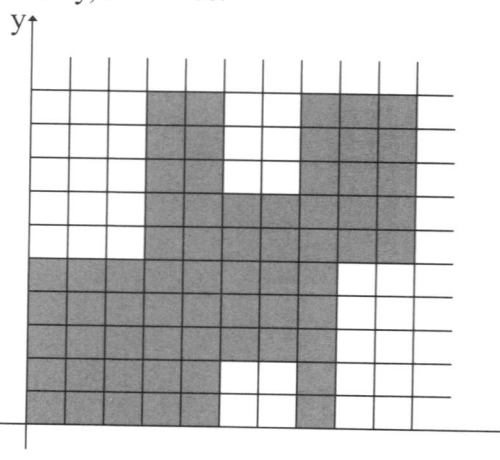

b) α = 270°

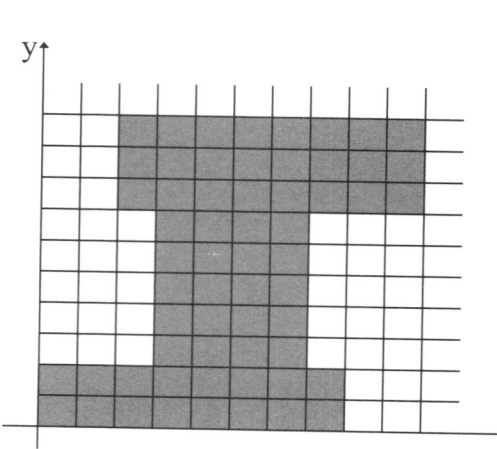

II - CONES

1 Cone circular

Definição: Considere um plano, um ponto **P** fora dele e uma região B contida nesse plano. A união de todos os segmentos com uma extremidade em P e a outra na região B chamamos de cone de vértice **P** e base **B**.

Se a região B da definição for uma região poligonal, o cone será chamado pirâmide, se a região for um círculo ele será chamado cone circular etc. Salvo explicação em contrário, quando falarmos apenas **cone**, estaremos nos referindo ao **cone circular**.

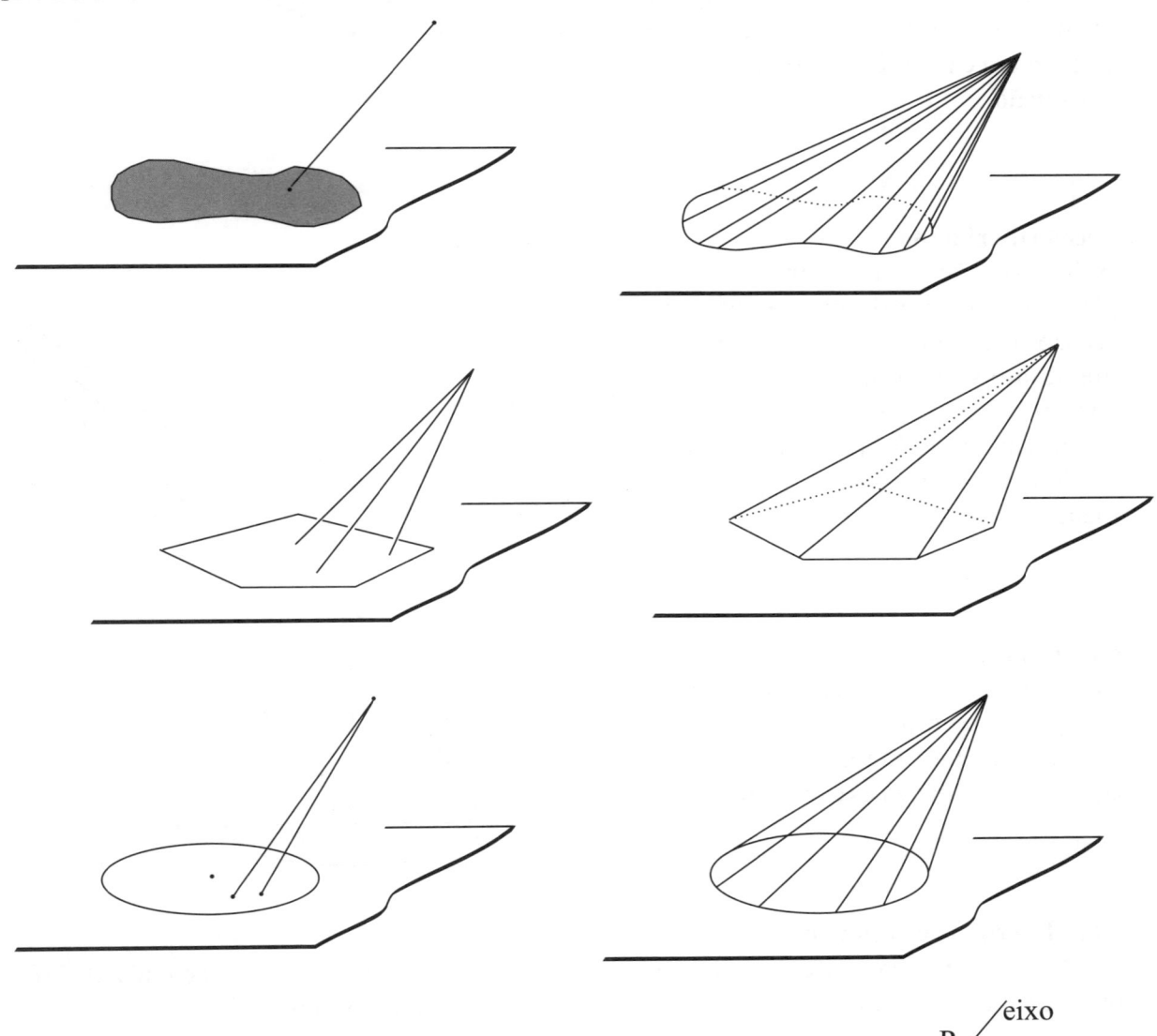

Para o caso do cone circular temos:
- O círculo é chamado base do cone.
- A reta que passa por **P** e pelo centro do círculo é chamada **eixo** do cone.
- O segmento com uma extremidade em P e a outra na circunferência da base é chamado **geratriz** do cone.
- A distância entre o vértice e o plano da base é chamada **altura** do cone.

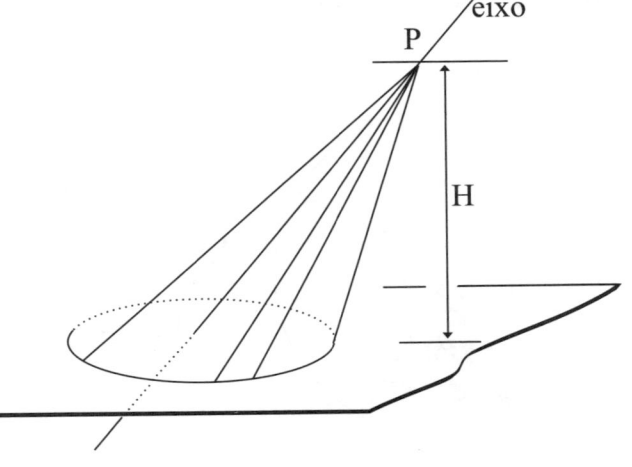

2 Cone reto (ou cone de revolução)

Um cone é chamado **cone reto** quando o seu eixo for perpendicular ao plano da base. Se o eixo for oblíquo ao plano da base o cone é oblíquo.

Note que as geratrizes de um cone reto são congruentes entre si.

Um cone reto também é obtido pela rotação de um triângulo retângulo quando gira em torno de um eixo que contém um cateto. Daí o nome **cone de revolução**.

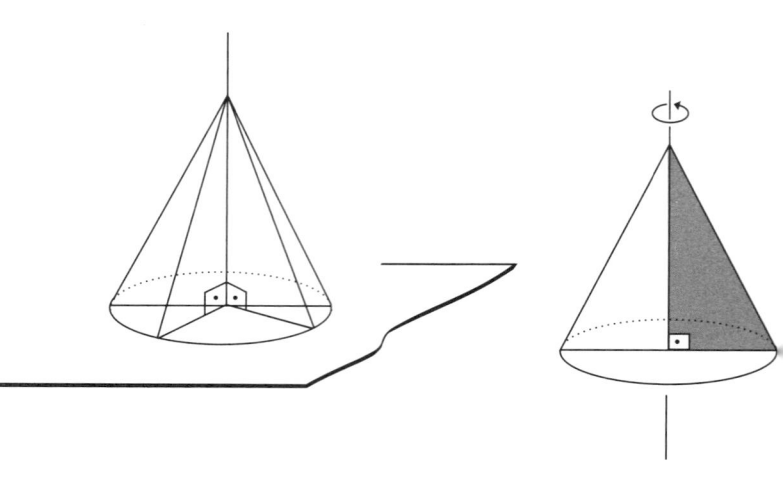

3 Secção meridiana

A intersecção de um cone com um plano que passa pelo eixo é chamada secção meridiana do cone. As secções meridianas de um cone reto são triângulos isósceles (geratrizes são congruentes). Pelo menos uma secção meridiana de um cone oblíquo é um triângulo isósceles.

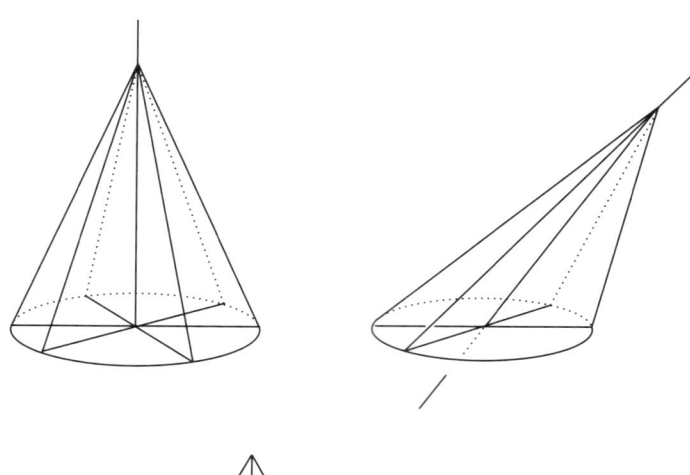

4 Cone equilátero

Cone equilátero é o cone reto cujo geratriz é congruente ao diâmetro da base.

As secções meridianas de um cone equilátero são triângulos equiláteros.

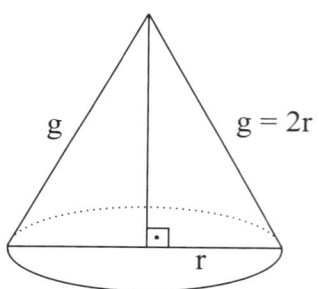

$g = 2r$

5 Área lateral de um cone reto

1º) Área de um setor circular dado o raio e o ângulo (em graus).

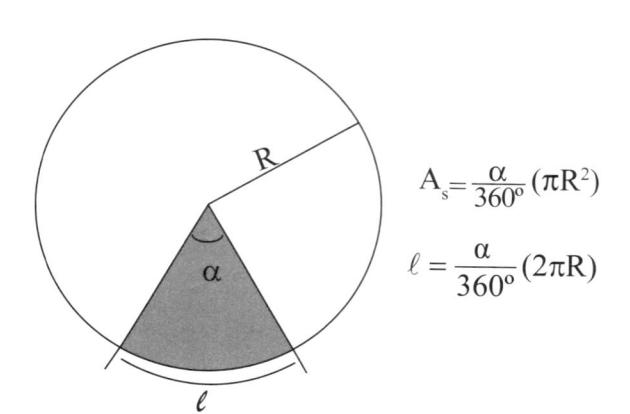

$$A_s = \frac{\alpha}{360°}(\pi R^2)$$

$$\ell = \frac{\alpha}{360°}(2\pi R)$$

2º) Área de um setor circular dado o raio e o comprimento do arco.

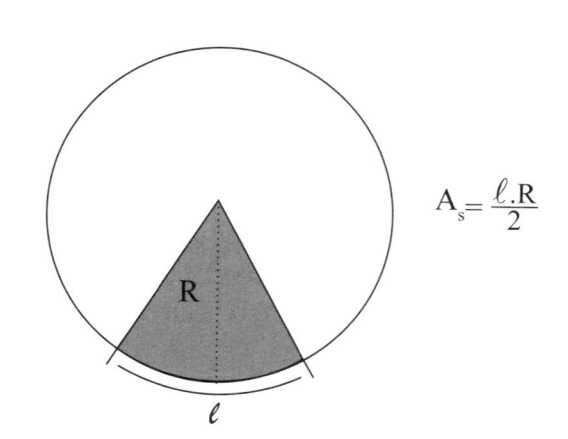

$$A_s = \frac{\ell \cdot R}{2}$$

3º) Área lateral de um cone reto.

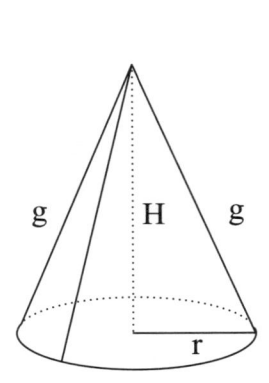

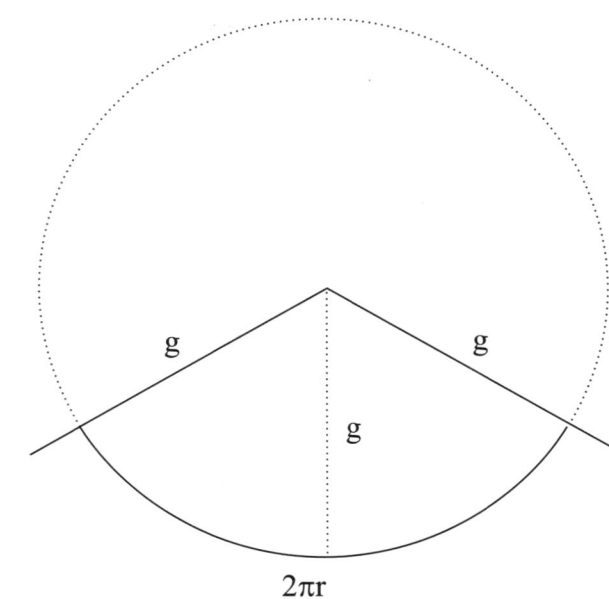

$A_{L(cone)} = A_{setor}$

$A_L = \dfrac{2\pi r g}{2}$

$A_L = \pi r g$

$2\pi r$

6 Volume de uma pirâmide e de um cone circular (reto ou oblíquo)

B = área da base, **H** = altura

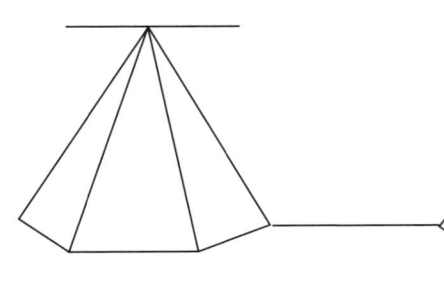

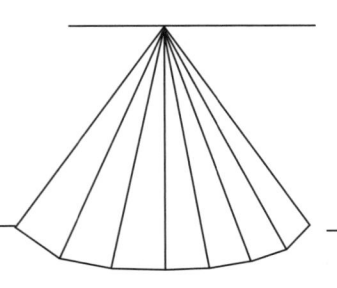

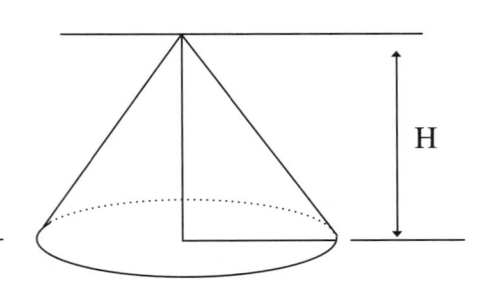

$V_{pirâm.} = \dfrac{1}{3} BH$ $\qquad$ $V_{pirâm.} = \dfrac{1}{3} BH$ $\qquad$ $V_{cone} = \dfrac{1}{3} BH = \dfrac{1}{3} (\pi r^2) H$

EXERCÍCIOS

114 Determine o volume do cone reto nos casos: (A unidade das medidas indicados é o metro)

a) 15, 7

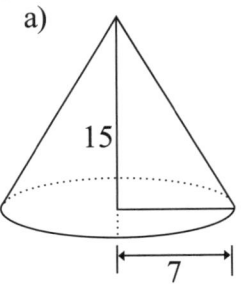

b) 13, 5

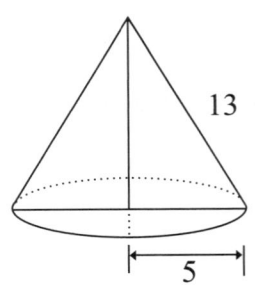

115 Determine a área lateral do cone reto nos casos: (A unidade das medidas é o metro)

a) 15, 4

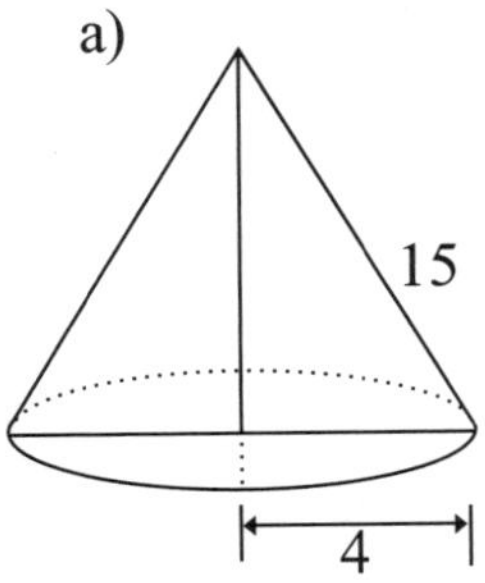

b) 15, 8

37

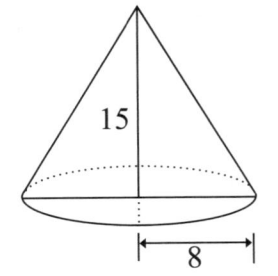

116 Determine a área dos seguintes cones retos: (unidade = metro)

a) [cone with height 8 and radius 6]

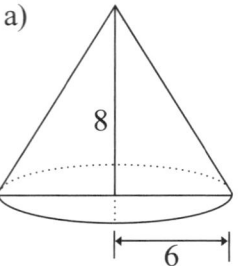

b) [cone with height 24 and slant 25]

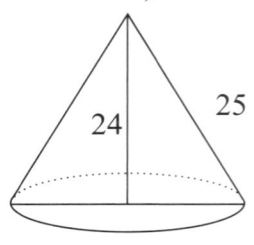

117 Determine a área e o volume do cone de revolução (cone reto) nos casos:
(A unidade das medidas é o metro)

a) [cone with slant 12 and radius 9]

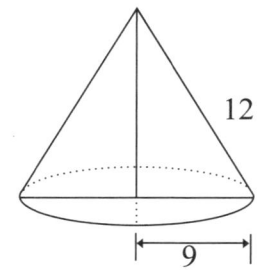

b) [cone with height 12 and slant 15]

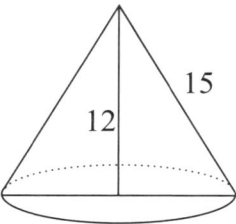

118 Determine o volume e a área de um cone equilátero de 6m de raio.

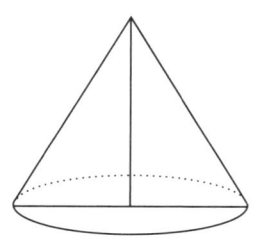

119 Determinar o volume de um cone equilátero de $576\pi m^2$.

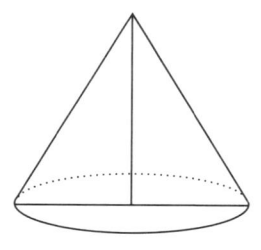

120 Determine a área de um cone equilátero de $192\pi m^3$.

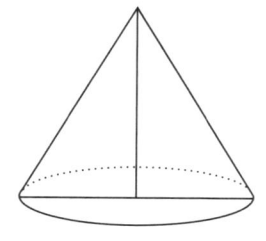

121 Determine o volume e a área de um cone de revolução de 6m de raio sabendo que sua secção meridiana tem $18\sqrt{21}$ m².

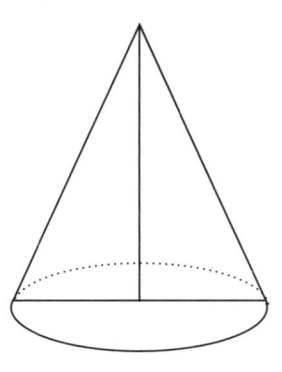

122 Um cone reto de $6\sqrt{5}$ m de altura tem $288\sqrt{5}\pi$ m³ de volume. Determine a sua área.

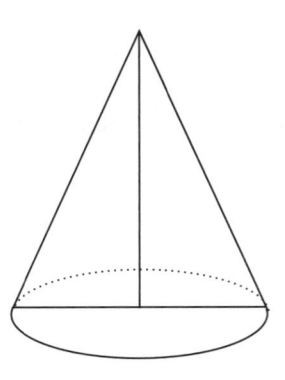

123 Um cone reto de 3m de raio tem $18\sqrt{2}\pi$ m³. Determine a sua área.

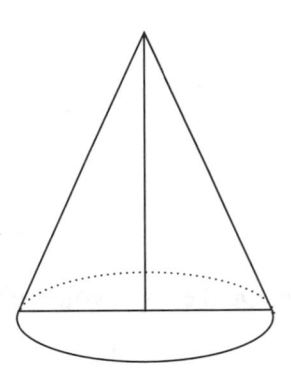

124 Um cone de revolução de 10m de raio tem 360π m² de área. Determinar o seu volume.

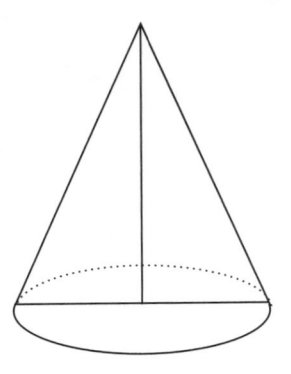

125 Um cone reto cuja geratriz mede 21m tem 396πm² de área. Qual é o seu volume?

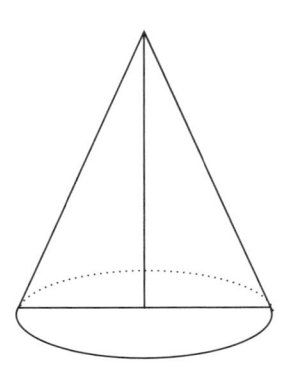

126 O cosseno do ângulo que a geratriz de um cone reto forma com o seu eixo vale $\frac{\sqrt{7}}{4}$. Sabendo que a área desse cone é de 189πm², qual é o seu volume?

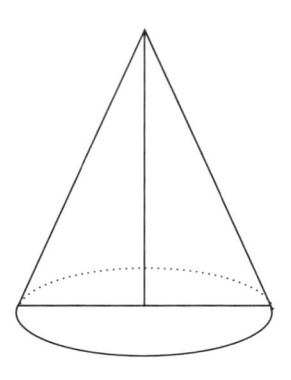

127 O perímetro da secção meridiana de um cone reto de 45πm² de área é de 30m. Qual é o seu volume?

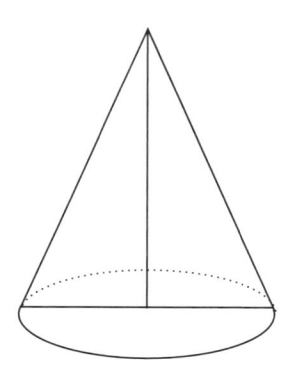

128 Um cone reto cuja altura mede $3\sqrt{7}$m tem 30πm² de área lateral. Qual é o seu volume?

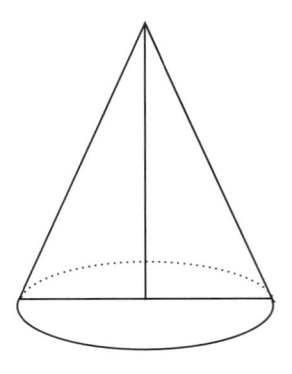

129 A geratriz de um cone reto mede $3\sqrt{5}$m e a secção meridiana desse cone tem 18m². Determine o seu volume.

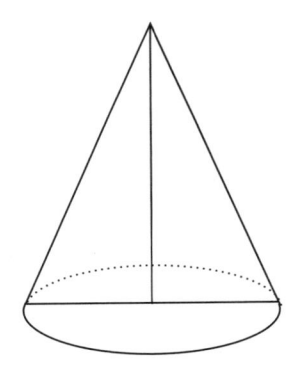

130. Um cone de revolução cuja geratriz mede $\sqrt{13}$m tem 4πm³ de volume. Determine a área lateral desse cone.

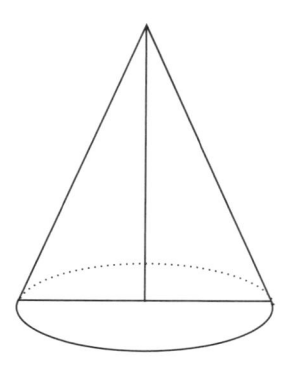

131. Um cone reto de vértice V e raio 4m tem uma superfície lateral de $8\sqrt{7}\pi$m². Quanto deve medir uma corda AB da base para que a área do triângulo VAB seja de $4\sqrt{6}$m²?

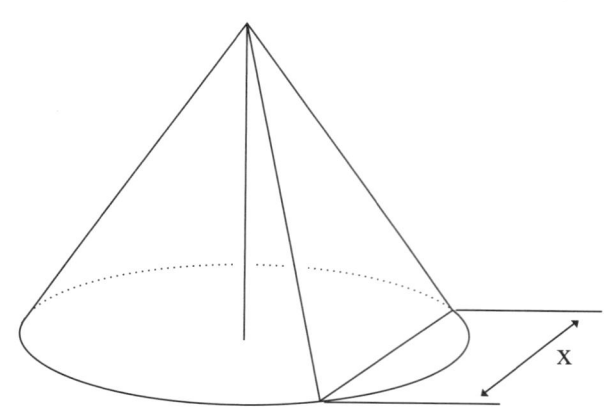

132 Um cone reto cuja altura mede $6\sqrt{5}$m tem 360πm² de área. Qual é o seu volume?

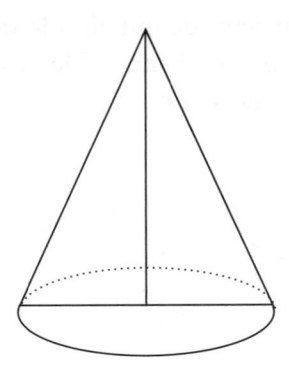

133 O raio, a altura e a geratriz de um cone reto formam, nesta ordem, uma progressão aritmética. Se este cone tem 216πm² de área, qual é o seu volume?

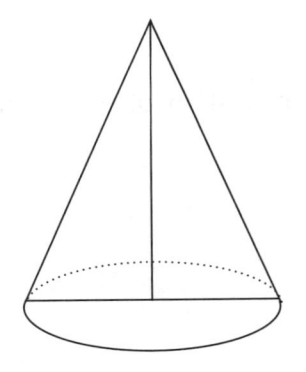

134 **RESOLVER**:

a) Qual é a área de um setor circular de 72° de um círculo de raio 15m?

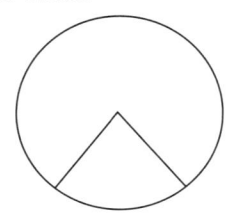

b) Qual é a área de um setor circular cujo arco mede 15m e o raio 10m?

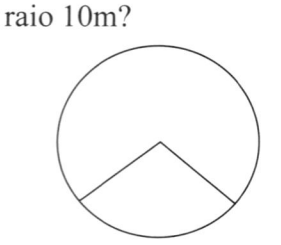

c) Um setor de um círculo de 12m de raio tem $54\pi m^2$. Determine o ângulo do setor.

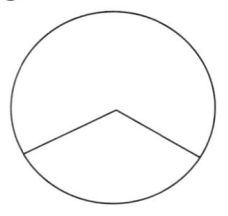

d) Qual é o comprimento de um arco de 100° de um círculo de 27m de raio?

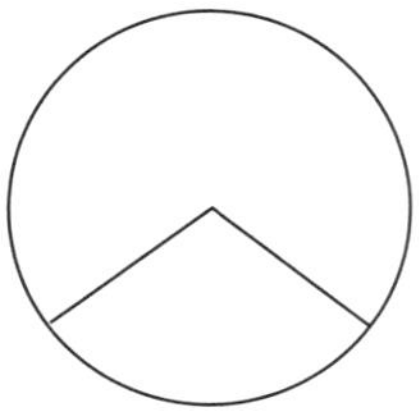

e) Um arco de uma circunferência de 30m de raio tem $16\pi m$ de comprimento. Quantos graus mede esse arco?

f) Um setor de um círculo de 20m de raio tem $120\pi m^2$. Qual é o comprimento do arco do setor?

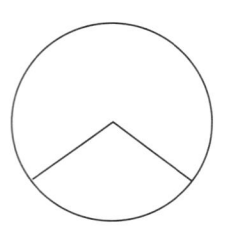

135 Planificando a superfície lateral de um cone reto obtemos um setor cujo arco mede $30\pi m$. Determine o raio desse cone.

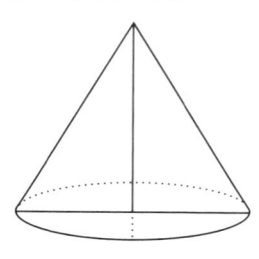

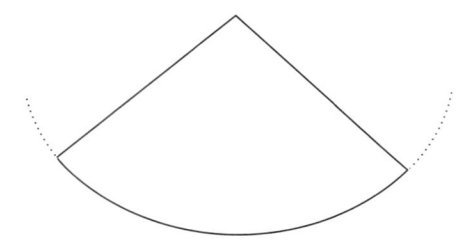

136 Planificando a superfície lateral de um cone de revolução cuja geratriz mede 45m, obtemos um setor de 132°. Qual é o comprimento da circunferência da base do cone?

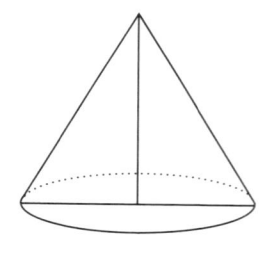

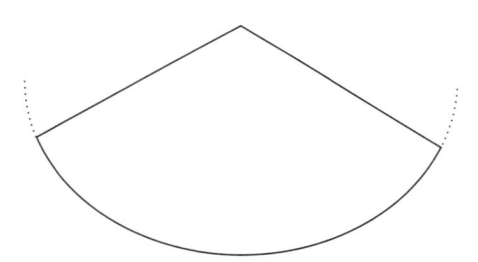

137 Planificando a superfície lateral de um cone reto cuja geratriz mede 80m, obtemos um setor de 126°. Determine o raio e a altura desse cone.

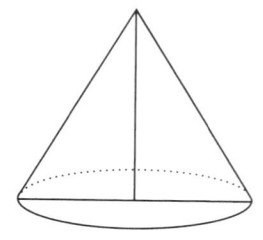

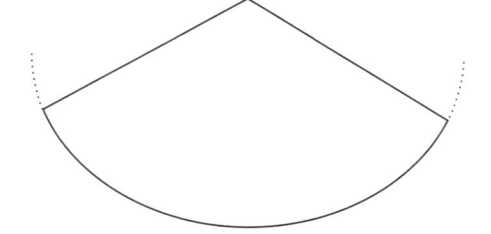

138. Planificando a superfície lateral de um cone reto obtemos um setor circular de 252°. Determine uma relação entre r e g.

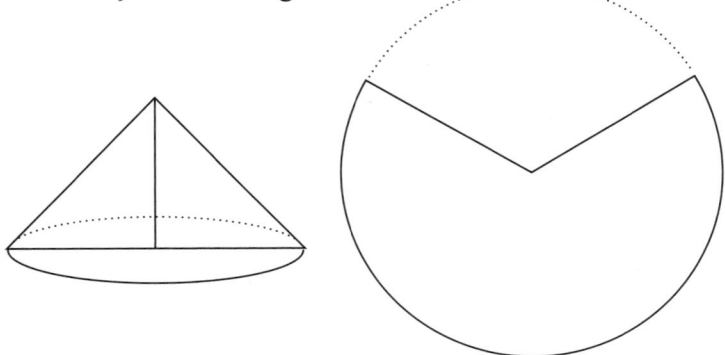

139. Planificando a superfície lateral de um cone reto de $2\sqrt{95}$m de altura obtemos um setor circular de 210°. Determinar o raio e a geratriz desse cone.

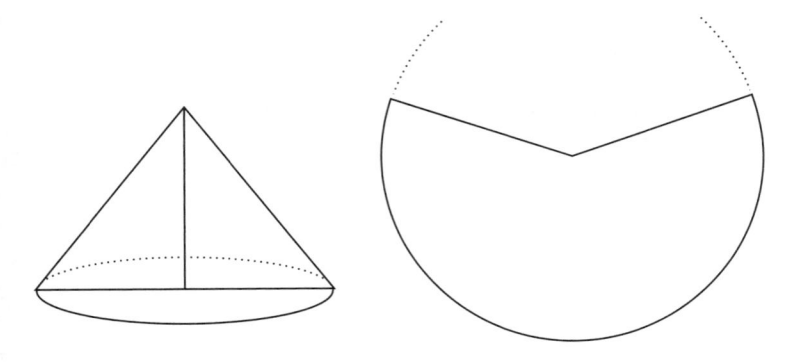

140. Planificando a superfície lateral de um cone reto de altura $2\sqrt{39}$m e raio 10m obtemos um setor circular de quantos graus?

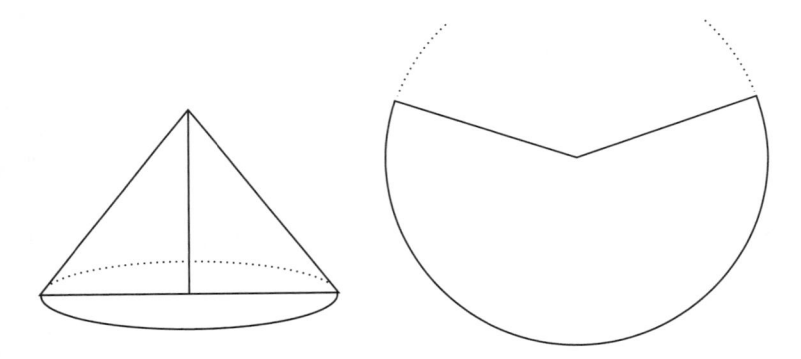

141. Planificando a superfície lateral de um cone equilátero obtemos um setor de quantos graus?

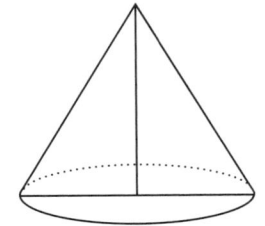

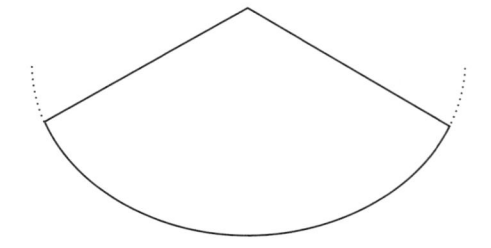

142 Um cone reto tem 24m de geratriz e planificando a sua superfície lateral obtemos um setor de 135°. Qual é a área desse cone?

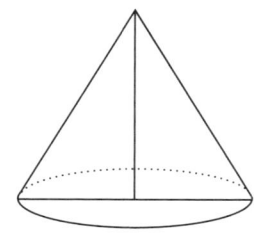

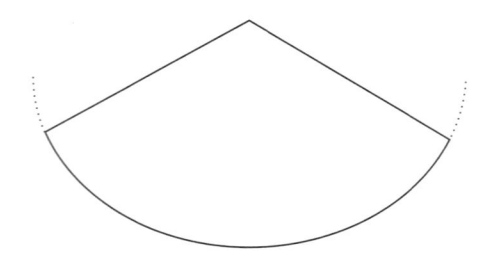

143 A altura de um cone reto mede $4\sqrt{11}$m e planificando a sua superfície lateral obtemos um setor de 168°. Qual é a área desse cone?

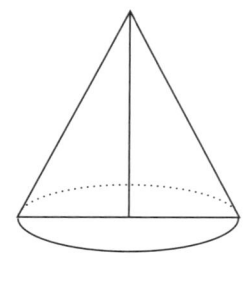

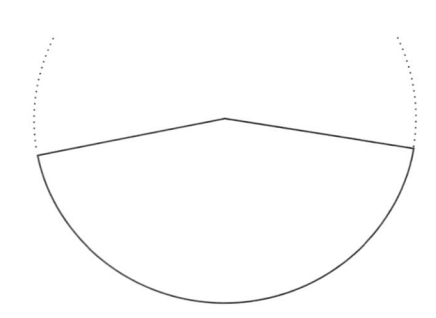

144 O raio de um cone de revolução mede 18m e a planificação da sua superfície lateral é um setor de 162°. Qual é o volume desse cone?

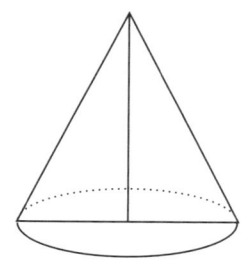

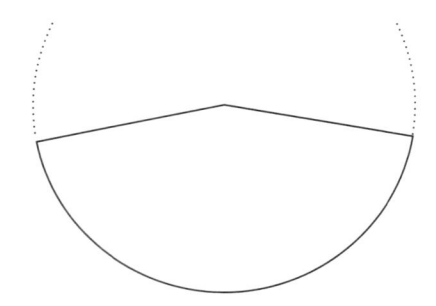

145 A altura de um cone de revolução mede $3\sqrt{21}$m e a planificação da sua superfície lateral é um setor de 144°. Determine o volume e a área desse cone.

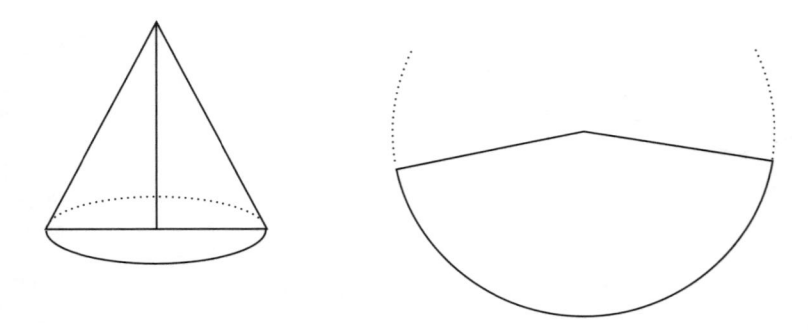

146 Planificando a superfície lateral de um cone de revolução obtemos um setor de 120° cujo arco mede 12πm. Determine o volume e a área desse cone.

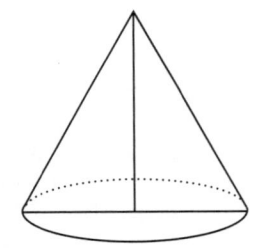

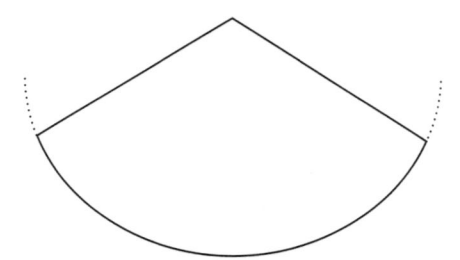

147 Planificando a superfície lateral de um cone reto obtemos um setor de 216°. Determine o ângulo que a geratriz forma com o eixo do cone.

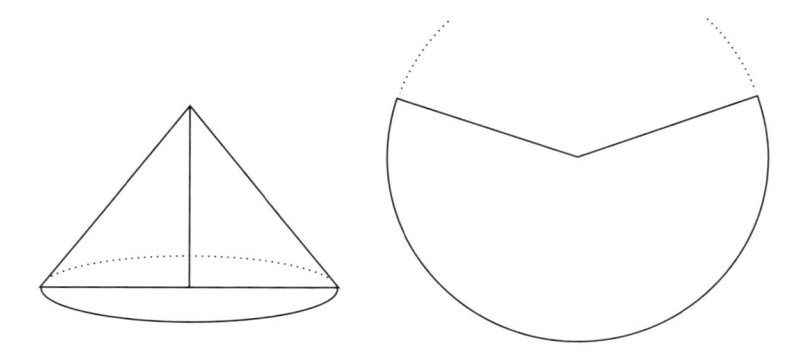

148 Qual é a área do cone de revolução inscrito em uma pirâmide quadrangular regular de 384m² de área?

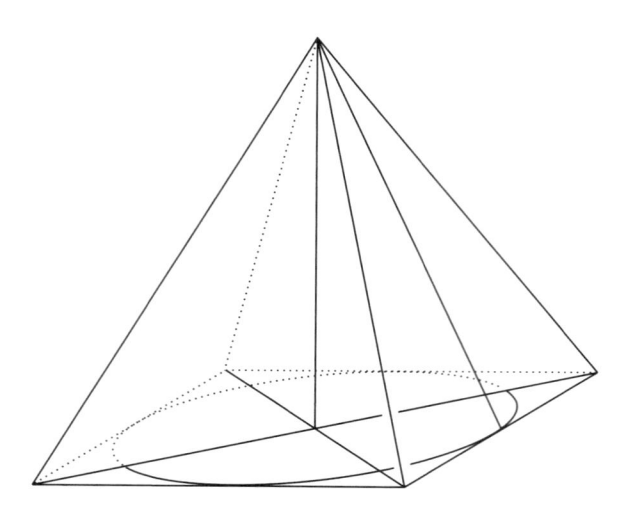

149 Qual é a área lateral do cone reto inscrito em uma pirâmide quadrangular regular, de altura máxima, com aresta lateral de $3\sqrt{6}$m, sabendo que essa pirâmide tem 72m³ de volume?

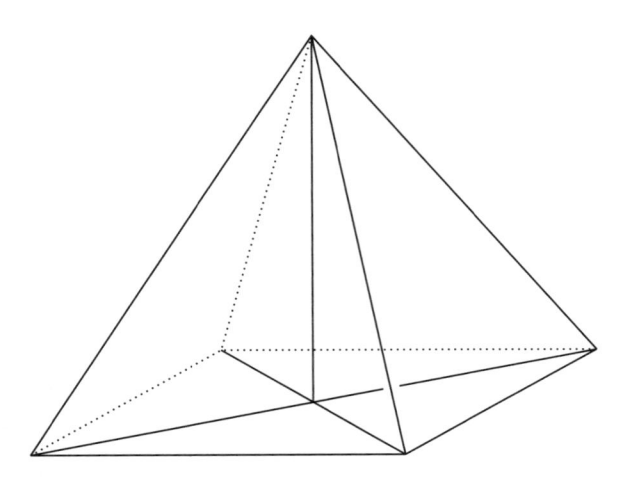

150 Qual é a razão entre os volumes dos cones inscrito e circunscrito a um tetraedro regular?

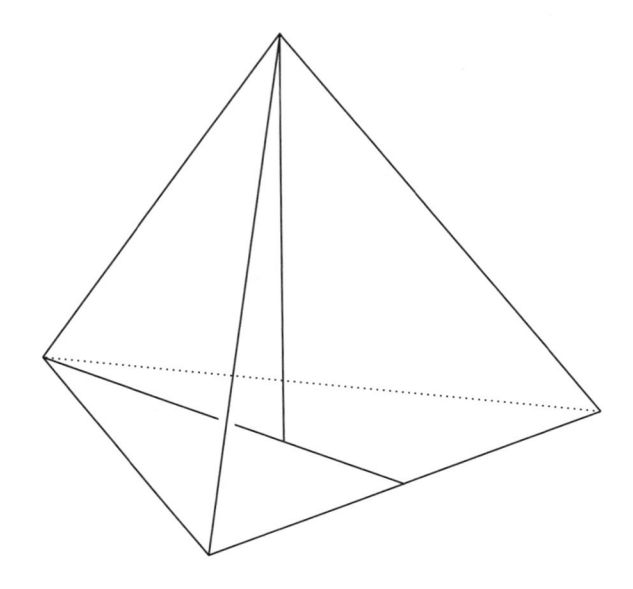

151. Qual é o volume do cone reto inscrito em uma pirâmide

a) quadrangular regular cujo volume é V?

$$V_{cone} = \frac{\pi V}{4}$$

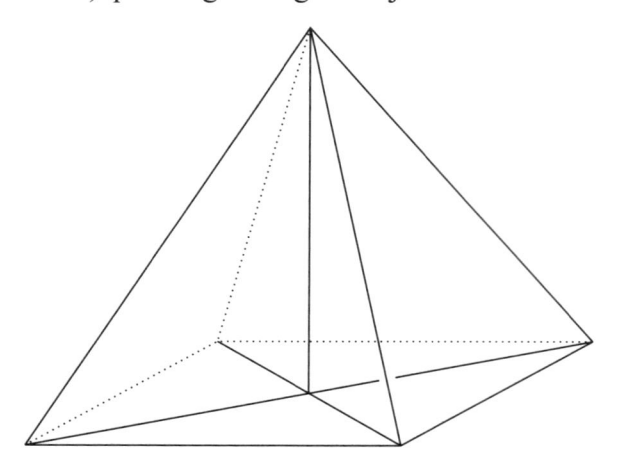

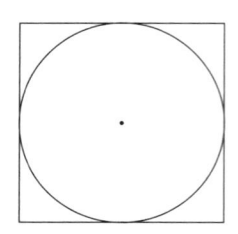

b) triangular regular cujo volume é V?

$$V_{cone} = \frac{\pi\sqrt{3}\,V}{9}$$

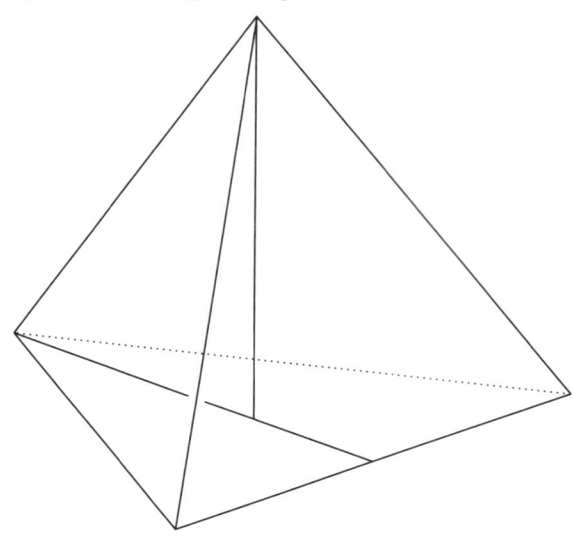

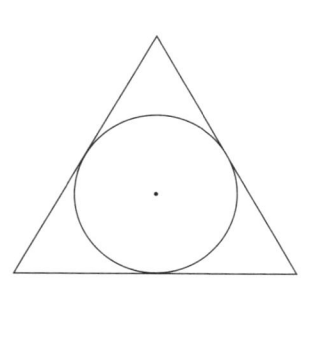

c) hexagonal regular cujo volume é V?

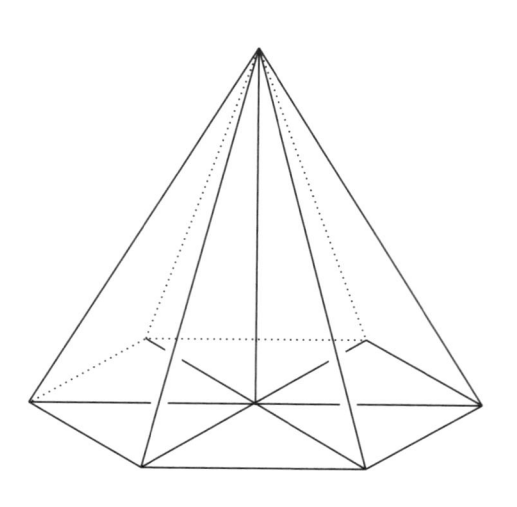

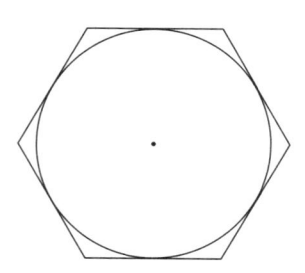

$$V_{cone} = \frac{\pi\sqrt{3}\,V}{6}$$

152 Determine o volume do cone circunscrito a uma pirâmide

a) quadrangular regular de 420m³.

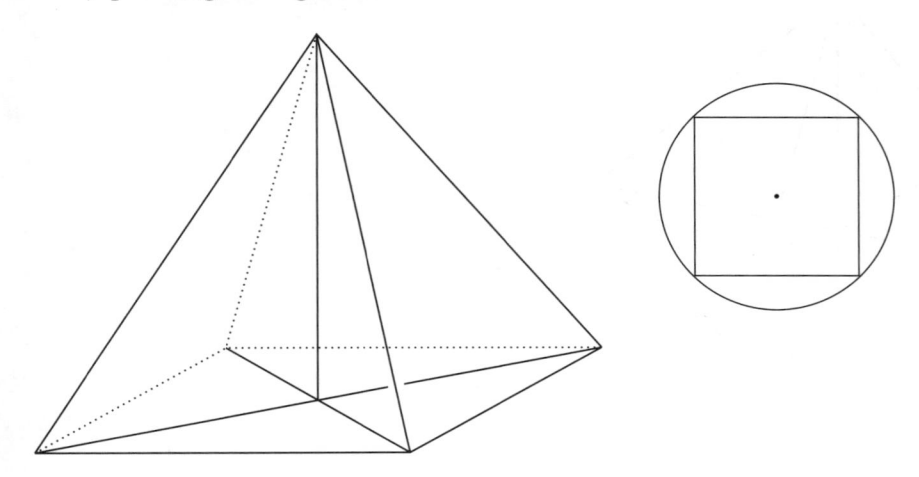

b) triangular regular de 144√3 m³.

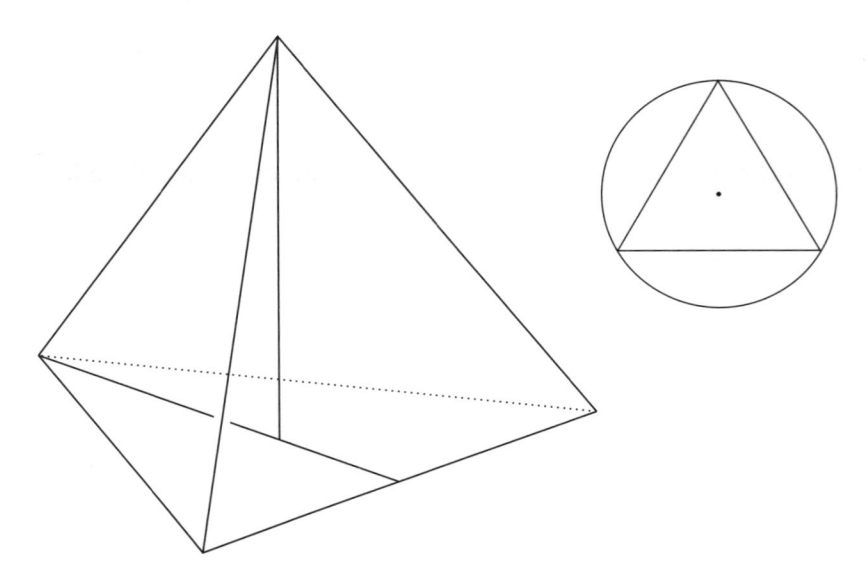

c) hexagonal regular de 135√3 m³.

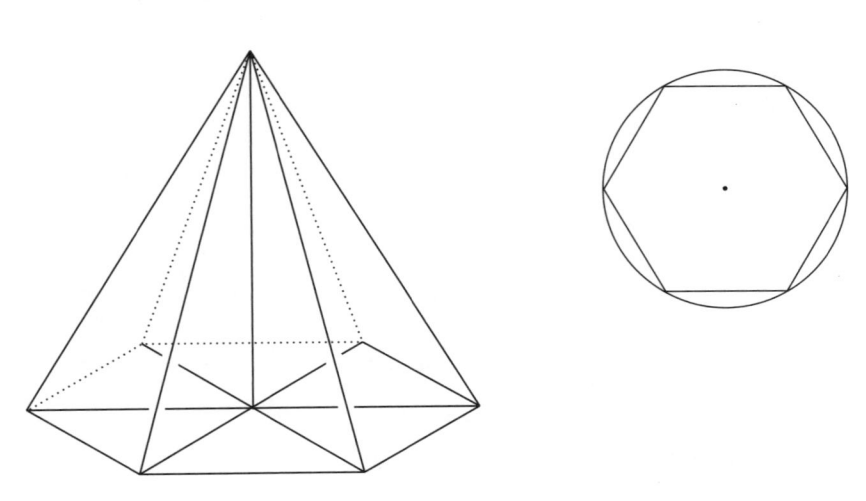

153 Qual é o volume do cone reto que circunscreve um octaedro regular de $72\sqrt{2}$m³?

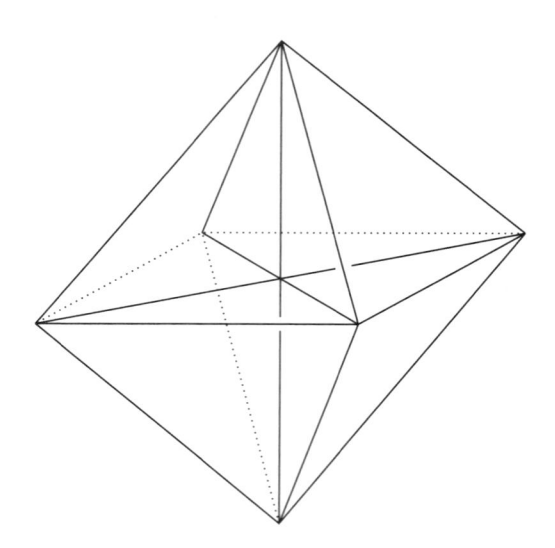

154 Quanto mede a aresta do cubo inscrito em um cone reto de 12m de altura cuja superfície lateral tem $36\sqrt{5}\pi$m² de área?

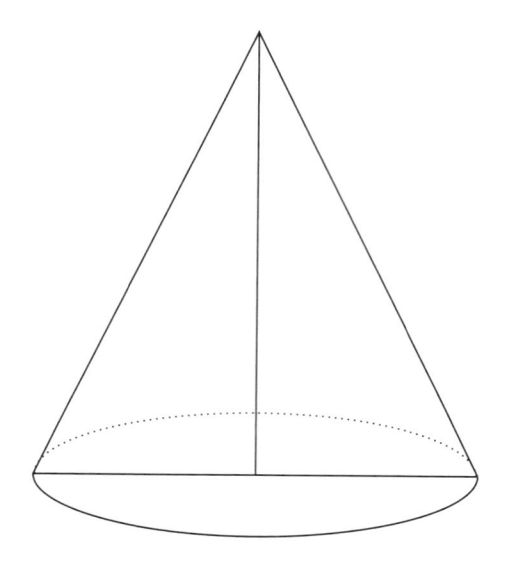

155 Uma peça é obtida pela união de dois cones retos que têm a base em comum, como mostra a figura. Determine área e o volume desse sólido. (A unidade das medidas é o metro)

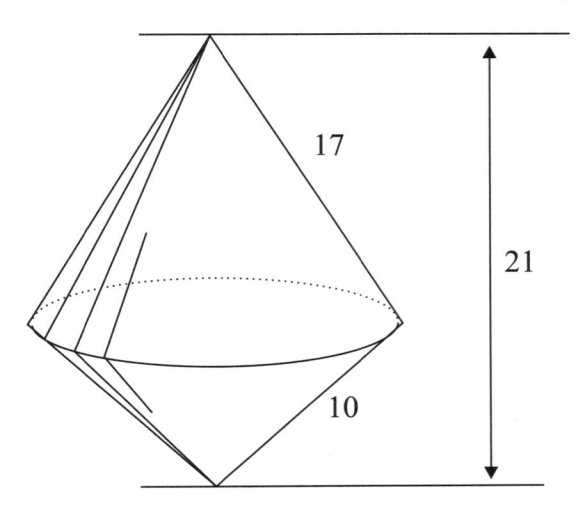

156 Uma peça é obtida de um cone reto com uma cavidade cônica de bases coincidentes, como mostra a figura. A peça não tem a interrupção mostrada na figura. Determine o volume e a área desse sólido.

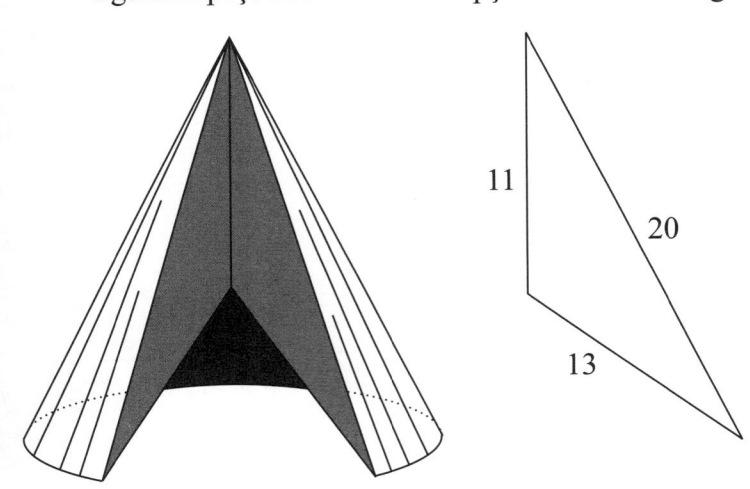

157 Determine o volume e a área da peça composta de cilindro reto e cone reto nos casos:

a)

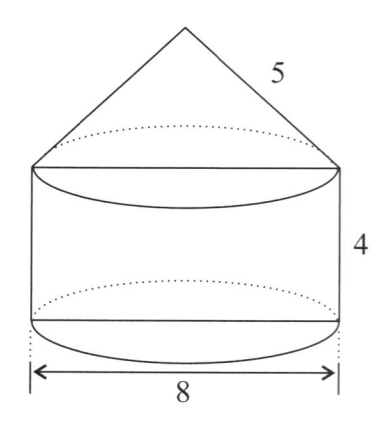

b)

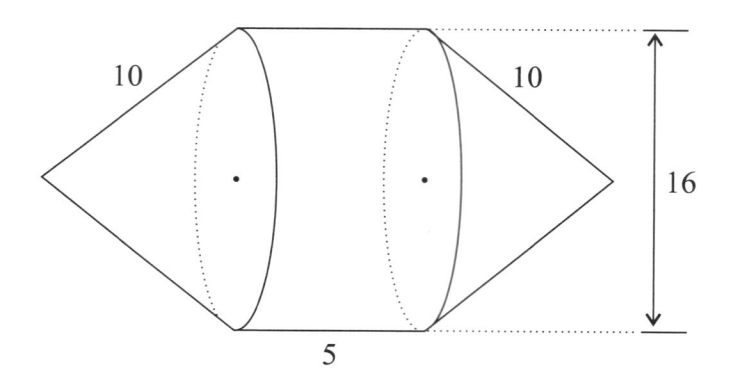

c)

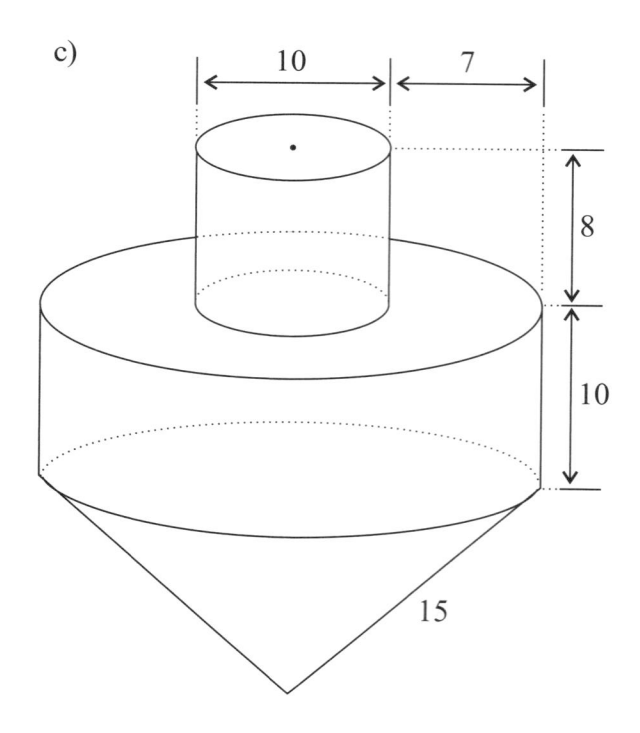

158 Determinar a área e o volume do sólido de revolução gerado pela rotação de um:

a) Triângulo retângulo de catetos 5m e 12m quando gira em torno de um eixo que contém o cateto maior.

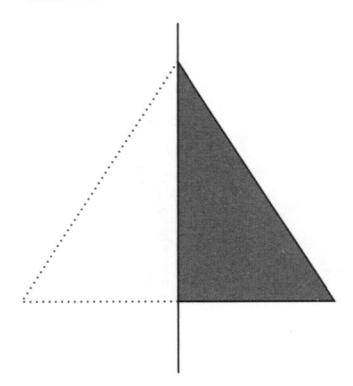

b) Triângulo equilátero de lado **a** quando gira em torno de um eixo que contém um lado.

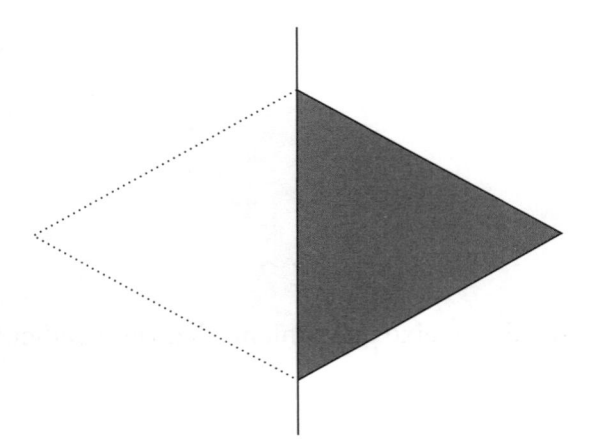

c) Triângulo retângulo quando gira em torno de um eixo que contém a hipotenusa, sendo 15m e 20m as medidas dos catetos.

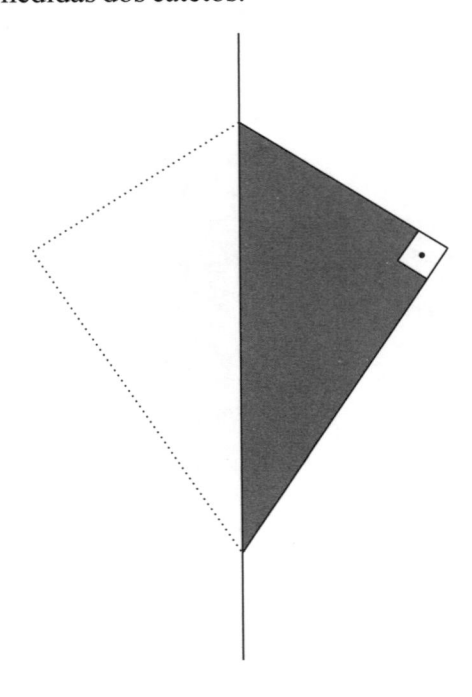

159. Determinar o volume e a área do sólido de revolução que se obtém quando:

a) Um triângulo de lados 9m, 10m e 17m gira em torno de um eixo que contém o lado menor.

b) Um trapézio de bases 6m e 9m e altura 4m gira em torno de um eixo que contém o lado perpendicular às bases.

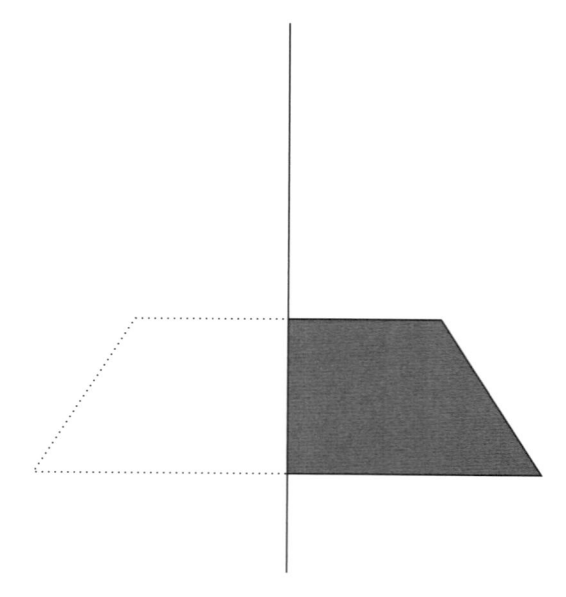

160 Determinar o volume e a área do sólido de revolução que se obtém quando um:

a) Hexágono regular de 6m de lado gira em torno de um eixo que passa pelos pontos médios de dois lados opostos.

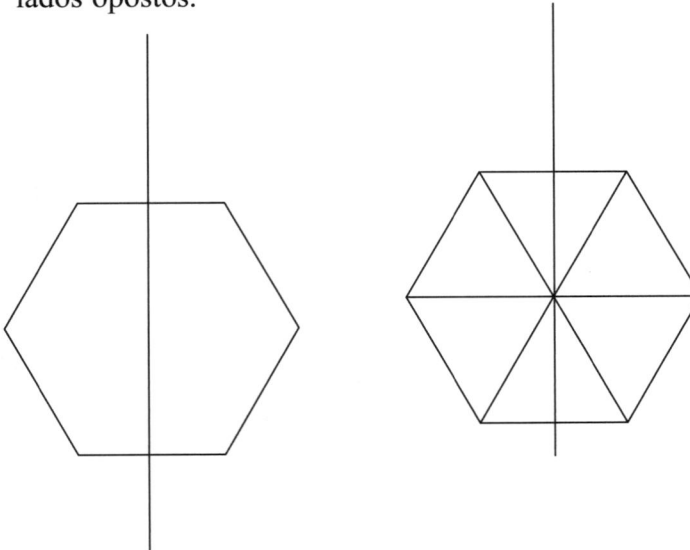

b) Triângulo equilátero de 6m de lado gira em torno de um eixo que passa por um vértice e é paralelo a uma altura relativa a outro vértice.

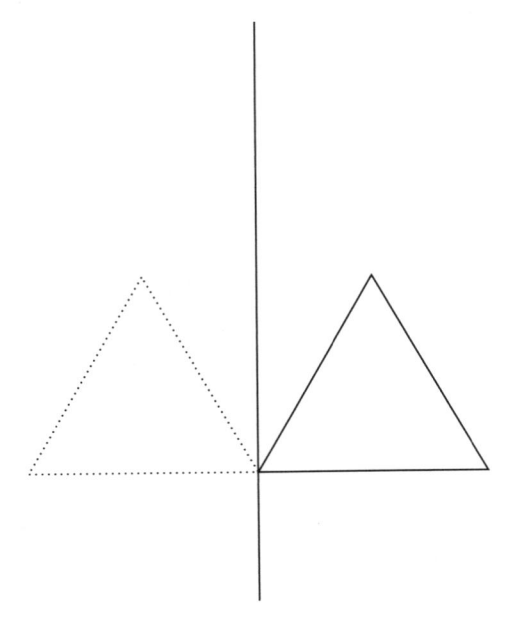

161. Determinar o volume e a área do sólido gerado por uma rotação de 240° de um triângulo retângulo de catetos 18m e 24m quando gira em torno de um eixo que contém o cateto maior.

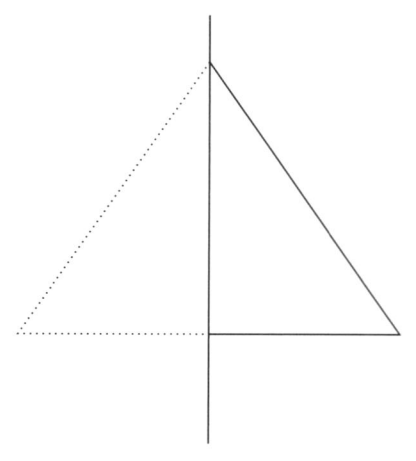

162. Determinar o volume e a área do sólido gerado por uma rotação de 216° de um trapézio retângulo, de bases de 3m e 6m e altura 4m, quando gira em torno de um eixo que contém o lado perpendicular às bases.

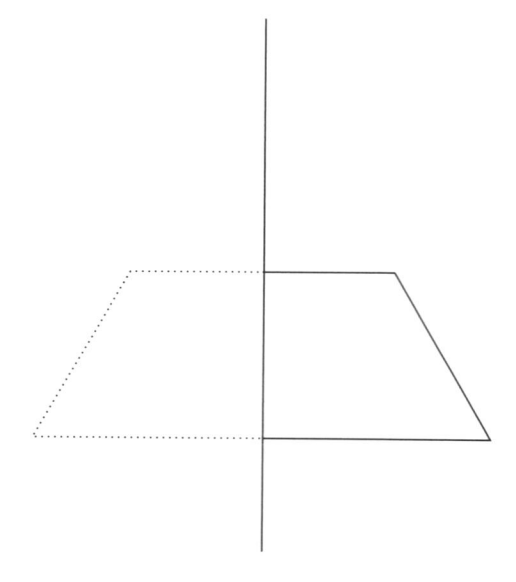

163 Um triângulo equilátero de 6m de lado gira em torno de um eixo paralelo a uma das alturas do triângulo e distante 6m desta altura. Ache a área e o volume do sólido de revolução assim gerado.

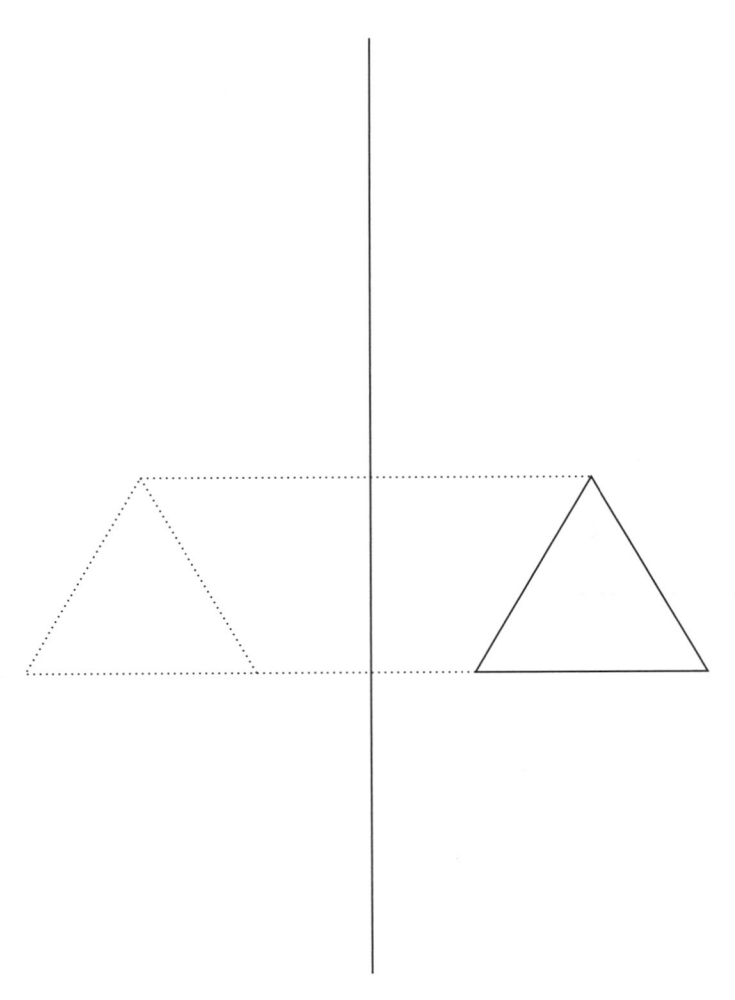

164 Um retângulo com diagonal de 12m, que forma um ângulo de 30° com um lado, gira em torno de um eixo que passa pelo ponto médio da diagonal e é perpendicular a ela. Deteminar o volume e a área do sólido de revolução obtido.

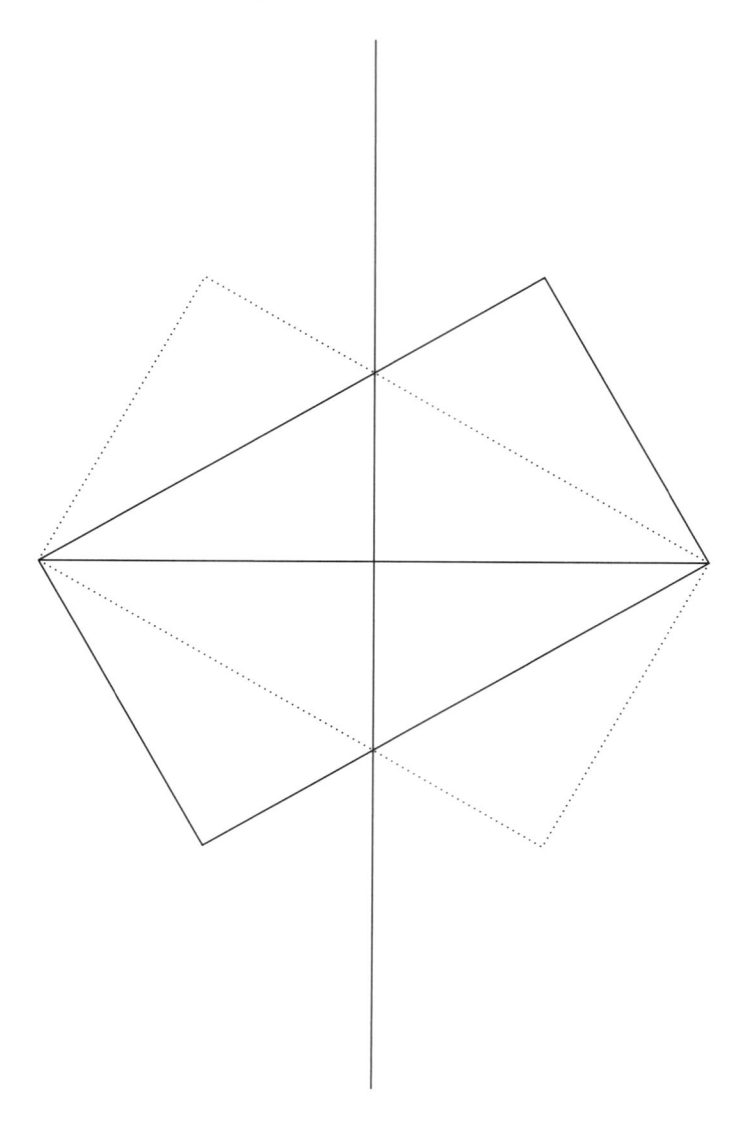

165. Determinar a área e o volume do sólido de revolução gerando pela rotação da região sombreada quando gira em torno do eixo y nos casos:

a)

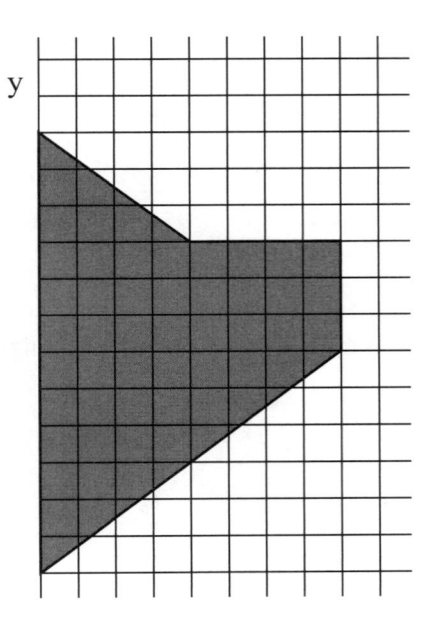

b)

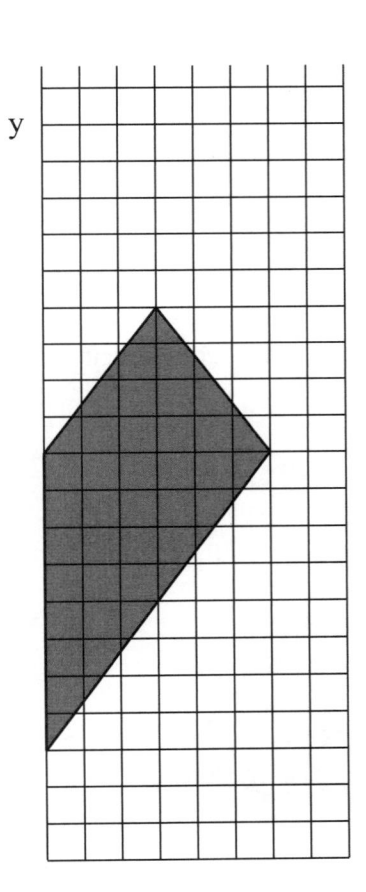

166 Dado um segmento AB sobre um plano α, qual é o lugar geométrico dos pontos **P** de α tal que AP̂B seja reto?

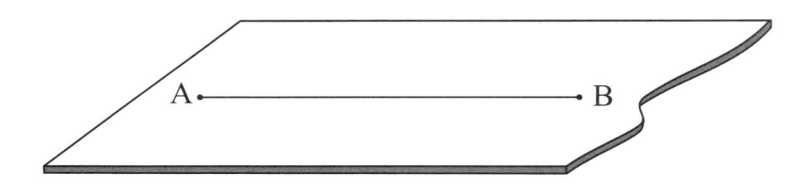

167 Considere dois pontos distintos **A** e **B** sobre um plano α e um ponto P fora de α com PB perpendicular a α. Considere também as retas **x** de α, que passam por **A**. Qual é o lugar geométrico dos pés das retas perpendiculares às retas **x**, conduzidas por **P**.

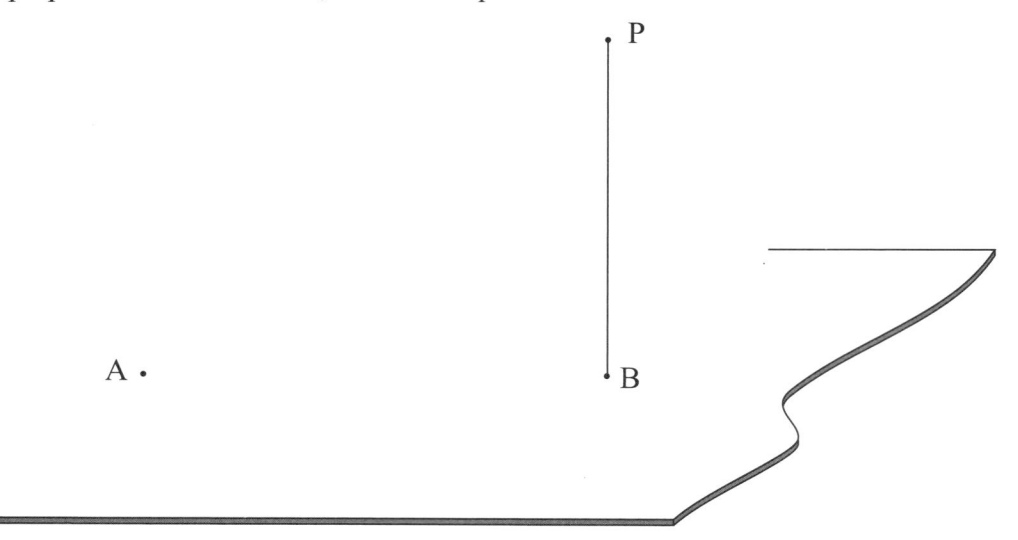

168 Na figura temos um segmento PB perpendicular ao plano das retas **r** e **s**, concorrentes em **A**. Esboçar o desenho das alturas relativas ao vértice **P**, dos triângulos PCD e PEF.

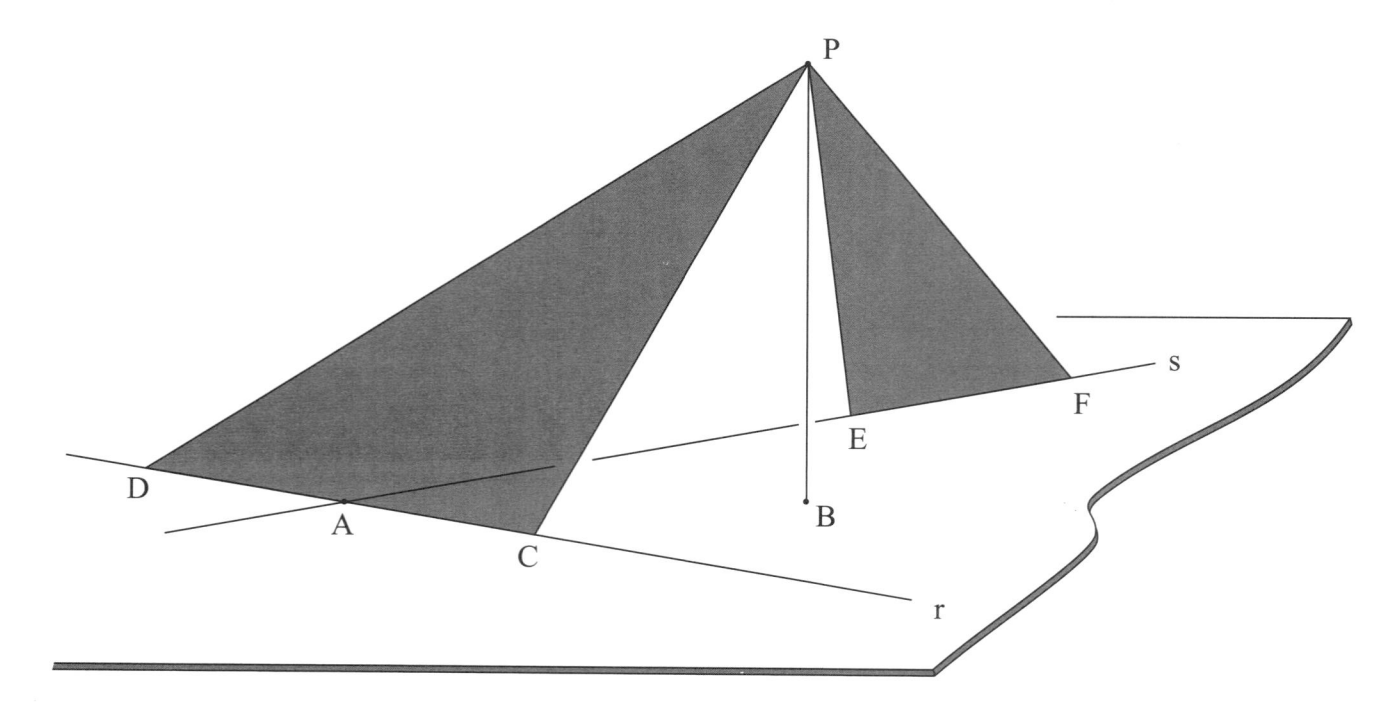

169 Na figura temos um segmento PB perpendicular ao plano de dois segmentos CD e EF que estão contidos em retas concorrentes em A. Se PB = 9m, AB = 12m, CD = EF = 8m e o triângulo PCD tem a maior área possível e PEF a menor área possível, determinar essas áreas.

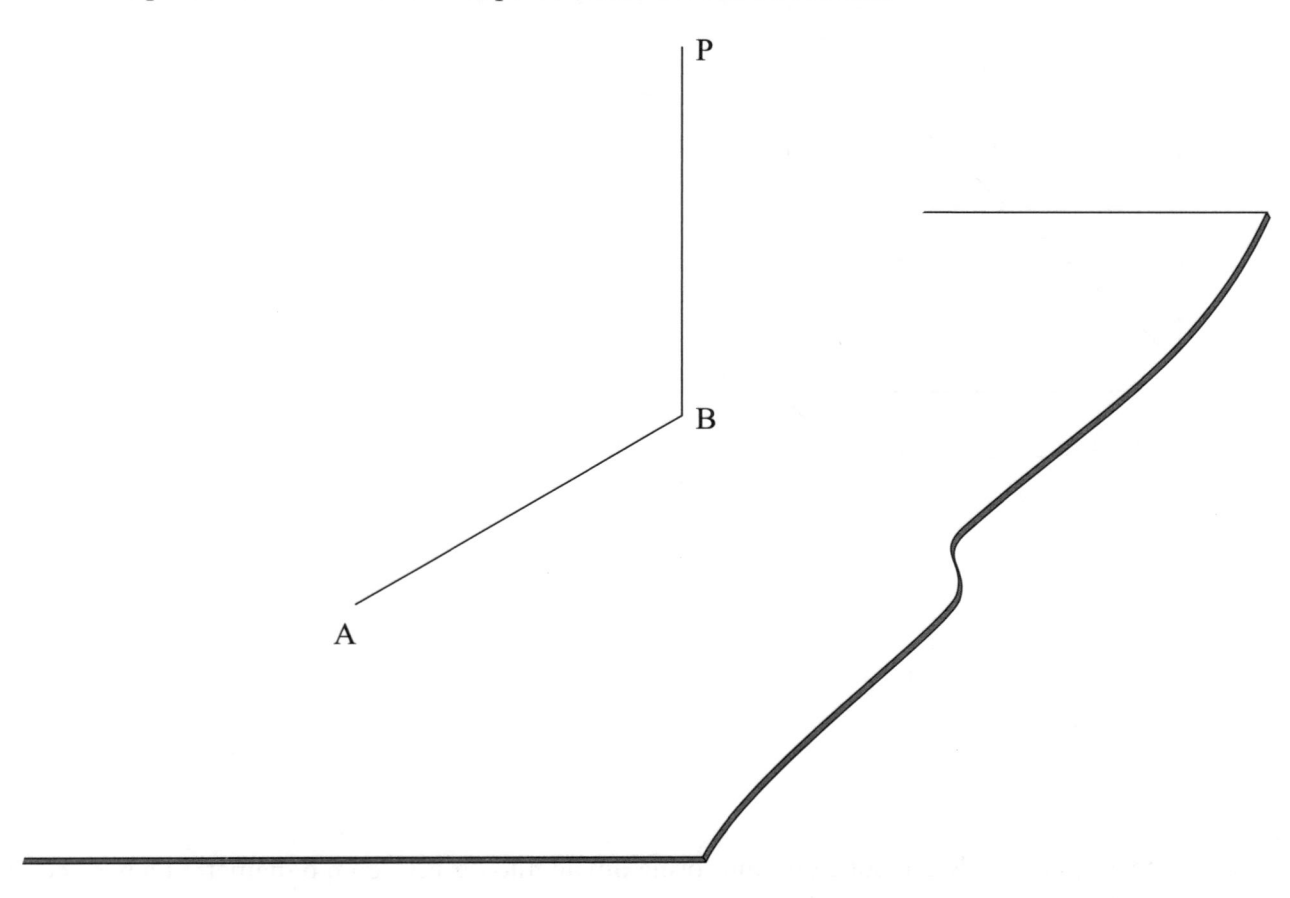

170 A projeção ortogonal de um ponto P sobre um plano α é a extremidade B do diâmetro AB de um círculo que está em α. Considere os triângulos determinadas por P e pelos diâmetros desse círculo. Qual é o lugar geométrico dos pés das alturas, relativas ao vértice P, desses triângulos?

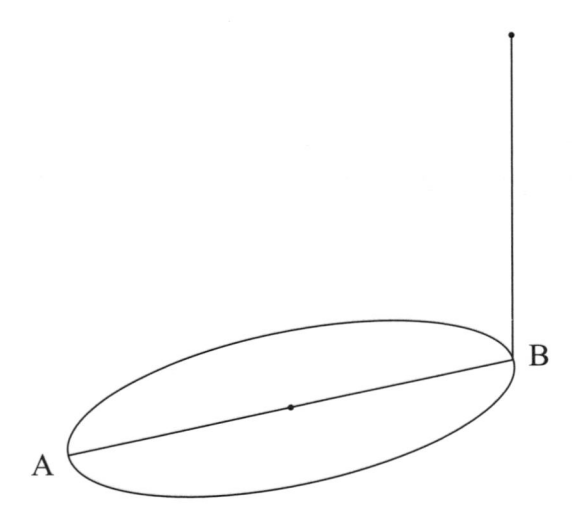

171 Uma geratriz de um cone é perpendicular ao plano da base (cone oblíquo). Se as secções meridianas de maior e menor áreas têm 15m² e 12m², determinar o volume desse cone.

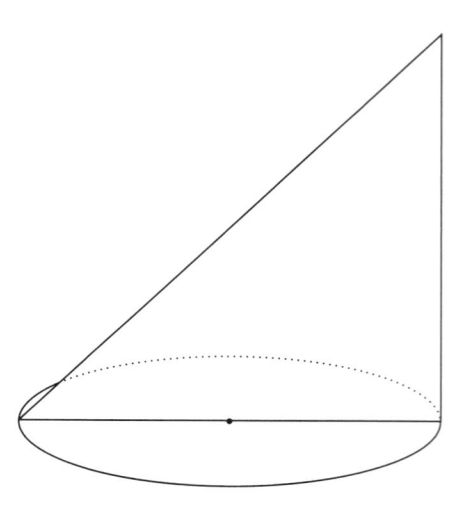

172 A menor geratriz de um cone oblíquo forma um ângulo de 120° com o diâmetro da base concorrente com ela. Se as secções meridianas de maior e menor áreas têm $9\sqrt{7}$m² e $9\sqrt{3}$m², determinar o volume deste cone.

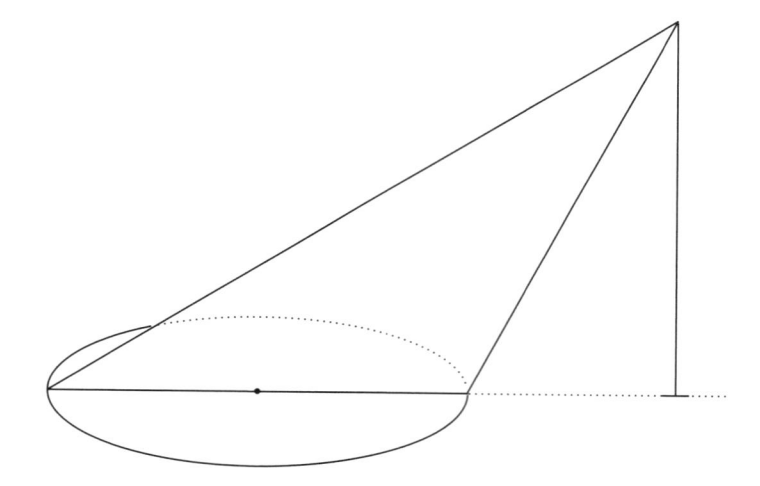

173 Um cone reto cuja geratriz mede 15m tem $324\pi m^2$ de área. A altura de um cilindro reto inscrito neste cone excede o raio da base em 2m. Qual é a área desse cilindro?

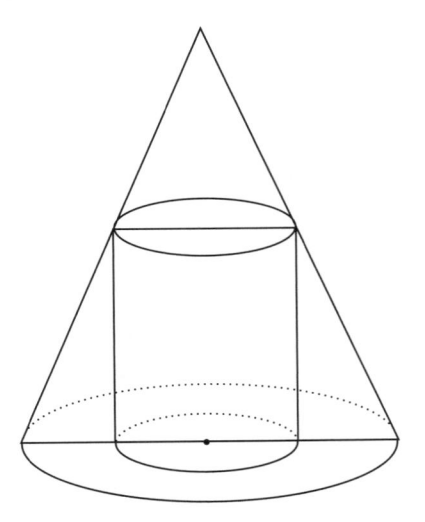

174 Um cone de revolução cuja altura mede 12m tem $216\pi m^2$. Se um cilindro reto inscrito nele tem $66\pi m^2$ de área, qual é o volume desse cilindro?

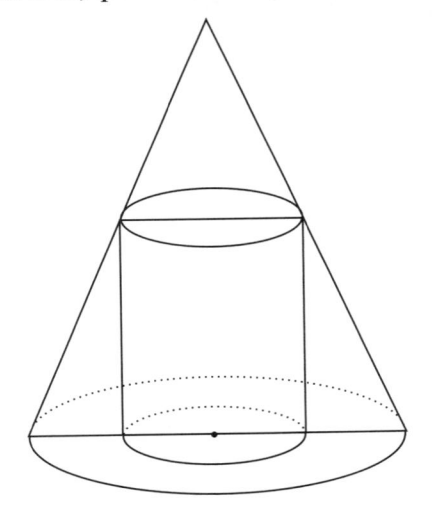

175 Em um cone reto está inscrito um cilindro reto cuja altura é igual ao raio do cone. Achar o ângulo entre o eixo e a geratriz do cone se a razão entre a área do cilindro e a área da base do cone é 3:2.

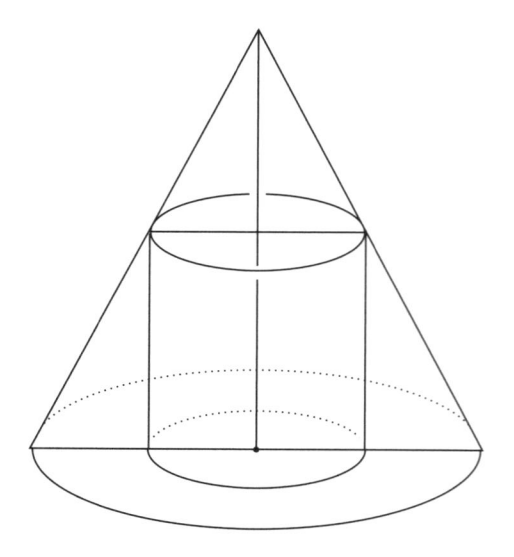

176 Um cone e um cilindro retos têm uma base em comum e o vértice do cone é o centro da outra base do cilindro. Achar o ângulo entre o eixo e a geratriz do cone se a razão entre as áreas do cilindro e do cone é 7:4.

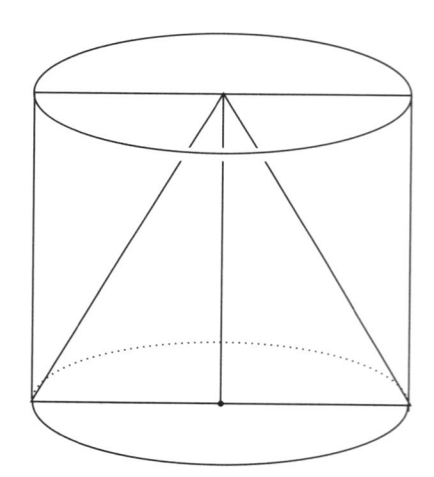

[177] Considere um cone circular reto com raio 4m e altura $8\sqrt{2}$m. Se A e B são pontos diametralmente opostos, situados sobre a circunferência da base, determinar o comprimento do menor caminho, traçado sobre a superfície lateral do cone, ligando A e B.

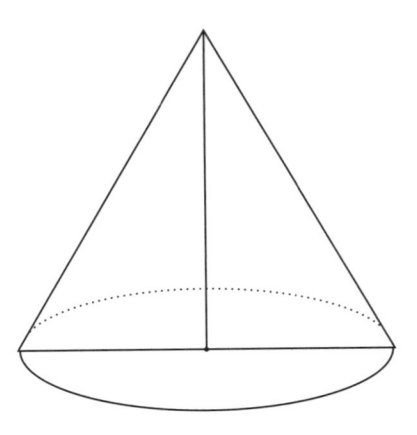

[178] A superfície lateral de um cone de revolução tem 70πm². Determinar o volume deste cone sendo 4,8m a distância entre o centro da base e uma geratriz do cone.

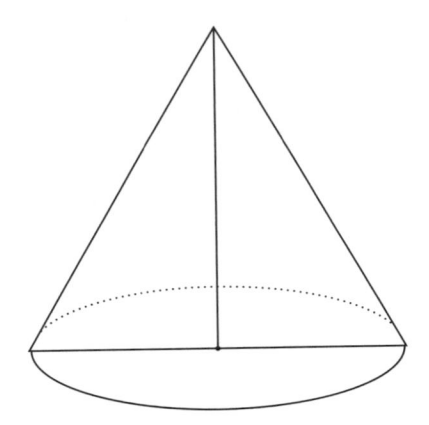

179 Duas geratrizes de um cone reto, que formam um ângulo de 60°, determinam um plano, que ao interceptar o plano da base, determina na circunferência da base um arco de 90° cujo comprimento é de 3πm. Determine o volume desse cone.

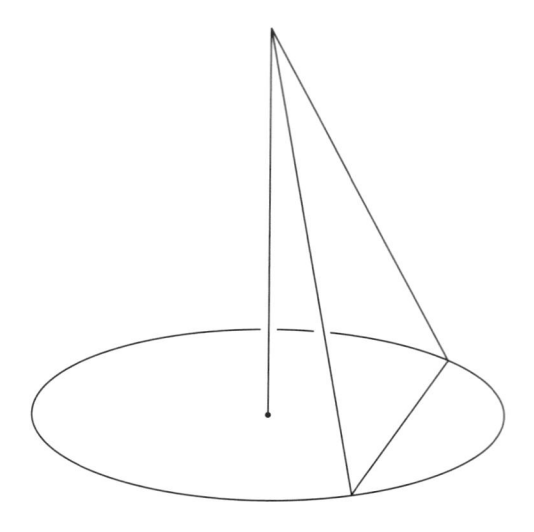

180 Um cilindro e um cone retos, de alturas iguais têm raios iguais. Se a razão entre as áreas laterais desses sólidos é $\frac{24}{13}$, qual é a razão entre suas áreas?

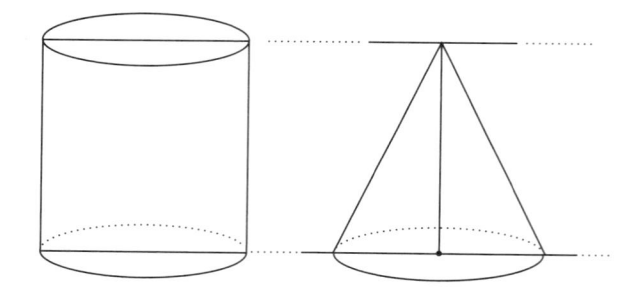

181 O volume e a área de um cone reto são expressos, em m³ e m², por um mesmo número (são numericamente iguais). Se esse cone tem 8m de altura, qual é o seu volume?

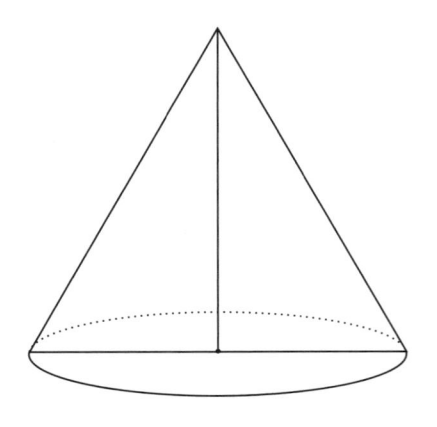

182 Um cone de revolução de 10m de geratriz tem 96π m² de área. Pela extremidade **B**, de um diâmetro AB da base, no plano da base traçamos a reta t tangente à circunferência da base. Sendo **V** o vértice do cone, qual é a distância entre as retas VA e t?

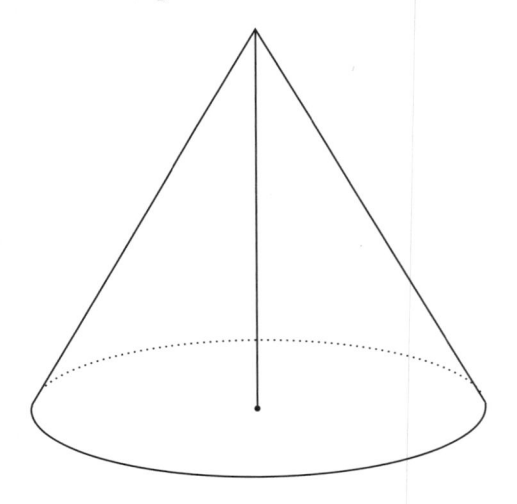

183 Planificando a superfície lateral de um cone de revolução obtemos um setor circular de 216°. Se o volume desse cone é de 324π m³, qual é a sua área?

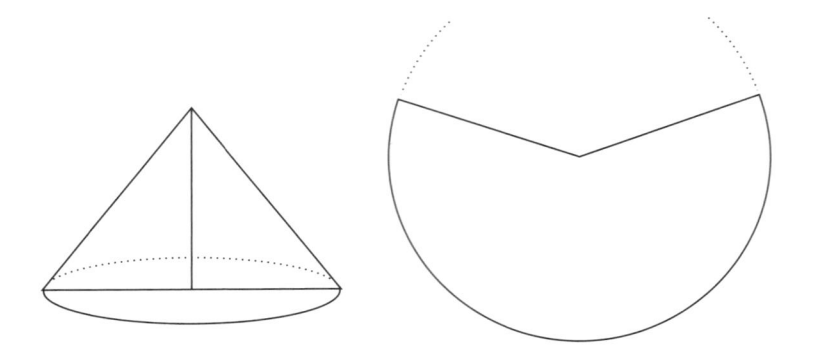

184 Da figura abaixo sabemos que AB = 4m, BC = 3m e CD = 15m. Determine a área e o volume do sólido de revolução gerado pela rotação da região sombreada quando gira em torno do eixo y.

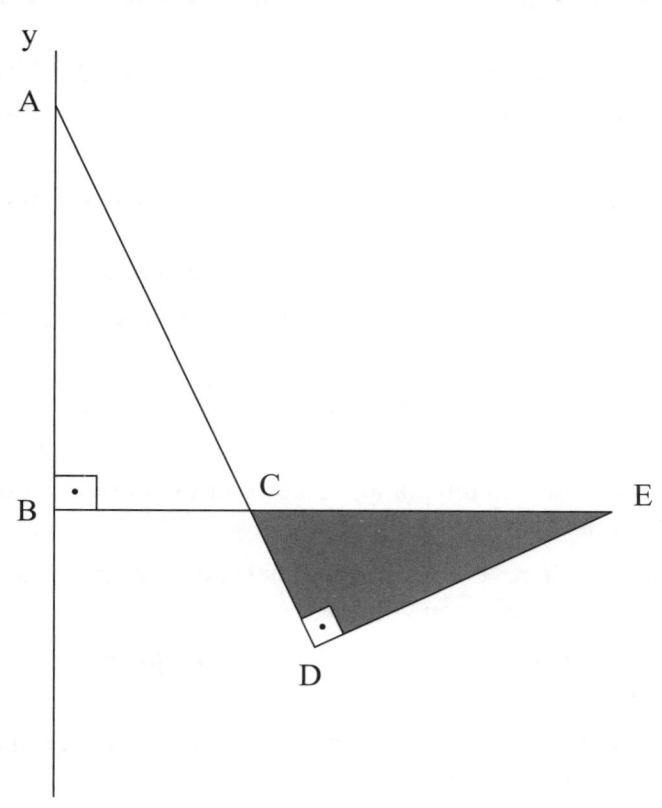

Resolução:

Do triângulo ABC: $AC = \sqrt{AB^2 + BC^2} = \sqrt{16+9} = 5$ m.

Coordenadas (com B na origem): $A=(0,4)$, $B=(0,0)$, $C=(3,0)$.

A reta AC tem direção $(3,-4)/5$. Como $CD=15$ ao longo dessa direção:
$$D = (3,0) + 15\cdot(3/5,\,-4/5) = (12,\,-12)$$

Em D há ângulo reto, e E está sobre a horizontal por B ($y=0$). Direção perpendicular a CD: $(4,3)/5$.
De $D(12,-12)$ até $y=0$: $t=20$, logo $E=(28,0)$ e $DE=20$ m.

Sólido de revolução (rotação do triângulo CDE em torno do eixo y):

Para $y\in[-12,0]$ a seção é uma coroa circular:
- Raio interno (aresta CD): $r_i(y) = 3 - \dfrac{3y}{4}$
- Raio externo (aresta DE): $r_e(y) = 28 + \dfrac{4y}{3}$

Volume:
$$V = \pi\int_{-12}^{0}\left[r_e^2 - r_i^2\right]dy$$

$$\int_{-12}^{0} r_e^2\,dy = \frac{1}{4}(28^3 - 12^3) = \frac{20224}{4} = 5056$$

$$\int_{-12}^{0} r_i^2\,dy = \frac{4}{9}(12^3 - 3^3) = \frac{4\cdot 1701}{9} = 756$$

$$\boxed{V = \pi(5056-756) = 4300\pi\ \text{m}^3}$$

Área da superfície:
- Coroa superior (em $y=0$): $\pi(28^2 - 3^2) = 775\pi$
- Tronco de cone externo (gerado por DE), geratriz 20, raios 12 e 28: $\pi(12+28)\cdot 20 = 800\pi$
- Tronco de cone interno (gerado por CD), geratriz 15, raios 3 e 12: $\pi(3+12)\cdot 15 = 225\pi$

$$\boxed{A = 775\pi + 800\pi + 225\pi = 1800\pi\ \text{m}^2}$$

185 Resolver:
a) Determine o volume e a área de um cone reto de raio 8m e geratriz 17m.
b) Determine a área de um cone de revolução de altura igual a $3\sqrt{7}$ m, sabendo que o seu volume é de $81\sqrt{7}\pi$ m³.
c) Determine o volume de um cone reto sabendo que a sua geratriz mede 9m e a sua área é de 90π m².
d) Qual é o volume de um cone equilátero que tem 324π m² de área?

186 Resolver:
a) A secção meridiana de um cone reto de 24π m² tem 16m de perímetro. Qual é o volume desse cone?
b) A secção meridiana de um cone reto de 100π m³ tem 60m² de área. Qual é a área desse cone?

187 Planificando a superfície lateral de um cone reto de 20m de geratriz, obtemos um setor de 108°. Qual é o volume desse cone?

188 Planificando a superfície lateral de um cone reto de $6\sqrt{2}$ m de altura, obtemos um setor de 120°. Qual é o volume desse cone?

189 Desenvolvendo a superfície lateral de um cone reto, em um plano, obtemos um setor circular de 135° de 16m de raio. Determine o volume desse cone.

190 O raio da base, a altura e a geratriz de um cone de revolução formam nesta ordem uma progressão aritmética. Determine a área deste cone, sendo 96π m³ o seu volume.

191 Desenvolvendo a superfície lateral de um cone reto de $2\sqrt{7}$ m de altura, em um plano, obtemos um setor circular de 270°. Determine a área deste cone.

192 Um cone de revolução de vértice **P** tem 3m de raio e 6π m³ de volume. Quanto deve medir uma corda AB da base do cone para que a área do triângulo PAB seja de 6m²?

193 Aumentando de 6m o raio ou a altura de um cone reto, num e noutro caso, o seu volume aumenta de x m³. Sendo 3m o raio original, determinar o volume original.

194 No cálculo do volume de um cone, o calculista enganou-se, trocando as medidas do raio e da altura. O volume do cone aumentou ou diminuiu? Discutir.

195 Determinar o volume de um cone reto de 8m de altura, sabendo que a sua área é de 96π m².

196 O perímetro da secção meridiana de um cone de revolução é de 14m e ao planificarmos a sua superfície lateral (do cone), obtemos um setor de 60°. Determine o volume deste cone.

197 Considere um cone circular reto de 3m de raio e geratriz 6m. Se A e B são pontos diametralmente opostos, situados sobre a circunferência da base, determinar o comprimento do menor caminho, traçado sobre a superfície lateral do cone, ligando A e B.

198 Um cilindro equilátero e um cone equilátero tem volumes iguais. Determinar a razão entre as áreas destes sólidos.

199 Um cone equilátero e um cilindro reto de alturas congruentes têm uma base, e apenas os pontos desta base, em comum. Se o volume do sólido obtido pela união dos dois é de $36\sqrt{3}\pi$ m³, determinar a área desse sólido.

200 Planificando a superfície lateral de um cone de 144π m² obtemos um setor de 180°. Qual é o volume desse cone?

201 A altura de um cone reto mede 12m e a área lateral excede a área da base em 54π m². Determine o volume desse cone.

202 Planificando a superfície lateral de um cone reto obtemos um setor circular de 216°. Determinar a área deste cone, sabendo que ele tem 96π m³.

203 Planificando a superfície lateral de um cone reto, obtemos um setor circular de 216°. Ache o seno do ângulo entre a geratriz e o eixo do cone.

204 Qual é o volume do cone inscrito em um tetraedro regular de $486\sqrt{2}$ m³ de volume?

205. Qual é a área do cilindro equilátero inscrito em um cone reto de 12m de altura cuja área lateral é de $36\sqrt{5}\pi m^2$?

206. Um cone reto cuja geratriz mede 13m está inscrito em uma pirâmide quadrangular regular de $360m^2$ de área. Qual é a área desse cone?

207. Um cilindro reto de $104\pi\ m^2$ de área está inscrito em um cone reto de raio 10m e altura 15m. Qual é o volume desse cilindro?

208. Planificando a superfície lateral de um cone reto, obtemos um setor circular de 216°. Sendo $216\pi\ m^2$ a área desse cone, qual é o seu volume?

209. Um cone reto tem raio e altura com 6m cada um. Qual é a área do cilindro equilátero inscrito nele?

210. Um sólido de $189\pi\ m^3$ de volume é obtido pela união de um cone reto com um cilindro reto que têm uma base, e apenas os pontos dessa base, em comum. Se o raio do cilindro mede $3\sqrt{3}$m e a sua geratriz é igual à geratriz do cone, qual é a área do sólido?

211. Uma pirâmide triangular regular cuja superfície lateral tem $27m^2$, tem altura relativa à base, de $\sqrt{6}$m. Qual é o volume do cone reto inscrito nessa pirâmide? (A base do cone está inscrita na base da pirâmide).

212. De uma pirâmide quadrangular retangular (a base é um retângulo), cujas arestas laterais são congruentes entre si, sabemos que a sua área é de $42\sqrt{3}m^2$, a sua base tem $16\sqrt{3}m^2$ e uma face lateral tem $5\sqrt{3}m^2$. Determine o volume do cone circunscrito a essa pirâmide.

213. A aresta lateral de uma pirâmide quadrangular regular forma um ângulo de 60° com o plano da base. Se a superfície lateral da pirâmide tem $72\sqrt{7}m^2$, qual é o volume do cone inscrito nessa pirâmide?

214. O diedro da base de uma pirâmide triangular regular mede 60° e a aresta lateral mede $2\sqrt{21}$m. Determine a área do cone reto inscrito nesta pirâmide.

215. Determinar o volume e a área do sólido de revolução, gerado pela rotação de um triângulo equilátero de lado a, quando gira em torno de um eixo que é paralelo a um lado do triângulo e passa pelo vértice oposto a esse lado.

216. Um trapézio retângulo cujas bases medem 6m e 9m tem 24m de perímetro. Um eixo y, que tem apenas um ponto em comum com o trapézio é perpendicular à base maior do trapézio. Determine o volume e a área do sólido gerado pela rotação desse trapézio em torno do eixo y.

217. Determinar o volume e a área do sólido de revolução, gerado pela rotação de um quadrado de lado a, quando gira em torno de um eixo que passa por um vértice e é paralelo a uma diagonal.

218. As bases de um trapézio retângulo medem 6m e 18m e o seu perímetro tem 42m. Determinar o volume e a área do sólido de revolução gerado pela rotação desse trapézio em torno de um eixo que contém a base menor.

219. As bases de um trapézio retângulo medem 3m e 9m e o lado oblíquo às bases mede 10m. Determine o volume e a área do sólido de revolução gerado pela rotação deste trapézio quando gira em torno de um eixo que contém o lado perpendicular às bases.

220. Um triângulo retângulo de catetos $2\sqrt{13}$m e $3\sqrt{13}$m gira em torno de um eixo que contém a hipotenusa. Qual é a área e o volume do sólido de revolução obtido?

221. Um triângulo obtusângulo com um lado de 13m e o lado maior de 20m gira em torno do terceiro lado, gerando um sólido de $396\pi\ m^2$ de área. Qual é o volume desse sólido?

222. Um trapézio retângulo com bases de 1m e 4m e lado oblíquo 5m gira em torno de um eixo paralelo ao lado perpendicular às bases, distante 5m desse lado e do trapézio. Determine o volume e a área do sólido gerado.

223. Um trapézio retângulo com baes 3m e 6m e altura $3\sqrt{3}$m gira em torno de um eixo paralelo ao lado perpendicular às bases, distante 9m dele e 3m do trapézio. Determine o volume e a área do sólido gerado.

224 Um cilindro reto e um cone reto têm o mesmo raio, de 6m, e a mesma altura. Se a razão entre as áreas desses sólidos é 7: 4, qual é o volume desse cone?

225 A altura e o lado oblíquo às bases de um trapézio retângulo medem 6m e $2\sqrt{13}$m. Este trapézio gira em torno de um eixo que contém o lado perpendicular às bases, gerando um sólido cuja área lateral vale $24\sqrt{13}\pi$m² (área lateral é a área gerada pelos segmentos não perpendiculares ao eixo). Determine o volume desse sólido.

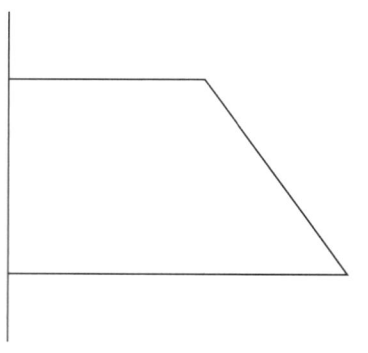

226 Determine a área e o volume do sólido de revolução obtido pela rotação da região sombreada quando gira em torno do eixo y nos casos:
Obs: Cada quadrado tem 1m de lado.

a)

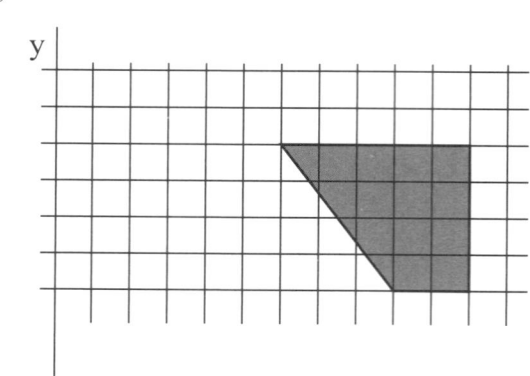

b)

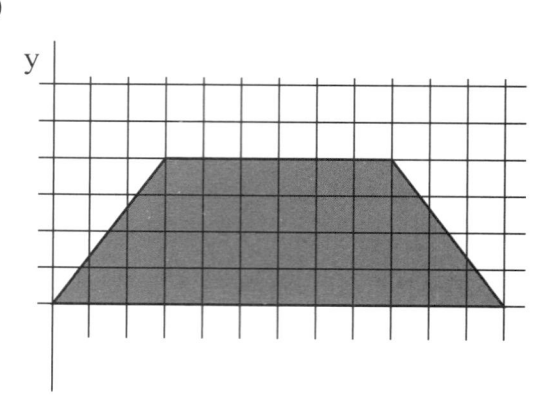

c)

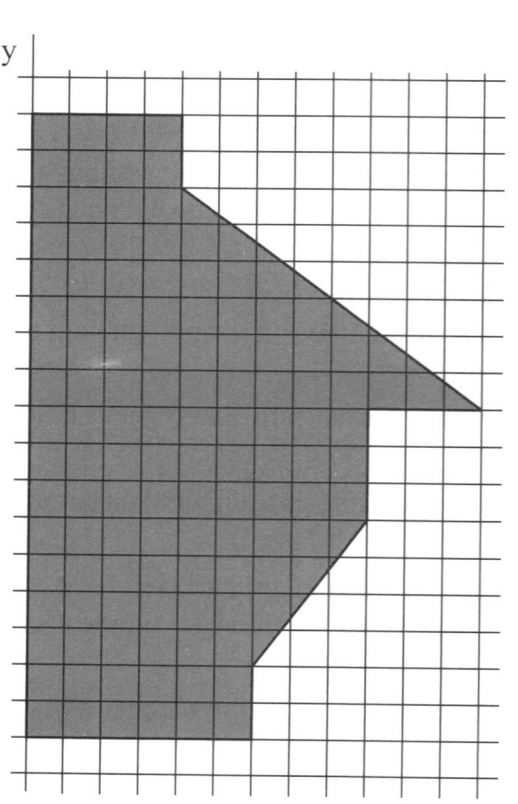

d)

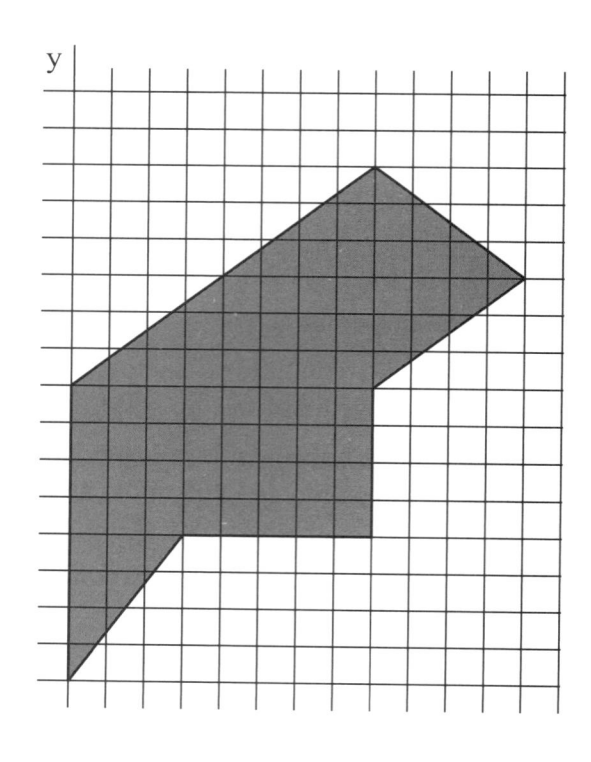

III - ESFERAS

1 Superfície esférica e esfera

Definição: Considere um ponto O e uma distância R maior que zero.
O conjunto de todos os pontos do espaço que distam **R** de **O** chamamos de superfície esférica de centro **O** e raio **R**. O conjunto dos pontos cuja distância até **O** é menor ou igual a **R** (a superfície esférica mais o seu interior) chamamos de **esfera** de centro **O** e raio **R**.

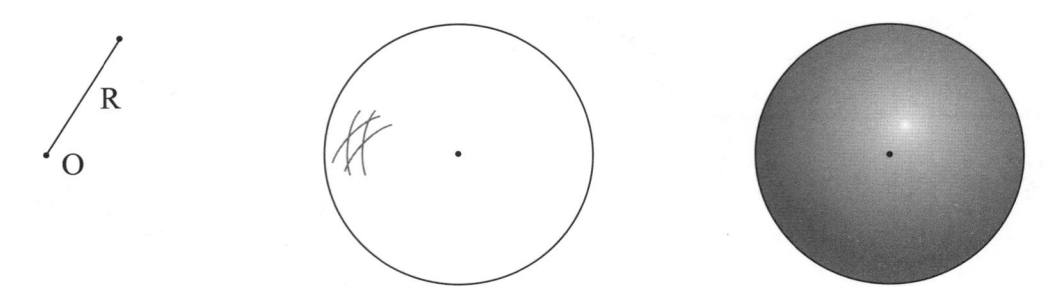

2 Secção plana de uma esfera

Secção plana de uma esfera é a intersecção da esfera com um plano que tem ponto em comum com ela.
Teorema: Uma secção plana de uma esfera, obtida por um plano que é secante com ela (plano que tem mais que um ponto em comum com a esfera), é um círculo.

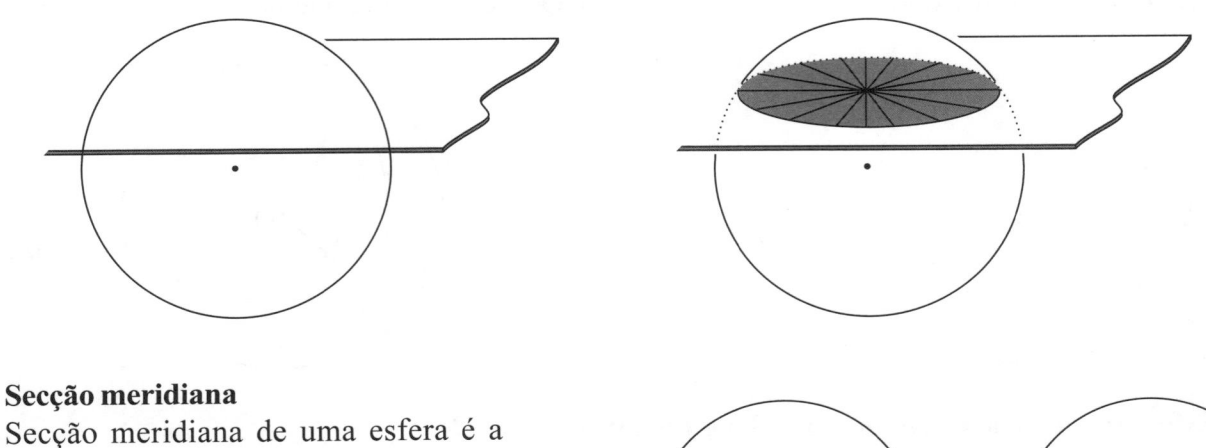

3 Secção meridiana

Secção meridiana de uma esfera é a intersecção da esfera com um plano que passa pelo seu centro.

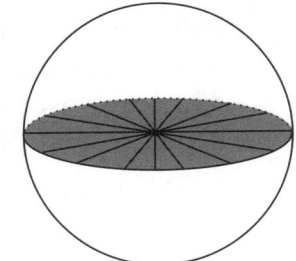

4 Plano tangente e reta tangente a uma esfera

Um plano e uma reta são tangentes a uma esfera se, e somente se, eles têm um único ponto em comum com a esfera.
Teorema: Se um plano é perpendicular a um raio, pela sua extremidade que está na superfície da esfera, então ele é tangente a essa esfera. (E reciprocamente).
Teorema: Se uma reta é perpendicular a um raio, pela sua extremidade que está na superfície da esfera, então ele é tangente a essa esfera. (E reciprocamente).

Obs: 1º) Se a distância entre uma reta e o centro de uma esfera for igual ao raio, essa reta é tangente a essa esfera.

2º) Se a distância entre um plano e o centro de uma esfera for igual ao raio, esse plano é tangente a essa esfera.

a) O plano α é tangente a esfera de raio R e centro O. d(O, α) = R.

b) A reta **t** é tangente a esfera de raio R e centro O. d(O, t) = R.

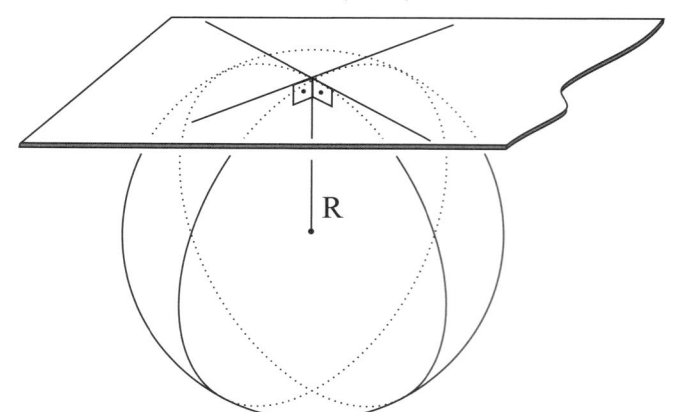

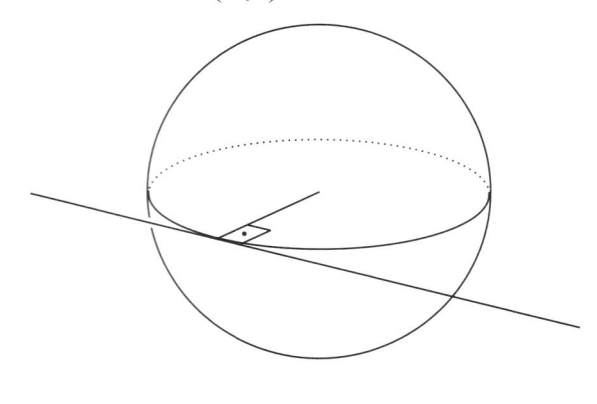

5 Distância entre um ponto e uma superfície esférica

A distância **d** entre um ponto **P** e uma superfície esférica de centro **O** e raio **R** é:

a) Quando o ponto é externo:

d = OP − R

b) Quando o ponto é interno:

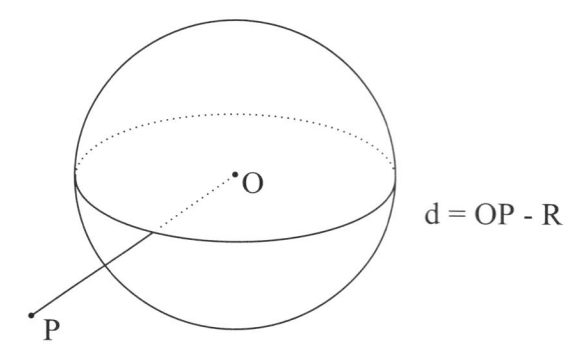

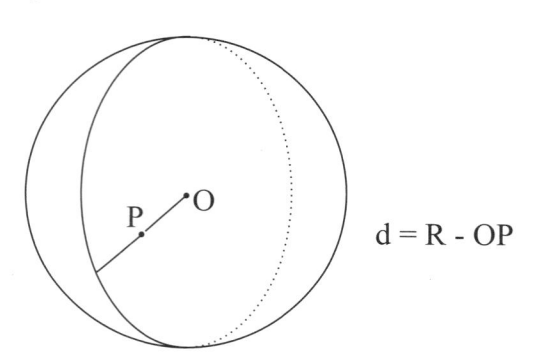

d = R − OP

6 Esfera tangente a dois planos paralelos distintos

Se uma esfera é tangente a dois planos paralelos distintos, o centro eqüidista dos planos e a distância entre os planos é igual ao diâmetro da esfera.

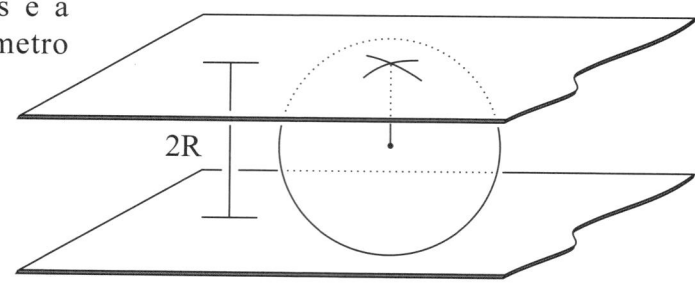

2R

7 Esfera tangente a dois planos secantes

Se uma esfera é tangente a dois planos secantes (esfera tangente às faces de um diedro), como o centro eqüidista dos planos (das faces do diedro), ele está no bissetor do diedro, determinando pelos planos, que contém a esfera.

Para os cálculos pense na secção normal, do diedro, que passa pelo centro da esfera.

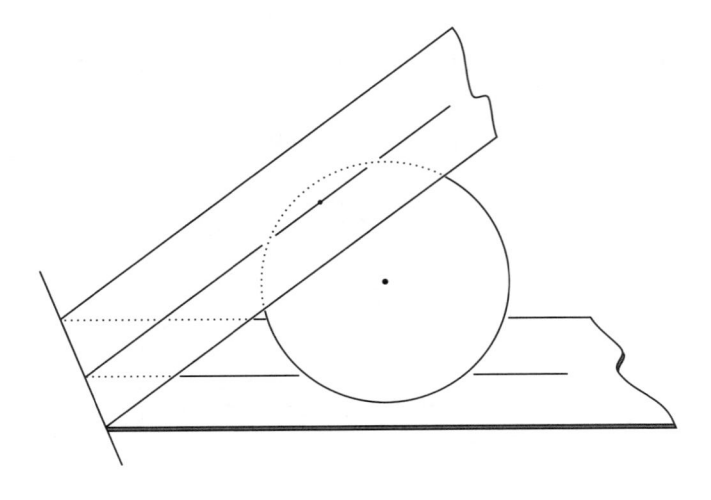

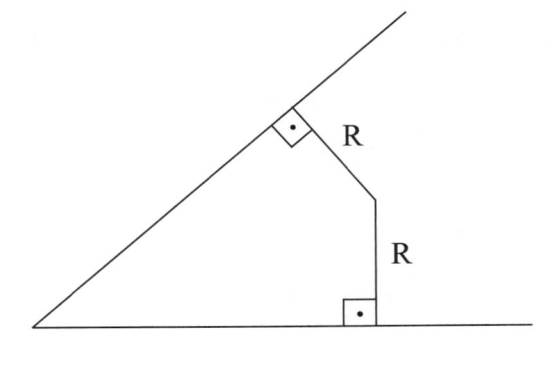

8 **Tangentes traçados de um mesmo ponto externo**
Os segmentos de retas tangentes a uma esfera, conduzidas por um ponto **P**, externo, com uma extremidade em **P** e a outra na esfera são congruentes.
Os pontos de contacto determinam uma circunferência de uma secção plana dessa esfera.

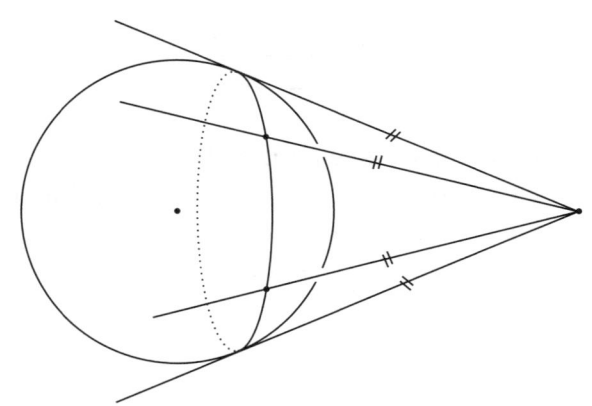

9 **Superfície esféricas tangentes**
Duas superfícies esféricas são tangentes se, e somente se, têm um único ponto em comum. Quando duas superfícies esféricas são tangentes os centros e o ponto de contacto são colineares

a) **tangentes externamente**
A distância entre os centros é igual à soma dos raios.

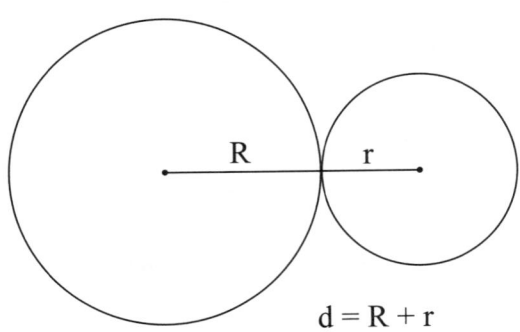

b) **tangentes internamente**
A distância entre os centros é igual à diferenca positiva entre os raios.

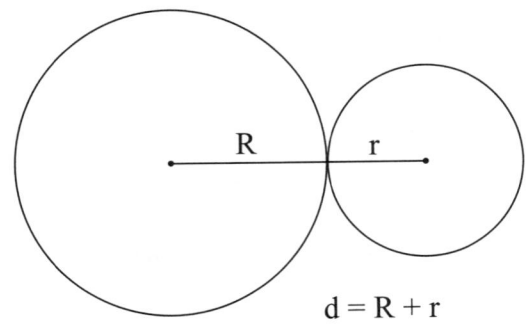

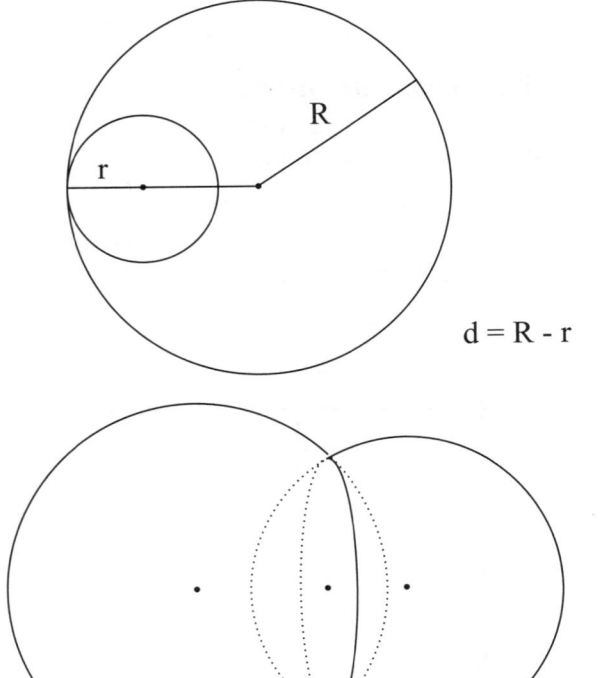

$d = R + r$

$d = R - r$

10 **Superfícies esféricas secantes**
Duas superfícies esféricas são secantes quando a distância entre os centros está entre a diferença positiva e a soma dos raios.
Teorema: A intersecção de duas superfícies esféricas secantes é uma circunferência (Os centros são colineares).

11 Poliedro inscrito em uma esfera

Dizemos que um poliedro está **inscrito** em uma esfera, ou que a esfera está **circunscrita** a esse poliedro se todos os vértices do poliedro pertencem à superfície da esfera.

Note que a distância entre o centro da esfera e qualquer vértice do poliedro é igual ao raio da esfera.

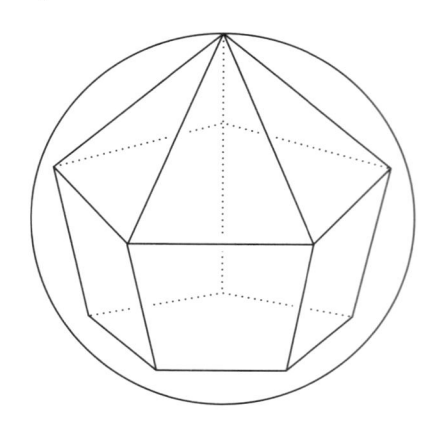

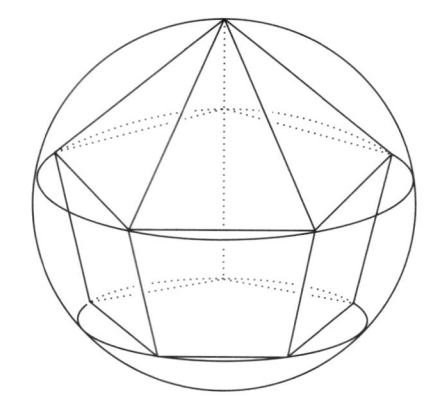

12 Esfera inscrita em um poliedro

Dizemos que uma esfera está **inscrita** em um poliedro, ou que o poliedro está circunscrito a essa esfera (ele é circunscritível) se todas as faces do poliedro tangenciam a esfera.

Note que a distância entre o centro da esfera e qualquer face do poliedro é igual ao raio da esfera.

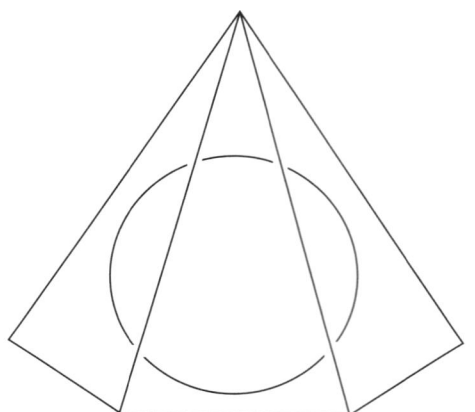

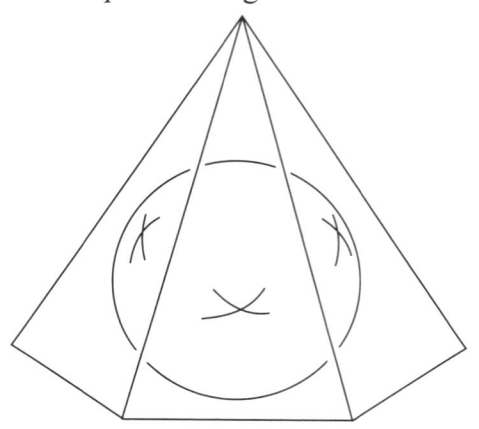

13 Cilindro inscrito em esfera

Dizemos que um cilindro reto está inscrito em uma esfera (ou que a esfera é circunscrita a esse cilindro) se as circunferências das bases estão contidas na superfície dessa esfera. O centro da esfera está sobre o eixo do cilindro e eqüidista das bases.

Para descobrirmos as relações importantes, pensamos no plano de uma secção meridiana do cilindro: um retângulo inscrito numa circunferência.

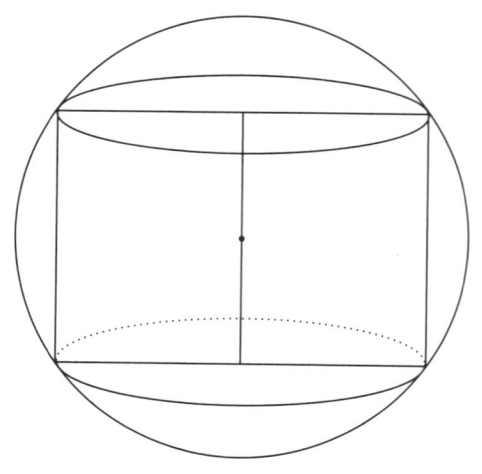

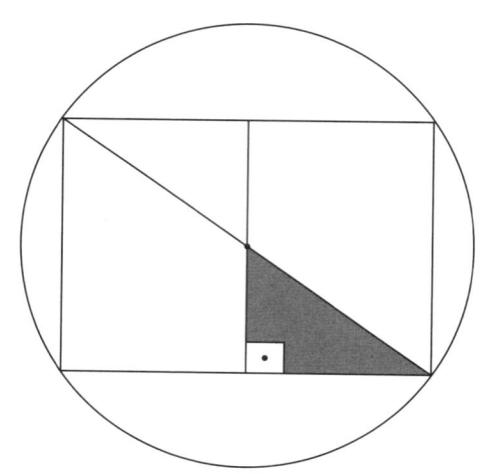

14 | Cone inscrito em esfera

Dizemos que um cone reto está inscrito em uma esfera (ou que a esfera está circunscrita a esse cone) se a circunferência da base do cone está contida na superfície da esfera e o vértice do cone pertence a essa superfície. O centro da esfera está no eixo do cone. Para descobrirmos as relações importantes, pensamos no plano de uma secção meridiana do cone: um triângulo isósceles inscrito numa circunferência.

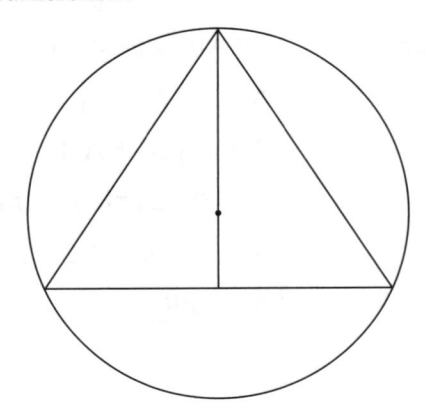

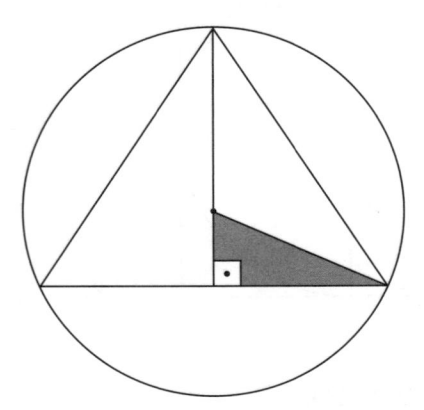

15 | Esfera inscrita em cilindro

Dizemos que uma esfera está inscrita em um cilindro reto (ou que o cilindro está circunscrito a essa esfera) se todas as geratrizes tangenciam a esfera e as bases do cilindro também tangenciam a esfera.

O centro da esfera está no eixo do cilindro e este cilindro é necessariamente equilátero (altura igual ao diâmetro da base : H = 2R). Basta pensarmos no plano de uma secção meridiana do cilindro.

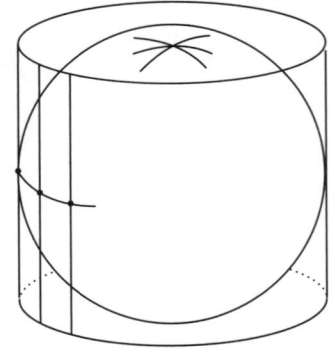

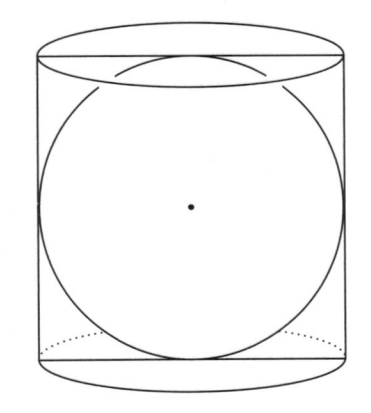

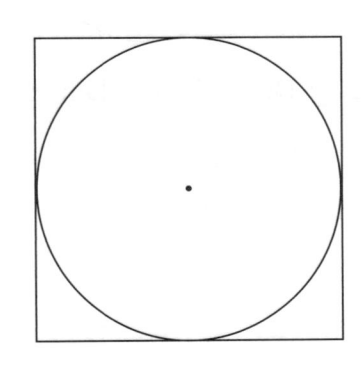

Didaticamente:

16 | Esfera inscrita em cone

Dizemos que uma esfera está inscrita em um cone reto (ou que o cone está circunscrito a essa esfera), se todas as geratrizes tangenciam a esfera e a base do cone também tangencia a esfera. O centro da esfera está no eixo do cone. Para descobrirmos relações importantes, pensamos no plano de uma secção meridiana do cone: um triângulo isósceles circunscrito a um círculo.

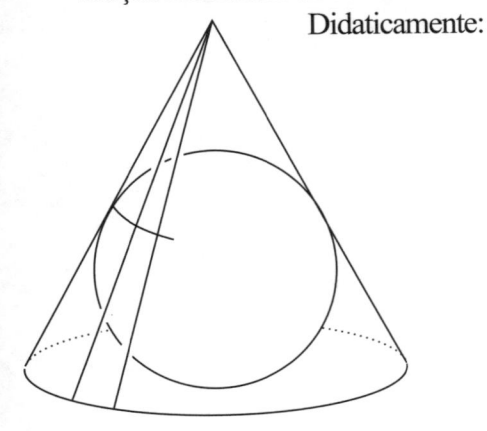

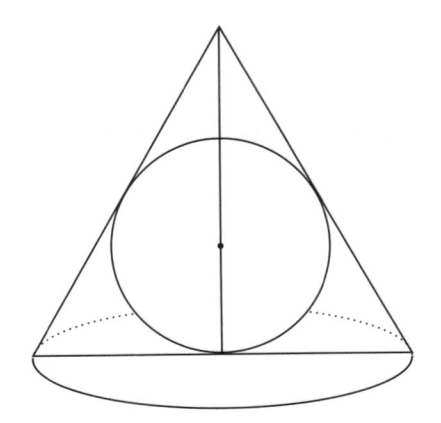

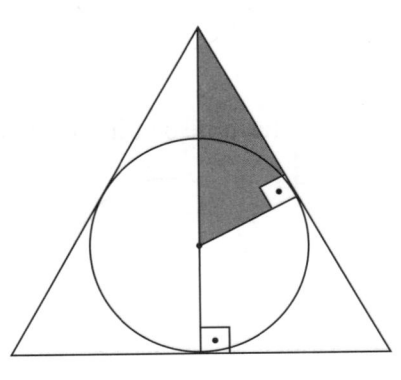

Didaticamente:

17 Volume e área de uma esfera

Arquimedes (287 - 212 AC) mostrou que o volume e a área de uma esfera são, respectivamente, iguais a $\frac{2}{3}$ do volume e $\frac{2}{3}$ da área do menor cilindro reto que a contém.

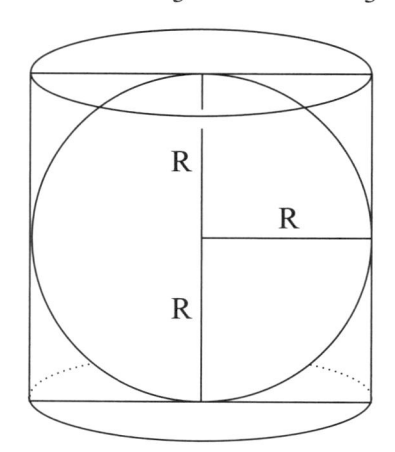

Se o raio da esfera for **R**, o cilindro será equilátero de raio **R** e altura H = 2R.

1º) Volume da esfera

$$V = \frac{2}{3}[V_{cilindro}]$$
$$V = \frac{2}{3}[B \cdot H]$$
$$V = \frac{2}{3}[\pi R^2 \cdot (2R)]$$
$$\boxed{V = \frac{4}{3}\pi R^3}$$

2º) Área da esfera

$$A = \frac{2}{3}[A_{cilindro}]$$
$$A = \frac{2}{3}[2B + A_L]$$
$$A = \frac{2}{3}[2(\pi R^2) + 2\pi R(H)]$$
$$A = \frac{2}{3}[2\pi R^2 + 2\pi R(2R)]$$
$$\boxed{A = 4\pi R^2}$$

EXERCÍCIOS

227 Determine a área da esfera nos casos:
(A unidade das medidas indicadas nas figuras é o metro).

a) 5

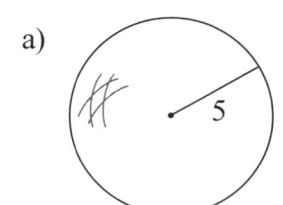

b) 14

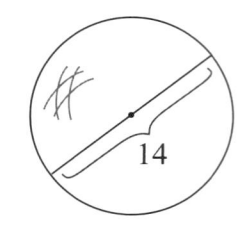

228 Determine o volume da esfera nos casos:

a) 6

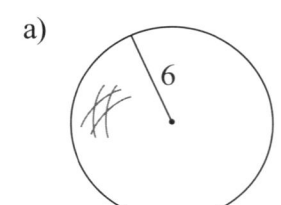

b) 18

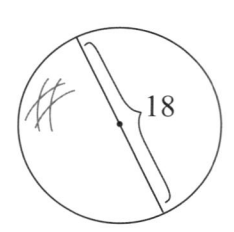

229 Determine o volume e a área de uma esfera de 12m de raio.

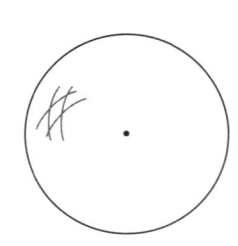

230 Determine o volume de uma esfera cuja área é de $288\pi m^2$.

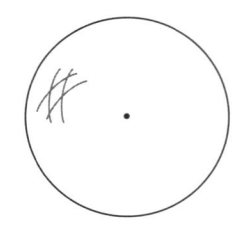

231. Determine a área de uma esfera cujo volume é de 4500πm³.

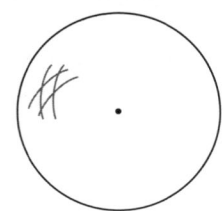

232. Determine a área de uma esfera cujo volume é de 256√3πm³.

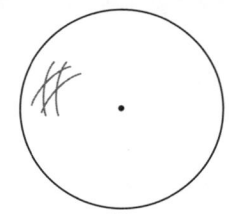

233. A secção meridiana de uma esfera tem uma área de 121πm². Qual é a área dessa esfera?

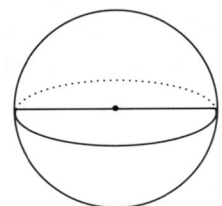

234. Uma secção plana de uma esfera, distante 3√5m do centro da esfera, tem 36πm² de área. Determine o volume dessa esfera.

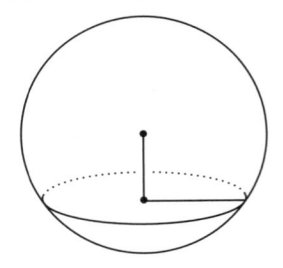

235. Duas secções planas paralelas de uma esfera, com a distância entre elas de 9m, têm 72πm² e 45πm² de área. Determine a área dessa esfera.
Obs: Verifique que o outro caso (as duas secções planas estão de um mesmo lado do centro da esfera) implica num absurdo.
No plano de uma secção meridiana, perpendicular aos planos das secções, temos:

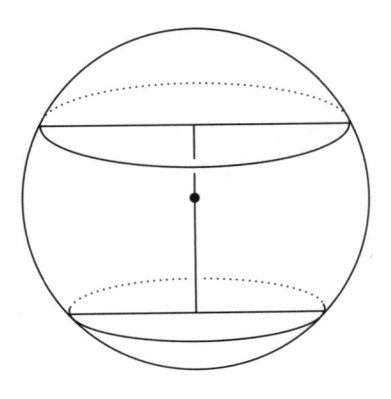

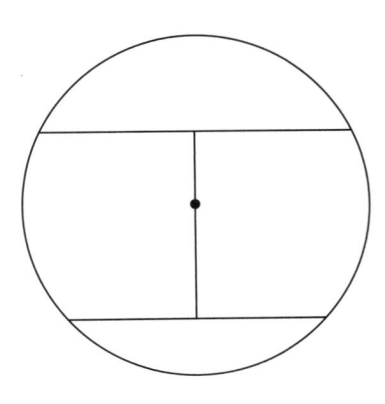

236 Duas secções planas paralelas de uma esfera, distantes 4m uma da outra, têm $108\pi m^2$ e $140\pi m^2$. Determine o volume da esfera.

Obs: Verifique que o outro caso (o centro da esfera está entre as secções planas) implica num absurdo.

No plano de uma secção meridiana, perpendicular aos planos das secções, temos:

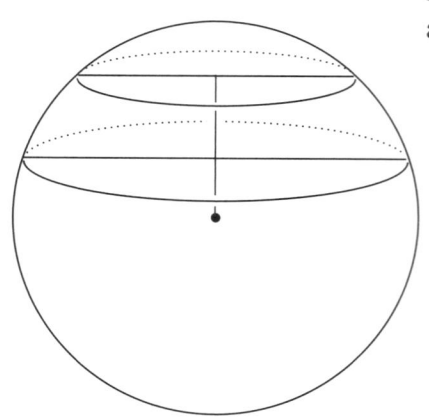

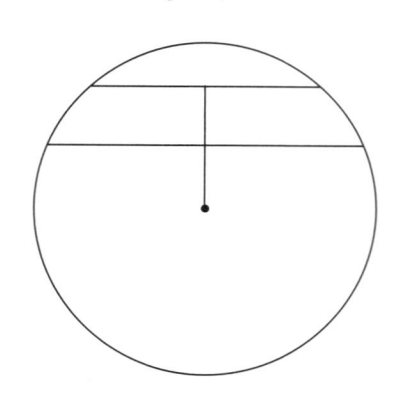

237 RESOLVER:

a) Um ponto externo a uma esfera de 7m de raio dista 18m do centro da esfera. Quanto esse ponto dista da superfície dessa esfera?

b) Um ponto de uma esfera de 23m de raio dista 8m do centro da esfera. Qual é a distância entre esse ponto e a superfície dessa esfera?

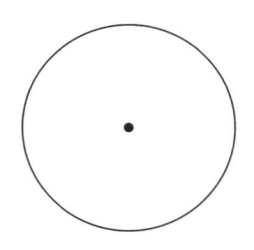

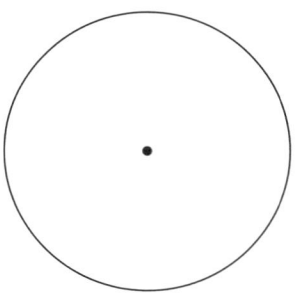

238 Um ponto **P** dista 18m de uma esfera e uma reta passa por **P** e tangencia a esfera num ponto **A**. Sendo PA = 24m, determine o raio dessa esfera.

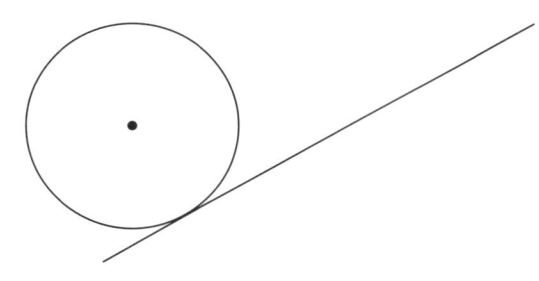

239 Uma esfera de 10m de raio tangencia as faces de um diedro reto. Qual é a distância entre o centro da esfera e a aresta do diedro?

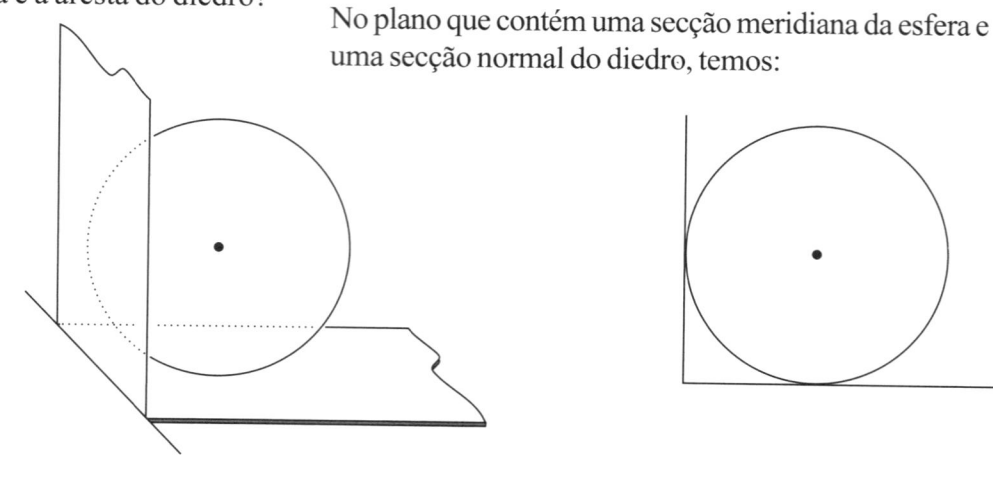

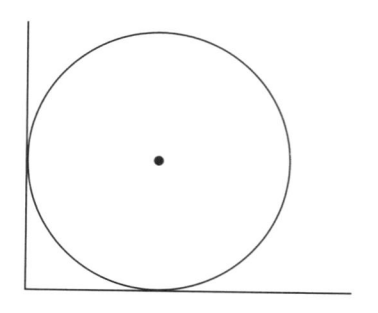

No plano que contém uma secção meridiana da esfera e uma secção normal do diedro, temos:

240 Uma esfera de 15m de raio tangencia as faces de um diedro de 60°. Qual é a distância entre o centro da esfera e a aresta do diedro?

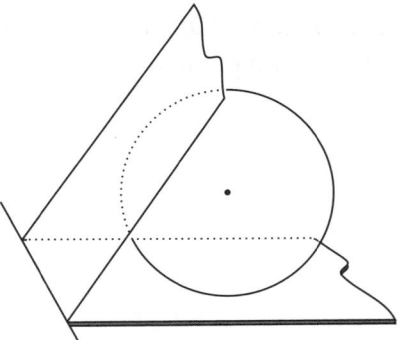

No plano que contém uma secção meridiana da esfera e uma secção normal do diedro temos:

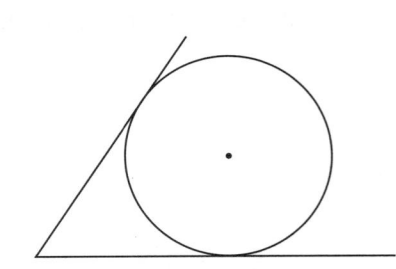

241 Uma esfera tangencia uma face de um diedro reto e é secante com a outra face. A secção plana que a face secante determina na esfera dista 4m do centro da esfera e 2m da aresta do diedro. Quanto mede o raio da esfera?

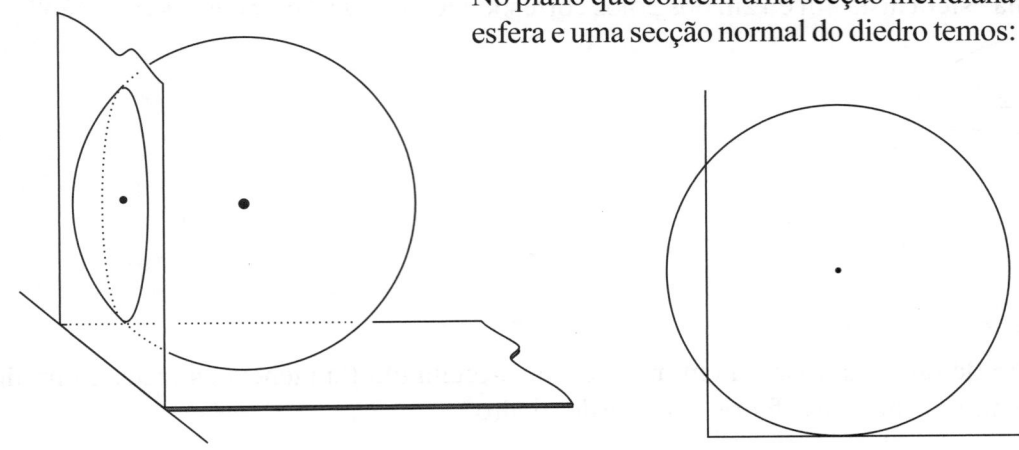

No plano que contém uma secção meridiana da esfera e uma secção normal do diedro temos:

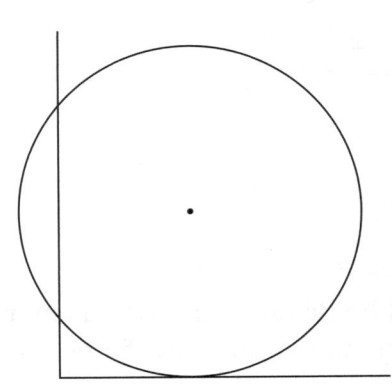

242 O centro de uma esfera pertence a uma face de um diedro de 30°. Se a esfera tangencia a outra face e dista 8m da aresta do diedro, quanto mede o raio?

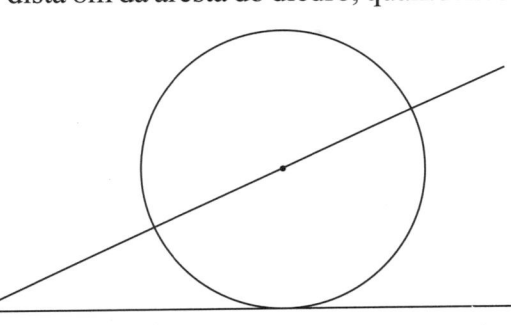

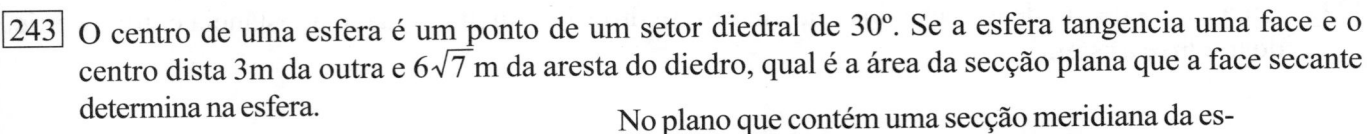

No plano que contém uma secção meridiana da esfera e uma secção normal do diedro temos:

243 O centro de uma esfera é um ponto de um setor diedral de 30°. Se a esfera tangencia uma face e o centro dista 3m da outra e $6\sqrt{7}$ m da aresta do diedro, qual é a área da secção plana que a face secante determina na esfera.

No plano que contém uma secção meridiana da esfera e uma secção normal do diedro temos:

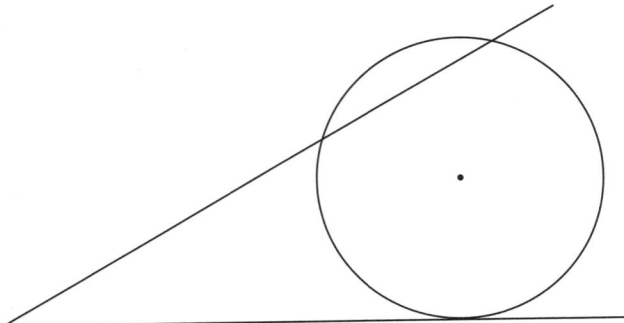

244. Uma secção plana de uma esfera, distante 4m de um dos pólos correspondentes, tem $64\pi m^2$ de área. Qual é a área dessa esfera?

Obs: Pólos de uma esfera, correspondentes a uma determinada secção plana, são as extremidades do diâmetro perpendicular a essa secção. Quando a distância entre uma secção plana e um pólo é menor que o raio da secção, o pólo em questão é o mais próximo da secção.

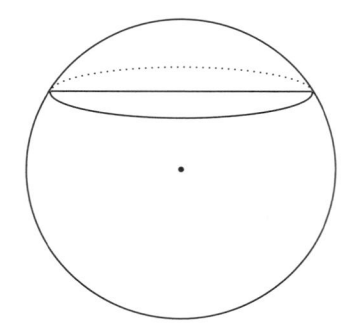

245. Uma secção de uma esfera dista 4m e 12m dos pólos correspondentes. Qual é a área dessa secção?

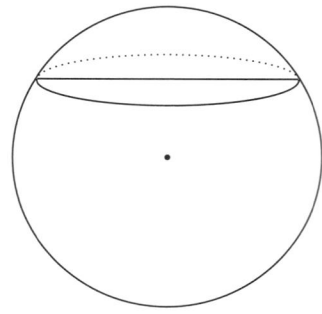

246. Uma esfera de 12m de raio está inscrita em um triedro tri-retângulo (tangencia as faces do triedro). Qual é a distância entre o centro da esfera e o vértice do triedro?

247. Uma esfera de 8m de raio está inscrita em um triedro tri-retângulo. Qual é a distância entre o vértice do triedro e a esfera?

248 Qual é o lugar geométrico (lg) dos pontos de um setor diedral que eqüidistam das faces do setor?

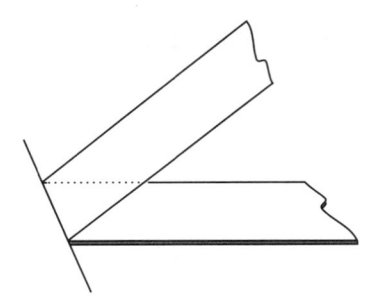

249 Onde está o centro de uma esfera que tangencia as faces de um diedro?
R:

250 Qual é o lugar geométrico dos pontos do espaço que eqüidistam das extremidades de um segmento AB?

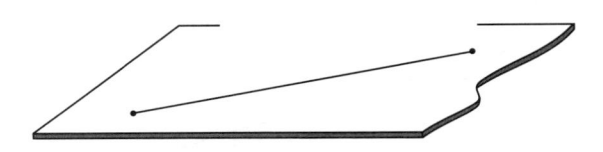

251 Onde está o centro de uma esfera sabendo que dois pontos distintos A e B são pontos da sua superfície?
R:

252 Qual é o lugar geométrico (lg) dos pontos (do espaço) que eqüidistam dos lados de um ângulo dado?

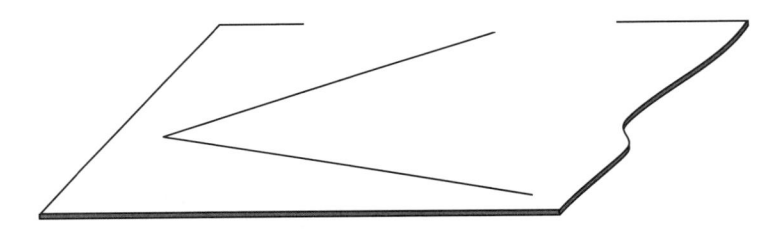

253 Onde está o centro de uma esfera que tangencia os lados de um ângulo dado?

254 Quantas esferas existem nos casos:

a) Que tangenciam as faces de um diedro dado?

b) Cuja superfície contém dois pontos distintos dados?

c) Que tangenciam os lados de um ângulo dado?

255. Qual é o lugar geométrico dos pontos de um ângulo triédrico (ângulo sólido) que eqüidistam de suas faces?

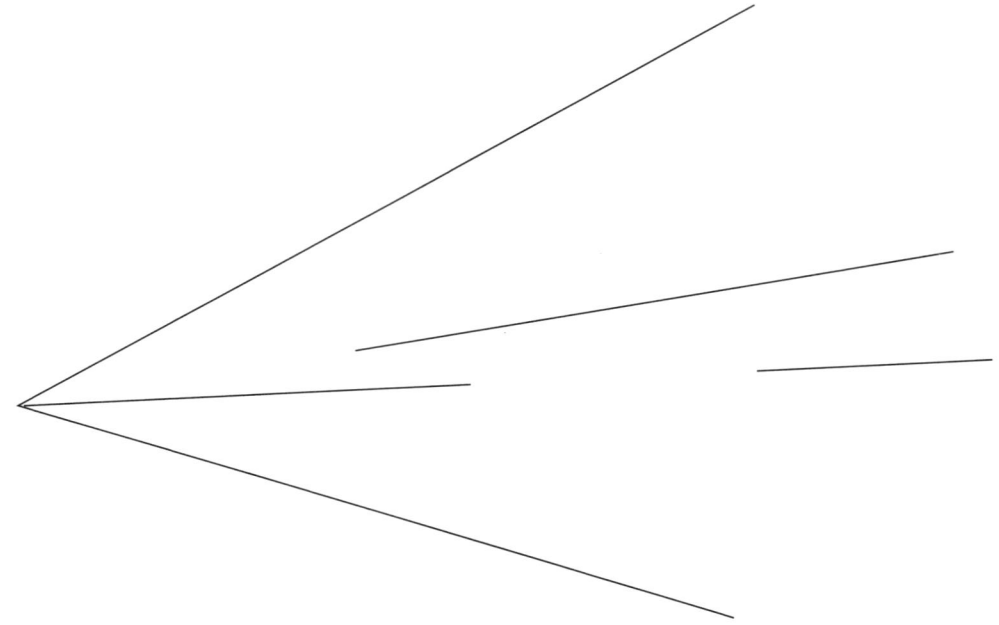

256. Onde está o centro de uma esfera que tangencia as faces de um triedro?

257. Qual é o lugar geométrico dos pontos de um triedro que eqüidistam das suas arestas?

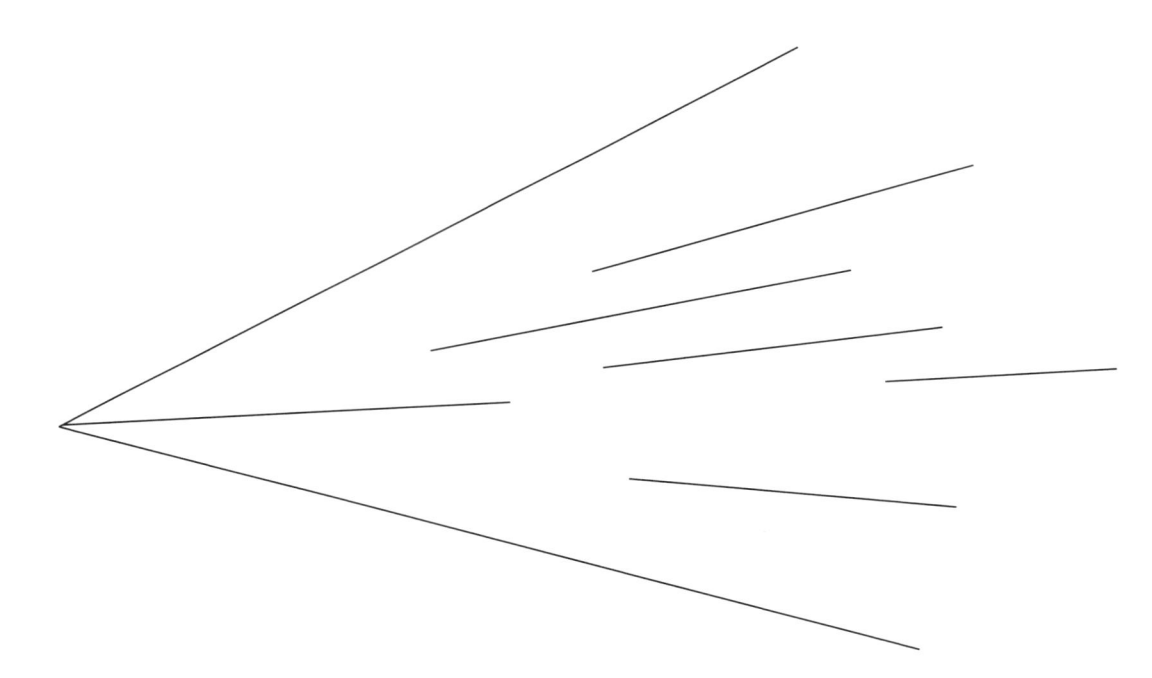

258. Onde está o centro de uma esfera que tangencia as arestas de um triedro?

259 Qual é o lugar geométrico dos pontos que eqüidistam dos vértices de um:

a) quadrado

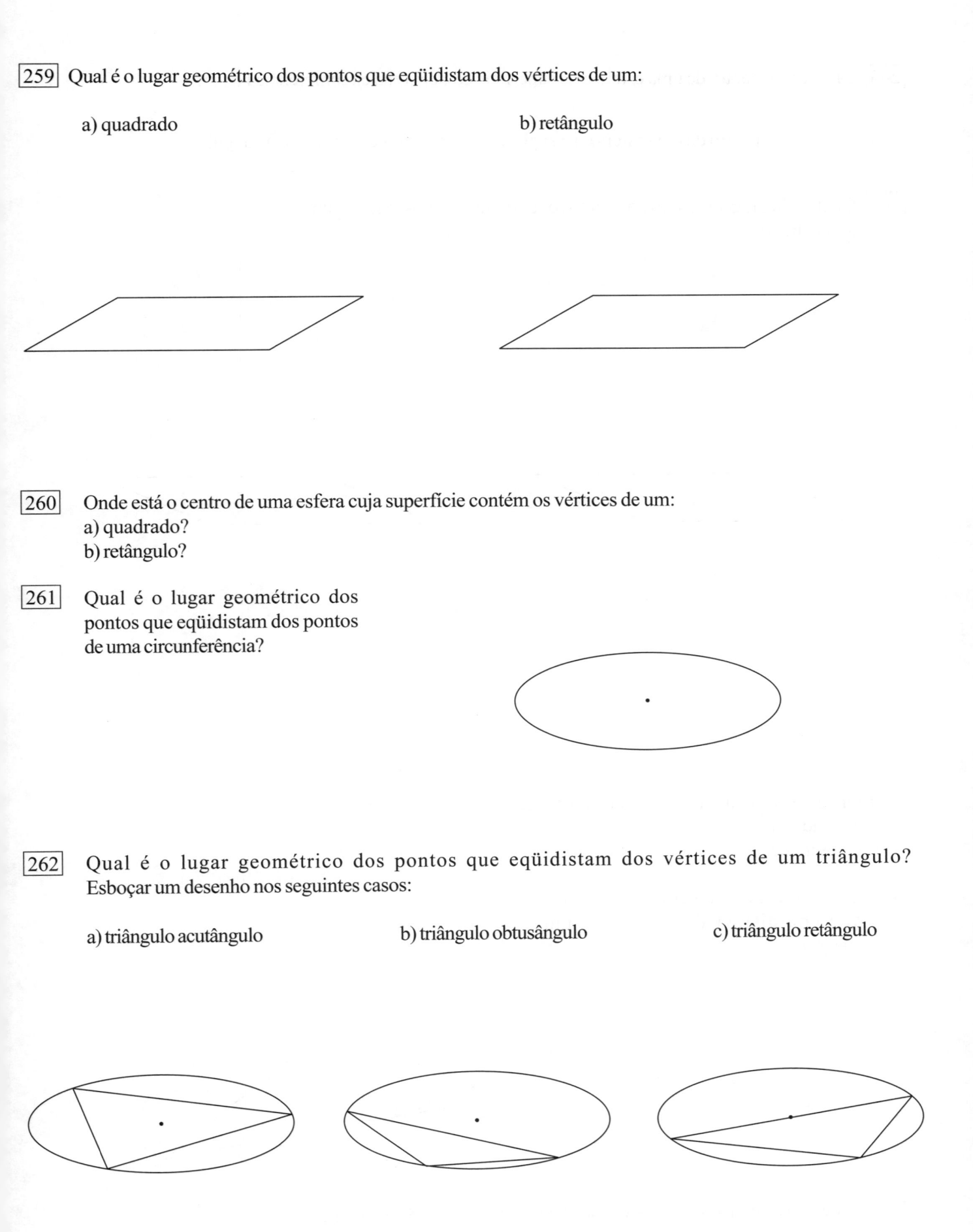

b) retângulo

260 Onde está o centro de uma esfera cuja superfície contém os vértices de um:
a) quadrado?
b) retângulo?

261 Qual é o lugar geométrico dos pontos que eqüidistam dos pontos de uma circunferência?

262 Qual é o lugar geométrico dos pontos que eqüidistam dos vértices de um triângulo? Esboçar um desenho nos seguintes casos:

a) triângulo acutângulo

b) triângulo obtusângulo

c) triângulo retângulo

263. Onde está o centro de uma esfera cuja superfície contém uma circunferência **f** dada?

264. Onde está o centro de uma esfera cuja superfície contém os vértices de um triângulo?

265. Qual é o lugar geométrico dos pontos que eqüidistam dos lados de um:
a) quadrado?   b) losango?

266. Onde está o centro de uma esfera que tangencia os lados de um:
a) quadrado?
b) losango?

267. Qual é o lugar geométrico dos pontos que eqüidistam dos lados de um triângulo?

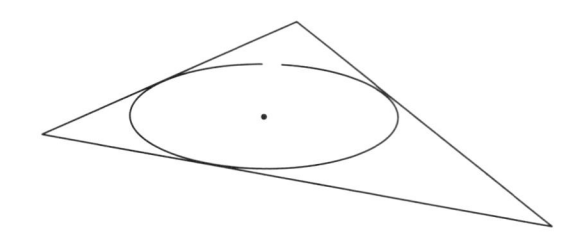

268. Onde está o centro de uma esfera que tangencia os lados de um triângulo?

269 Lembrando que a área e o volume de uma esfera são iguais, respectivamente, a $\frac{2}{3}$ da área e $\frac{2}{3}$ do volume do menor cilindro reto que a contém (Arquimedes), determine:

a) O volume da esfera inscrita em um cilindro reto de $573\pi m^3$.

b) A área da esfera inscrita em um cilindro reto de $717 m^2$.

c) O volume do cilindro reto circunscrito a uma esfera de $434\pi m^3$.

d) A área do cilindro reto circunscrito a uma esfera de $318 m^2$.

270 Novamente lembrando Arquimedes (287 - 212 AC) e usando as fórmulas de volume e área de cilindro, mostre que o volume (V) e a área (A) de uma esfera de raio R, por serem $\frac{2}{3}$ do volume e $\frac{2}{3}$ da área do menor cilindro reto que a contém, são dados por: $V=\frac{4}{3}\pi R^3$ e $A=4\pi R^2$.

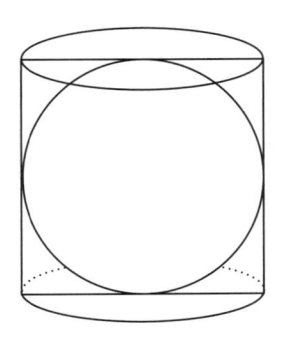

271 Usando as fórmulas de volumes e áreas de esfera e cilindro, calculando primeiramente o raio, resolver:
a) Determine o volume do cilindro reto circunscrito a uma esfera de $196\pi m^2$.

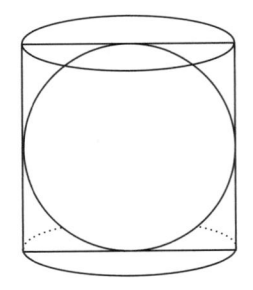

b) Determine a área do cilindro reto circunscrito a uma esfera de $500\sqrt{3}\pi m^3$.

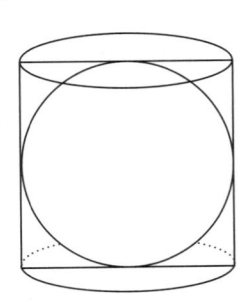

c) Determine o volume da esfera inscrita em um cilindro reto de $108\pi m^2$.

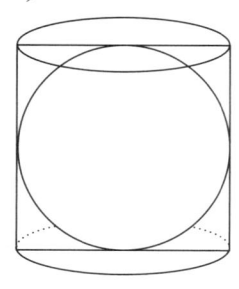

d) Determine a área da esfera inscrita em um cilindro reto de $2662\pi m^3$.

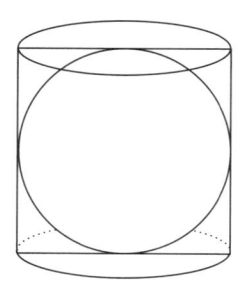

272. Qual é a área da esfera circunscrita a um cilindro equilátero cuja área é de $384\pi m^2$?

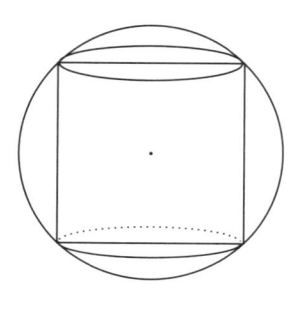

273. Um cilindro equilátero está inscrito em uma esfera de $2744\sqrt{6}\pi m^3$. Qual é o volume deste cilindro?

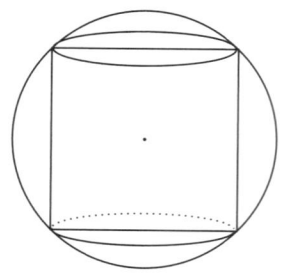

274 Um cilindro reto de 9m de raio tem 486πm³ de volume. Determine o volume da esfera circunscrita a ele.

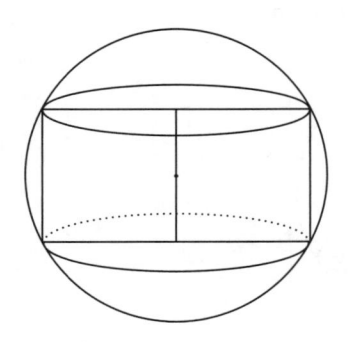

275 Um cilindro de revolução de 6m de altura está inscrito em uma esfera. Se o cilindro tem 80πm² de área, qual é a área da esfera?

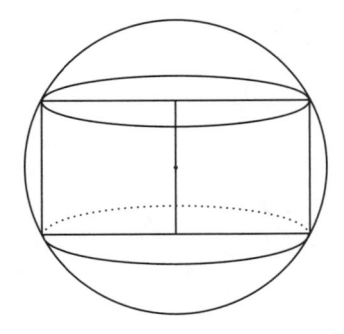

276 Um cilindro de revolução de 32πm³ de volume, cuja altura é expressa por um número inteiro de metros, está inscrito em uma esfera de 80πm² de área. Qual é a área desse cilindro?

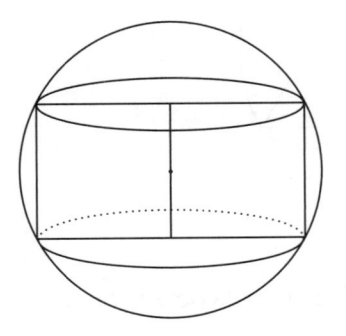

277 Resolver

a) Determinar o raio da esfera inscrita em um cone equilátero cuja altura mede 21m.

b) Determinar o raio da esfera circunscrita a um cone equilátero cuja altura mede 42m.

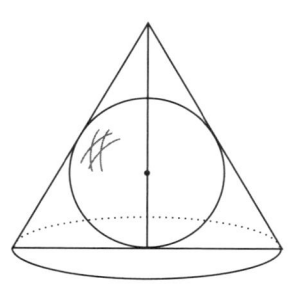

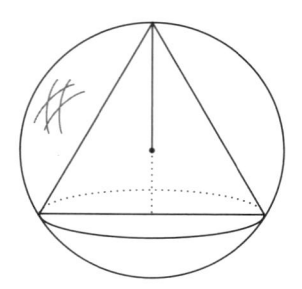

278 Dado um cone equilátero de 9m de raio, determine o raio da esfera.

a) inscrita nele.

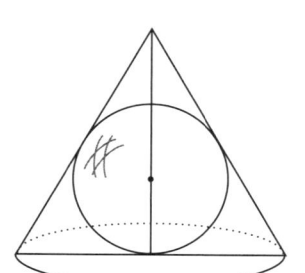

b) cicunscrita a ele.

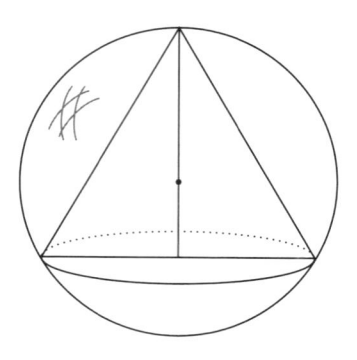

279 Determinar o raio do cone equilátero.

a) circunscrito a uma esfera de 4m de raio.

b) inscrito em uma esfera de 12m de raio.

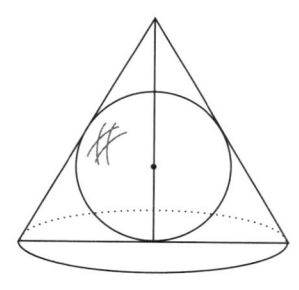

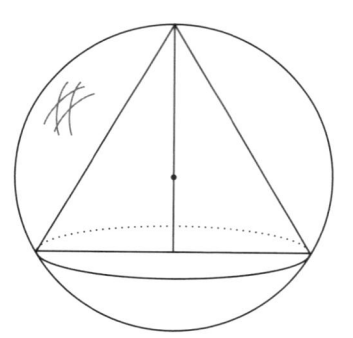

280 Um cone reto tem 12m de raio e 15m de geratriz. Determine o raio da esfera inscrita nesse cone.

1º Modo: Semelhança de triângulos.

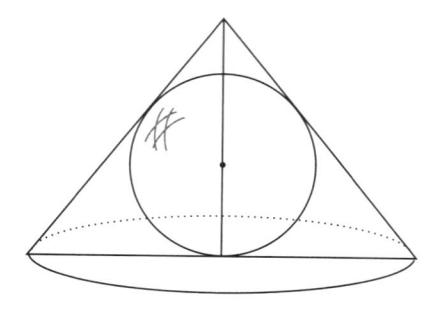

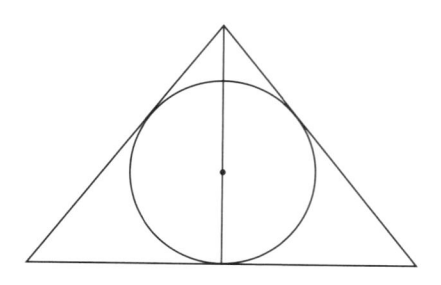

2º Modo: Pitágoras

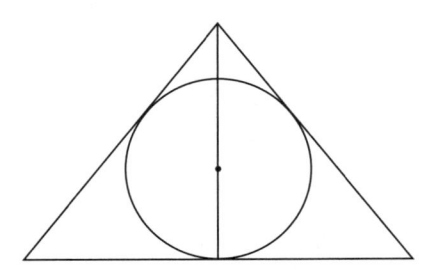

3º Modo: Áreas

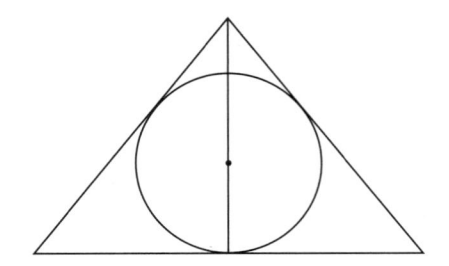

281 O raio da esfera inscrita em um cone reto e o raio do cone medem 5m e 7,5m. Determine a altura e a geratriz do cone.

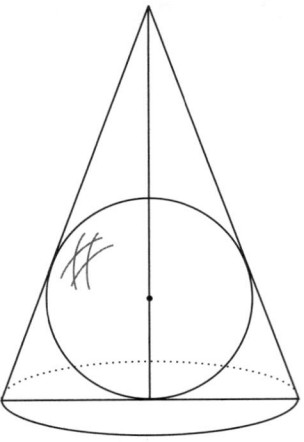

282 O raio e a geratriz de um cone reto medem 8m e $8\sqrt{5}$m. Determine o raio da esfera circunscrita a esse cone.

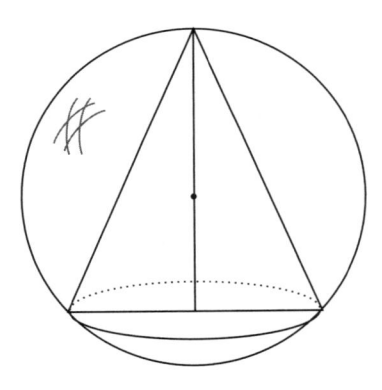

1º Modo: Pitágoras

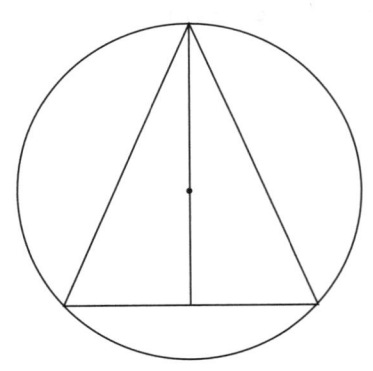

2º Modo: Potência de ponto

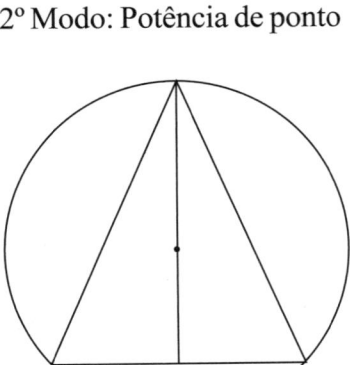

3º Modo: Semelhança de triângulos

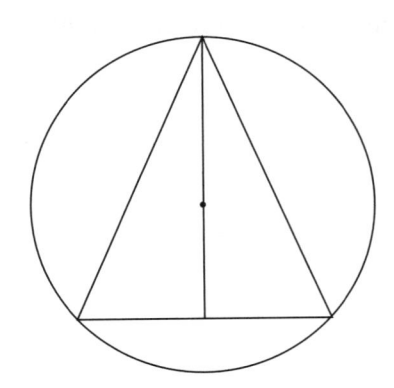

93

4º Modo: Usando a fórmula da área $S = \dfrac{abc}{4R}$

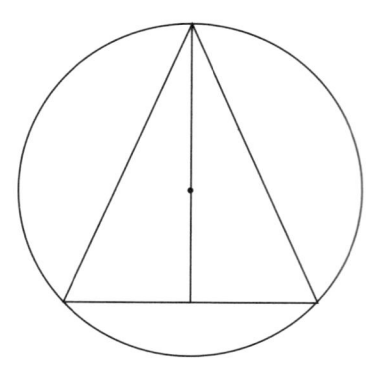

283 A geratriz de um cone de revolução mede $3\sqrt{10}$m e o raio da esfera circunscrita mede 5m. Determine o raio e a altura desse cone. (Note que se a geratriz do cone é maior que $R\sqrt{2}$, onde R é o raio da esfera, o centro da esfera é interno ao cone).

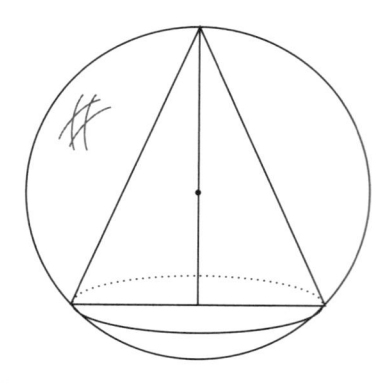

284 Qual é o volume da esfera inscrita em um cone equilátero de $108\pi m^2$?

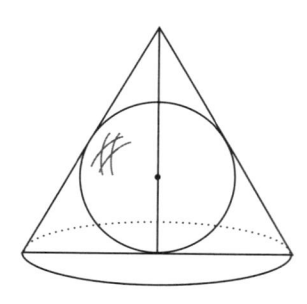

285 Qual é o área da esfera circunscrita a um cone equilátero de $192\pi m^3$?

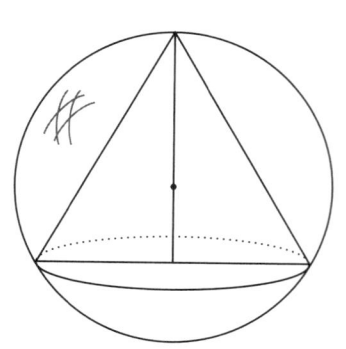

286 Qual é a área do cone equilátero circunscrito a uma esfera de 288πm³?

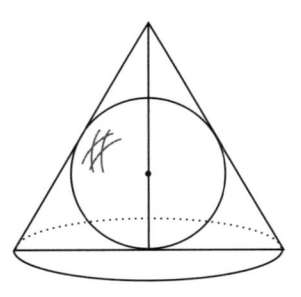

287 Qual é o volume do cone equilátero inscrito em uma esfera de 128πm²?

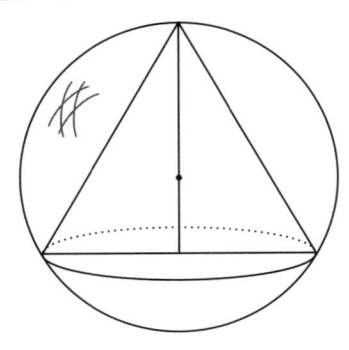

288 Determinar o volume da esfera inscrita em um cone reto de 6m de raio, sabendo que ele tem 96πm² de área.

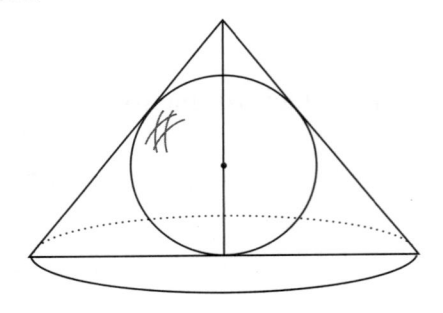

289 O raio de um cone reto de 216 πm³ mede 6m. Determine a área da esfera circunscrita.

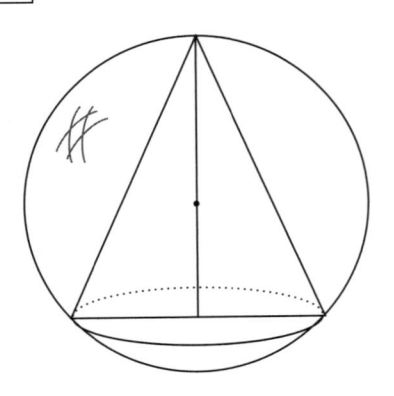

290) A altura de um cone reto mede 16m e ele tem 384πm² de área. Determinar o volume da esfera inscrita neste cone.

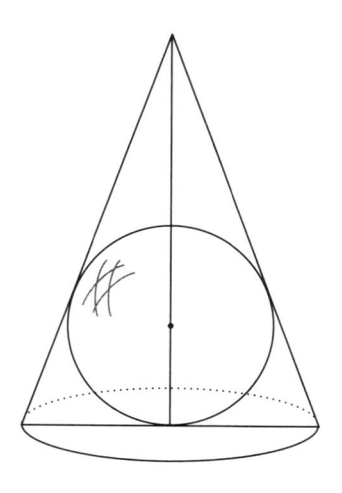

291) A geratriz de um cone reto mede 2√6m e sua altura é expressa por um número inteiro de metros. Se este cone tem $\frac{32}{3}\pi$m³, qual é o volume da esfera circunscrita a ele?

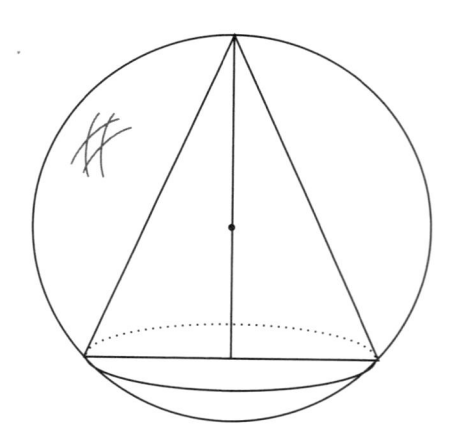

292 O centro de uma esfera circunscrita a um cone reto de $24\pi m^3$ é um ponto deste cone. Sendo $4\sqrt{3}$m a medida da geratriz do cone, qual é a área da esfera?

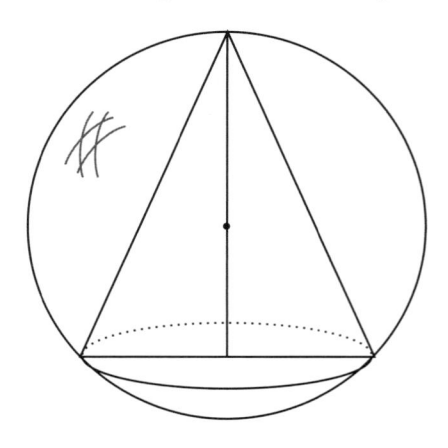

293 Um cone de revolução tem $\frac{128}{3}\pi m^3$ e a sua geratriz mede $4\sqrt{3}$m. Qual é o volume da esfera circunscrita a ele e o centro da esfera é interno ou externo ao cone?

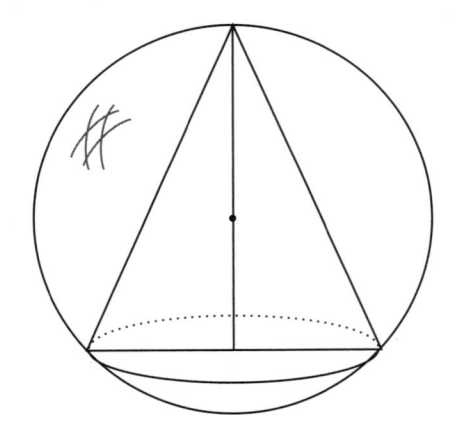

294 Um cone com a menor altura possível, cuja geratriz mede $\sqrt{30}$m tem 21πm³ de volume. Qual é o volume do cilindro reto circunscrito a esfera que circunscreve esse cone?

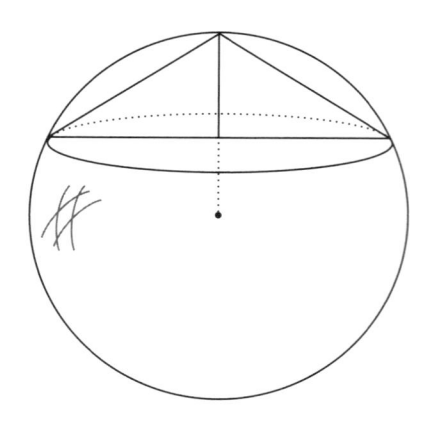

295 A altura de um cone reto é expressa por um número inteiro de metros. Se ele tem 72πm³ de volume e a sua geratriz mede $6\sqrt{2}$m, determine o raio da esfera circunscrita e onde está o centro da esfera.

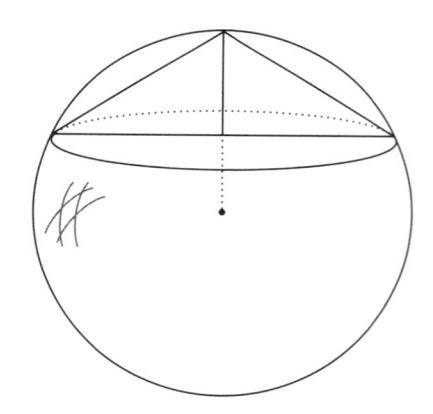

296 Um cone de revolução de 9m de raio está inscrito em uma esfera de 900πm² de área. Qual é o volume desse cone?

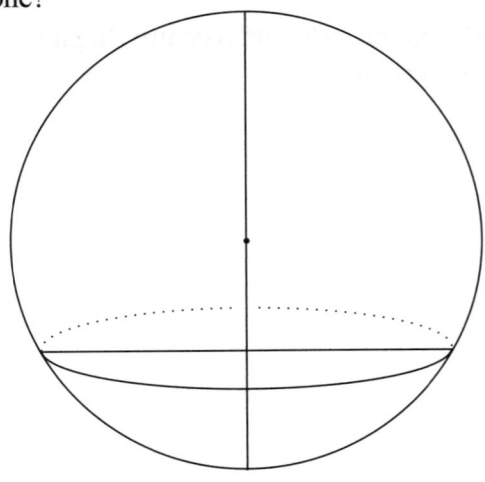

297 Uma secção plana de uma esfera de raio R é base comum de dois cones retos inscritos nessa esfera. Se a soma dos volumes desses cones é $\frac{1}{6}$ do volume da esfera, qual é a distância entre a secção plana e o centro da esfera?

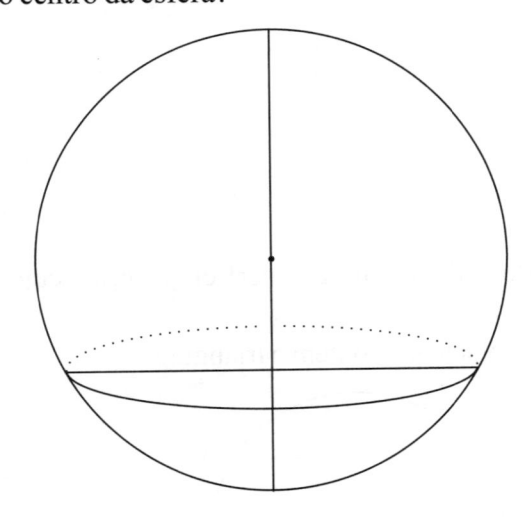

298 Uma superfície esférica contém os vértices de um quadrado de 6m de lado e o centro da esfera dista 9m do plano do quadrado. Quanto mede o raio da esfera?

Obs: Não se preocupe em esboçar o desenho da esfera. Descubra onde está o centro (lugar geométrico) e lembre-se de que a distância entre o centro e um ponto da superfície é o raio.

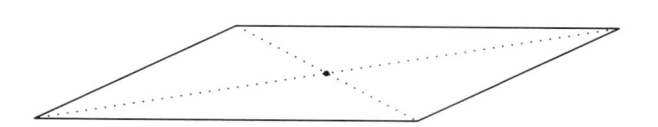

299 Os lados de um retângulo medem 6m e 8m e os seus vértices são pontos de uma superfície esférica cujo centro dista 12m do plano do retângulo. Quanto mede o raio da esfera?

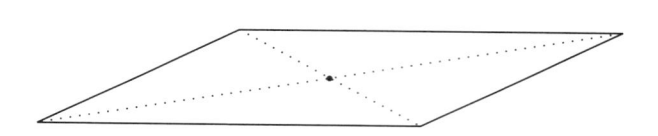

300 Os vértices de um triângulo equilátero de 12m de lado estão em uma superfície esférica cujo centro dista 4m do plano do triângulo. Quanto mede o raio da esfera?

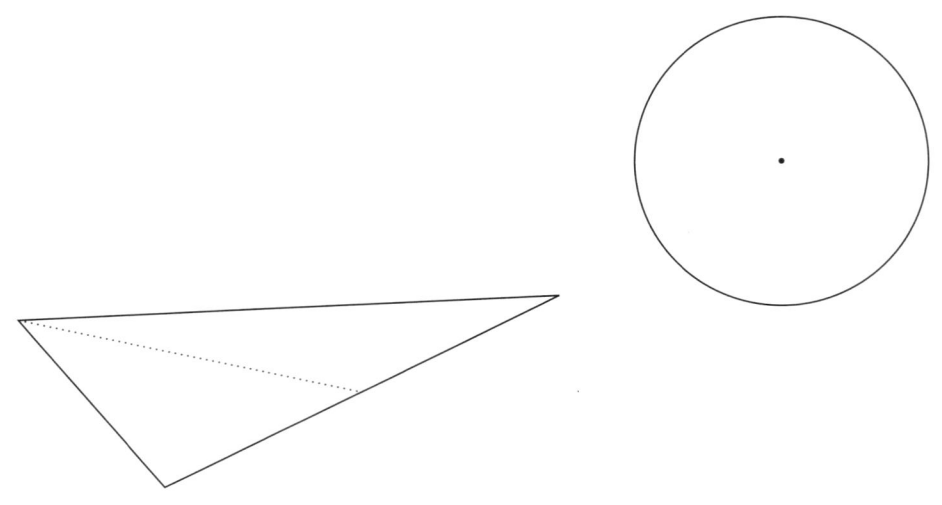

Secção plana que contém o triângulo

301 Os vértices de um triângulo isósceles cujos lados medem 16m, 8√5m e 8√5m, estão em uma superfície esférica cujo centro dista 15m do plano do triângulo. Quanto mede o raio da esfera?

Secção plana que contém o triângulo.

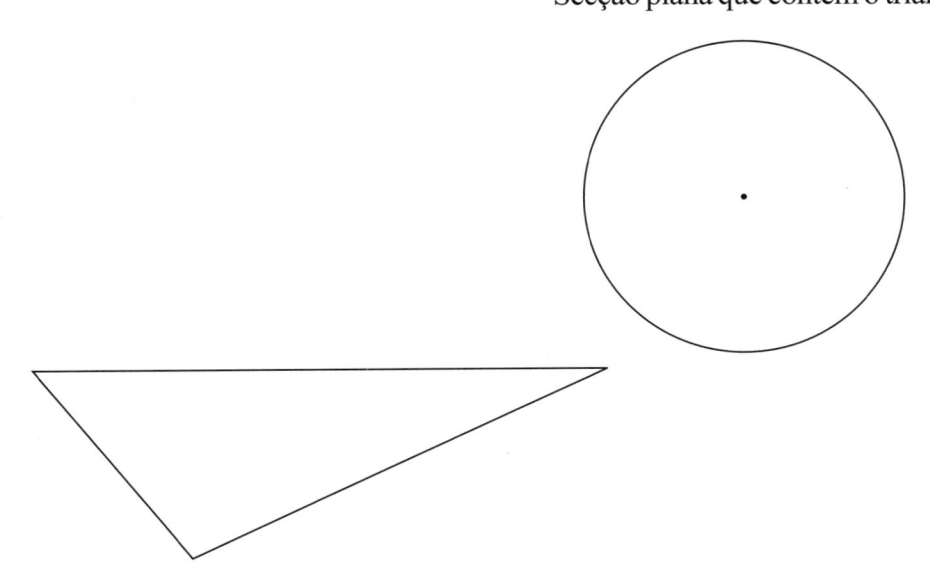

302 Os vértices de um triângulo retângulo de catetos 12m e 16m estão em uma superfície esférica cujo centro dista 24m do plano do triângulo. Quanto mede o raio da esfera?

Secção plana que contém o triângulo.

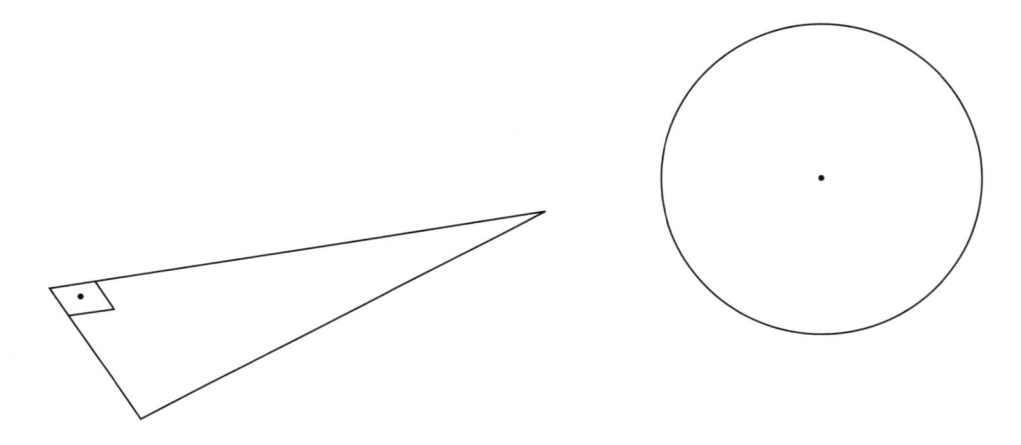

303 A aresta da base e a altura de uma pirâmide quadrangular regular medem, respectivamente, 6√6m e 18m. Determine o raio da esfera circunscrita a ela.

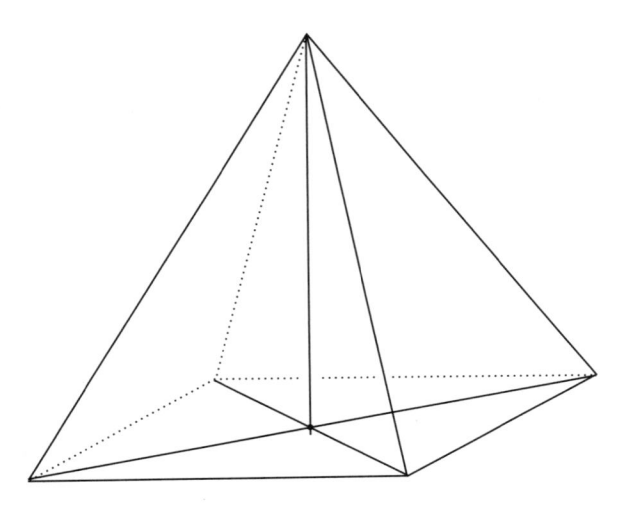

304 A aresta da base e a altura de uma pirâmide triangular regular medem 18m e 18m. Determine o raio da esfera circunscrita a ela.

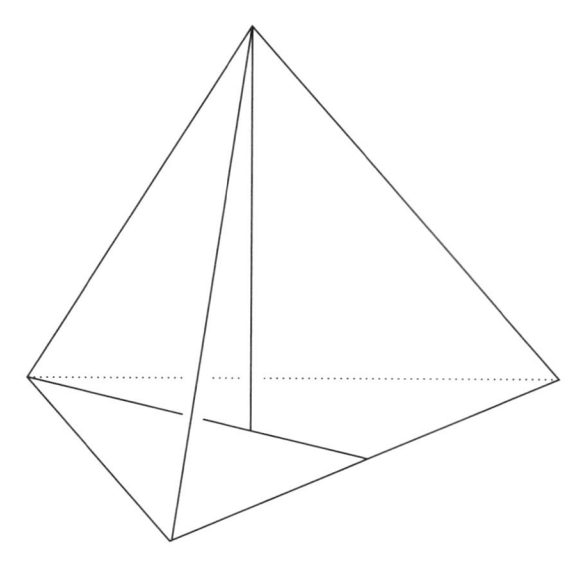

305 A base de uma pirâmide é um triângulo cujos lados, medem 6m, 8m e 10m. Se cada aresta lateral mede $5\sqrt{26}$m, quanto mede o raio da esfera circunscrita a essa pirâmide?

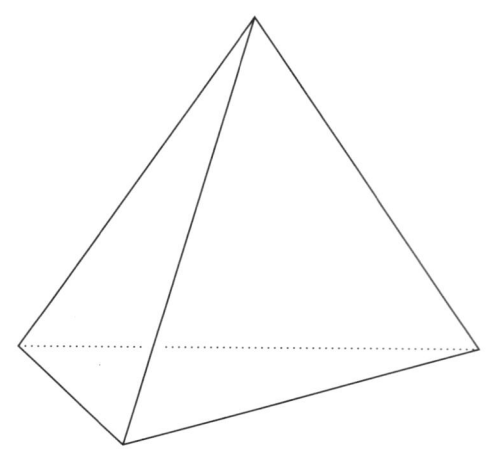

306 A aresta da base de um prisma quadrangular regular mede 12m e a lateral mede 24m. Determine o raio da esfera circunscrita a esse prisma.

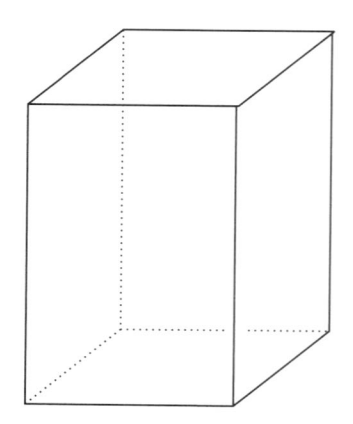

307 A aresta da base e a aresta lateral de um prisma triangular regular medem respectivamente 12m e 16m. Determine o raio da esfera circunscrita a esse prisma.

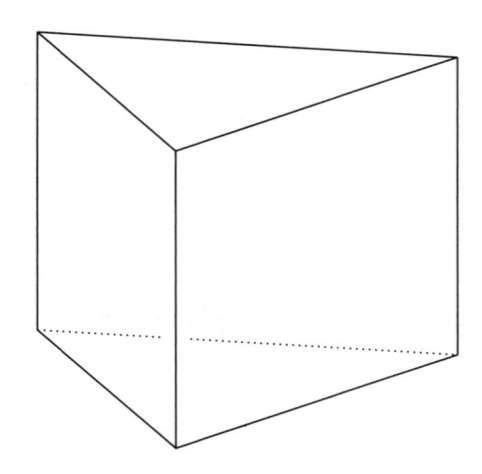

308 As dimensões de uma paralelepípedo retângulo medem 6m, 8m e 24m. Quanto mede o raio da esfera circunscrita a esse paralelepípedo?

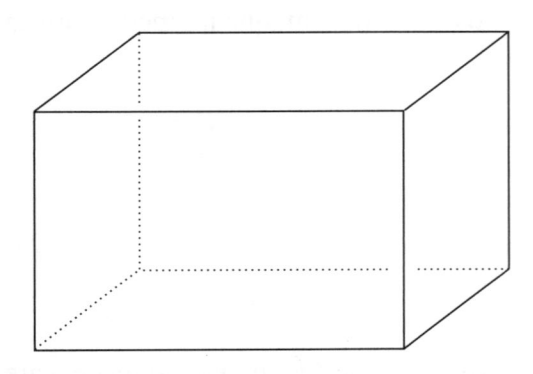

309 As arestas das bases de um prisma triangular reto medem 12m, 16m e 20m e a aresta lateral mede 10m. Determine o raio da esfera circunscrita a esse prisma.

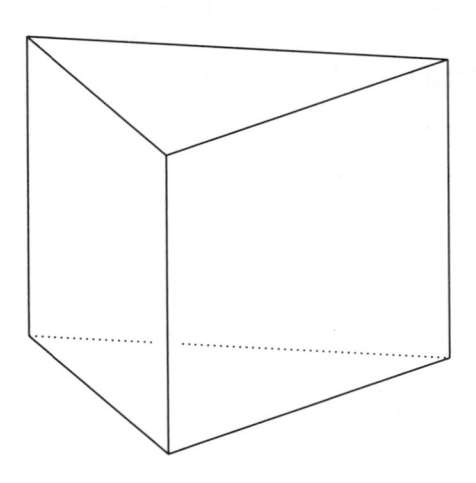

310 Determine o raio da esfera inscrita em um prisma triangular regular circuscritível nos casos:
a) A aresta lateral mede 10m.

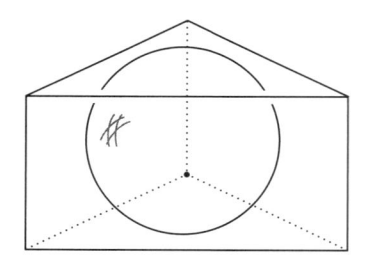

b) A aresta da base mede 12m.

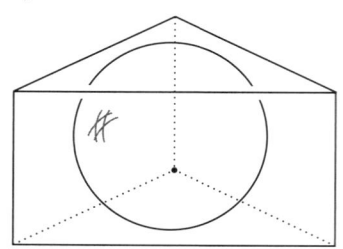

Projetando a esfera sobre o plano da base:

311 Se a aresta lateral de um prisma triangular regular circunscritível mede 12m, quanto mede a aresta da base?

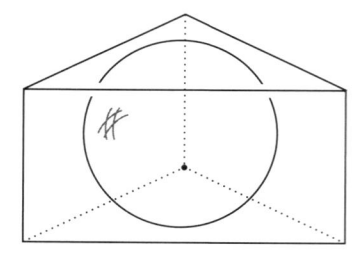

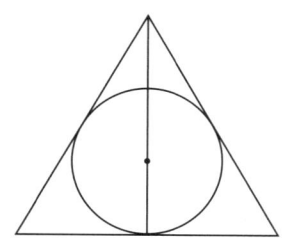

312 Se a aresta da base de um prisma triangular regular circunscritível mede $4\sqrt{3}$m, quanto mede a aresta lateral?

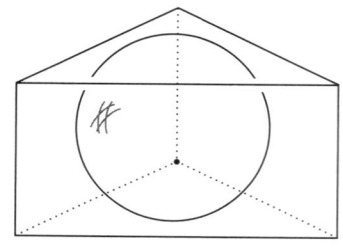

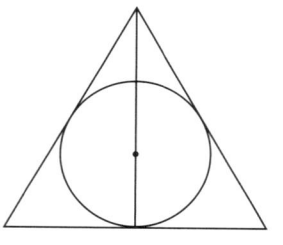

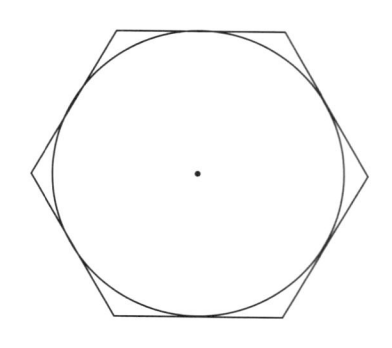

313 Quanto mede a aresta da base de um prisma hexagonal regular circunscritível cuja aresta lateral mede 30m?

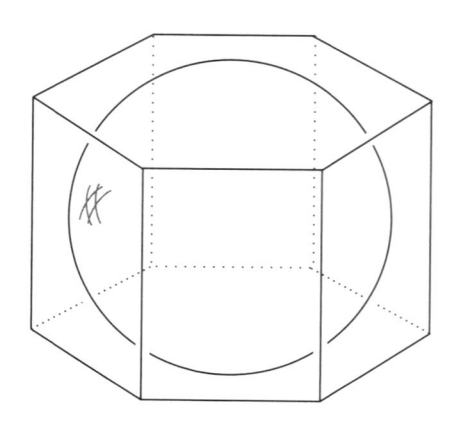

Projetando a esfera sobre o plano da base:

314 A aresta da base de um prisma hexagonal regular circunscritível mede 8m. Quanto mede a sua aresta lateral (altura)?

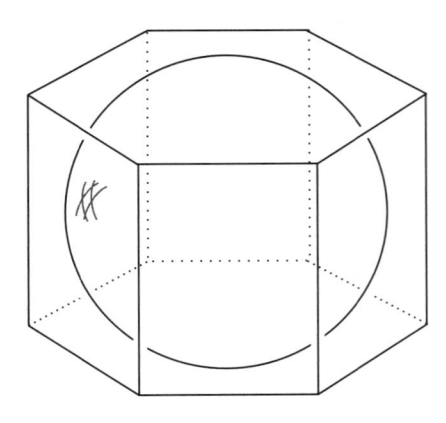

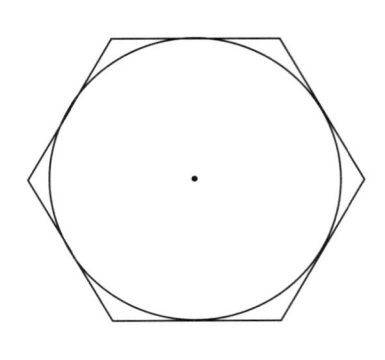

315 A base de um prisma reto circunscritível é um triângulo retângulo com catetos 8m e 15m. Quanto mede a aresta lateral.

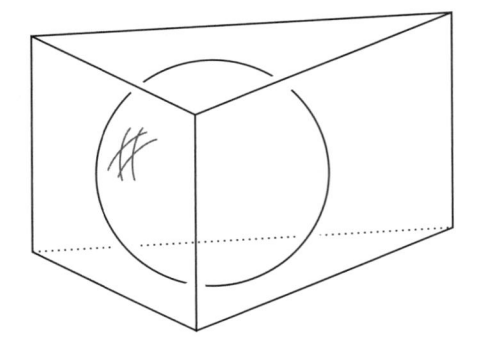

Projetando a esfera sobre o plano da base:

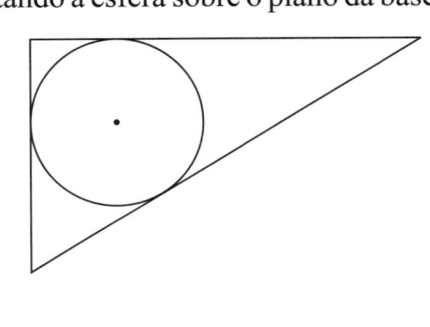

316 Quanto mede o raio da esfera inscrita em uma pirâmide quadrangular regular cuja aresta da base mede 24m e a altura 16m?

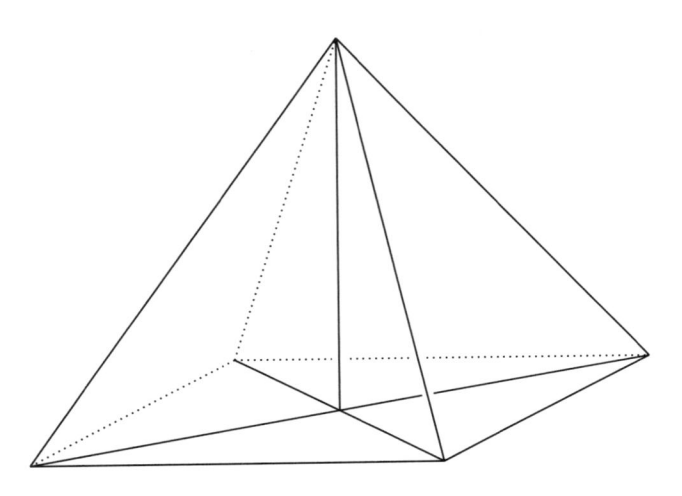

317 Quanto mede o raio da esfera inscrita em uma pirâmide triangular regular cuja aresta da base mede 36m e altura 8√3m?

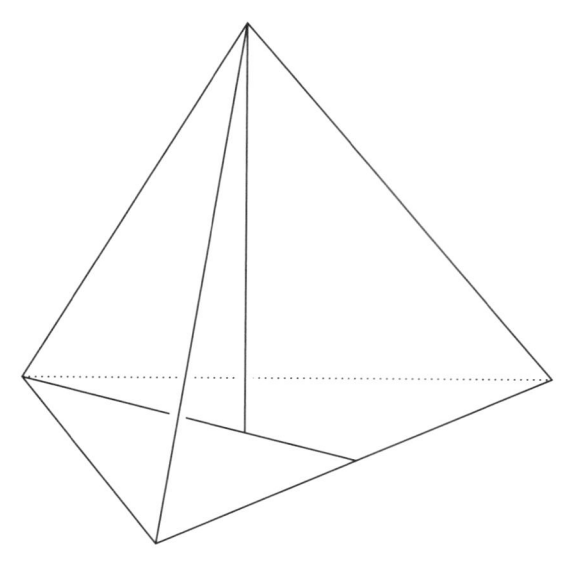

318 Os lados de um quadrado, de 8m de lado, tangenciam uma esfera de 6m de raio. Qual é a distância entre o centro da esfera e o plano do quadrado?

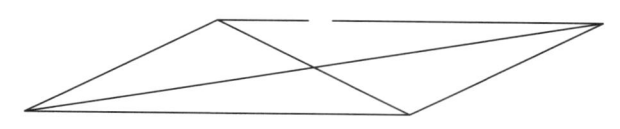

319 Os lados de um triângulo equilátero, de 6m de lado, tangenciam uma esfera. Se a distância entre o centro da esfera e o plano do triângulo é de 3√5m, quanto mede o raio da esfera?

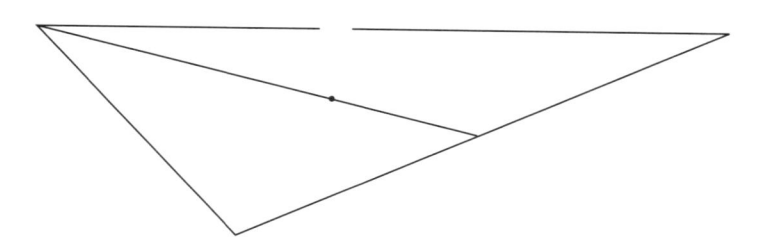

320 Os lados de um losango cujas diagonais medem 30m e 40m tangenciam uma esfera de 15m de raio. Qual é a distância entre o centro da esfera e o plano do losango?

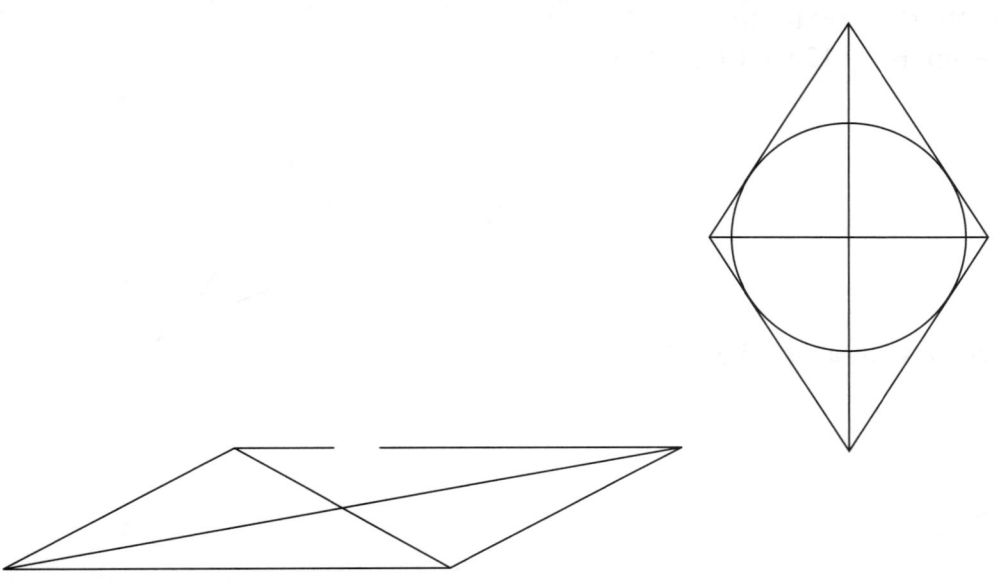

321 Os catetos de um triângulo retângulo, cujos lados tangenciam uma esfera, medem 10m e 24m. Se o centro da esfera dista 8m do plano do triângulo, quanto mede o seu raio?

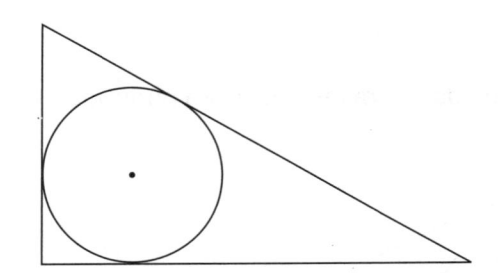

322 Da pirâmide ABCD ao lado sabemos que AB é perpendicular ao plano do triângulo BCD e que o triângulo BCD é retângulo em C. Sabendo que AB = 9m, BC = 12m e CD = 20m, determine:

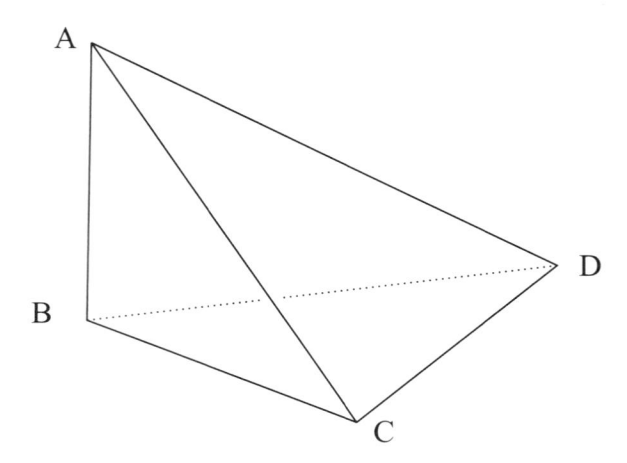

a) O raio da esfera circunscrita a essa pirâmide.

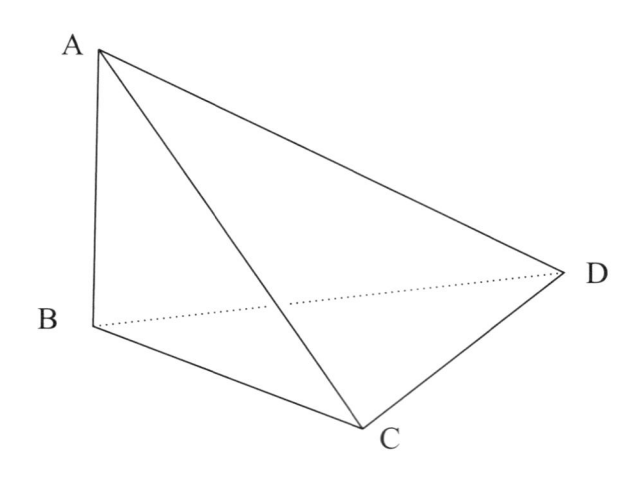

b) O raio da esfera inscrita nessa pirâmide.

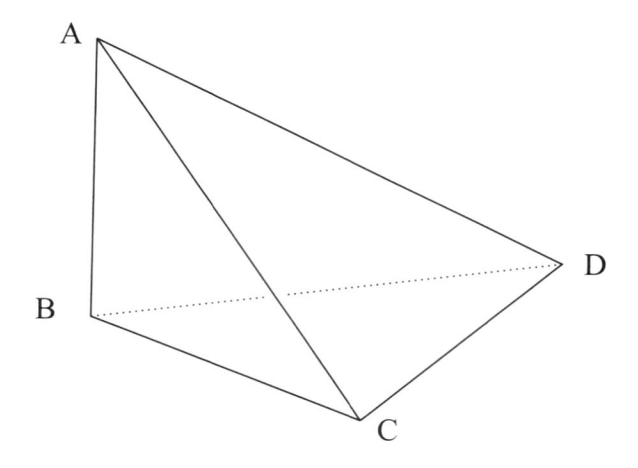

323 Duas esferas congruentes, com raios de 10m, são tangentes externamente e tangenciam um plano nos pontos distintos e A e B. Determine AB.

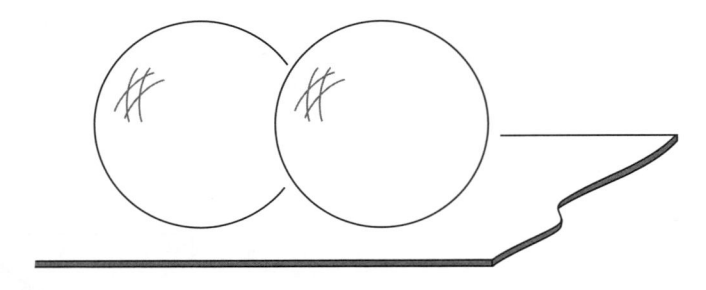

324 Três esferas congruentes, com 15m de raio, são tangentes entre si externamente, e tangenciam um plano nos pontos A, B e C. Qual é a área do triângulo ABC.

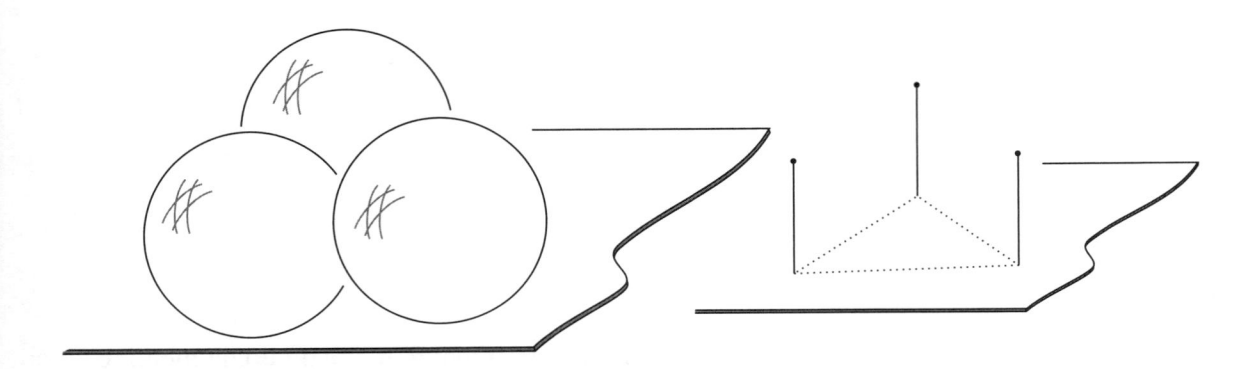

325 Duas esferas de raios 8m e 2m são tangentes externamente e tangenciam um plano nos pontos distintos A e B. Determine AB.

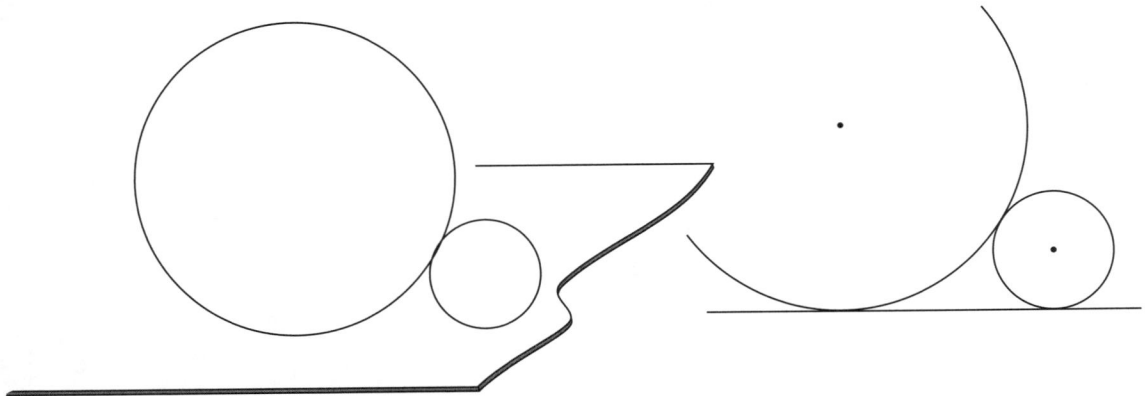

No plano que passa pelos centros e é perpendicular ao plano tangente temos:

326 Três esferas com raios de 25m, 25m e 9m são tangentes externamente e tangenciam um plano nos pontos A, B e C, respectivamente. Determine os lados do triângulo ABC.

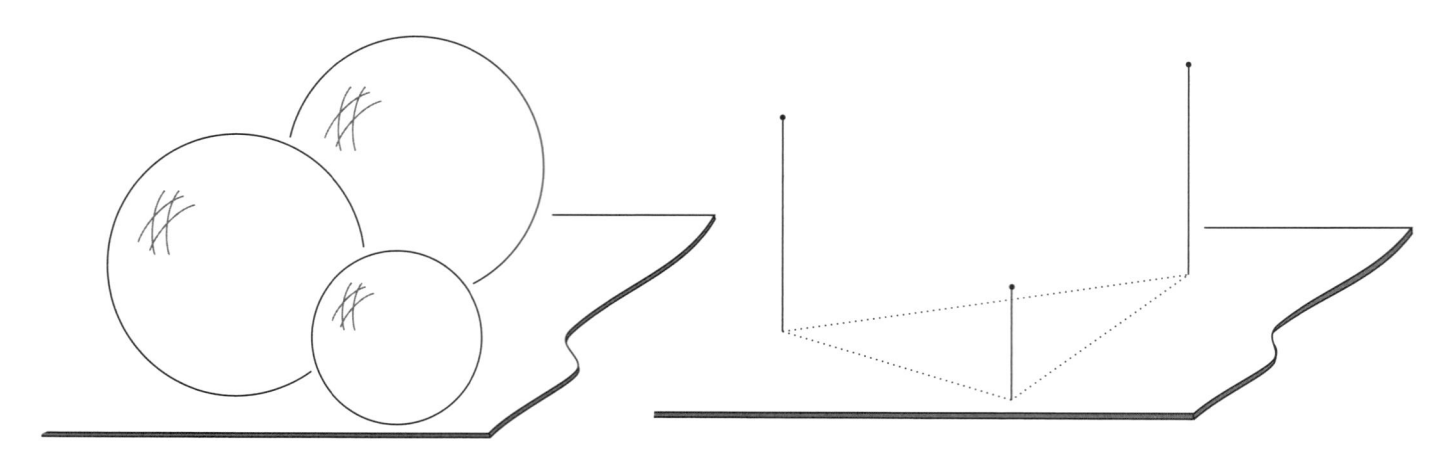

327 Uma esfera de raio 12m tangencia as faces de um diedro de 60°. Quanto mede o raio da menor esfera, inscrita neste diedro, que também tangencia aquela esfera?
Na secção plana do diedro, que passa pelos centros das esferas, temos:

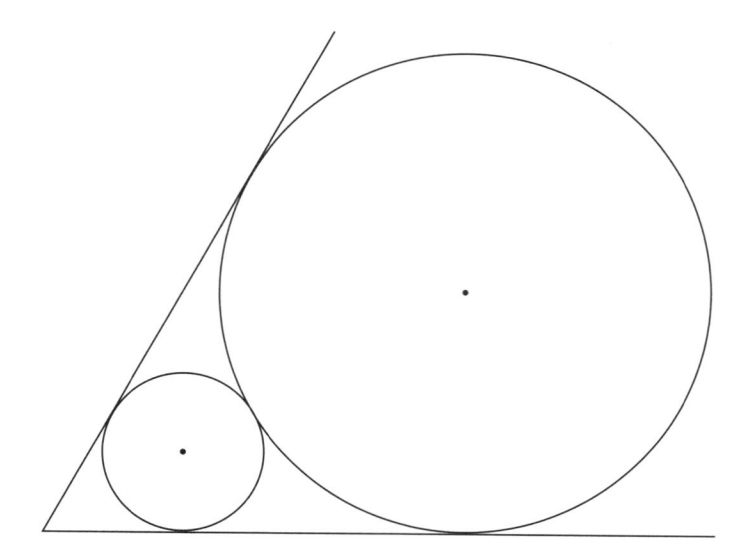

328 Três esferas tangentes entre si (externamente) tangenciam um plano nos pontos A, B e C. Se o triângulo determinado pelos centros tem lados de 25m, 20m e 13m, qual é a área do triângulo ABC?

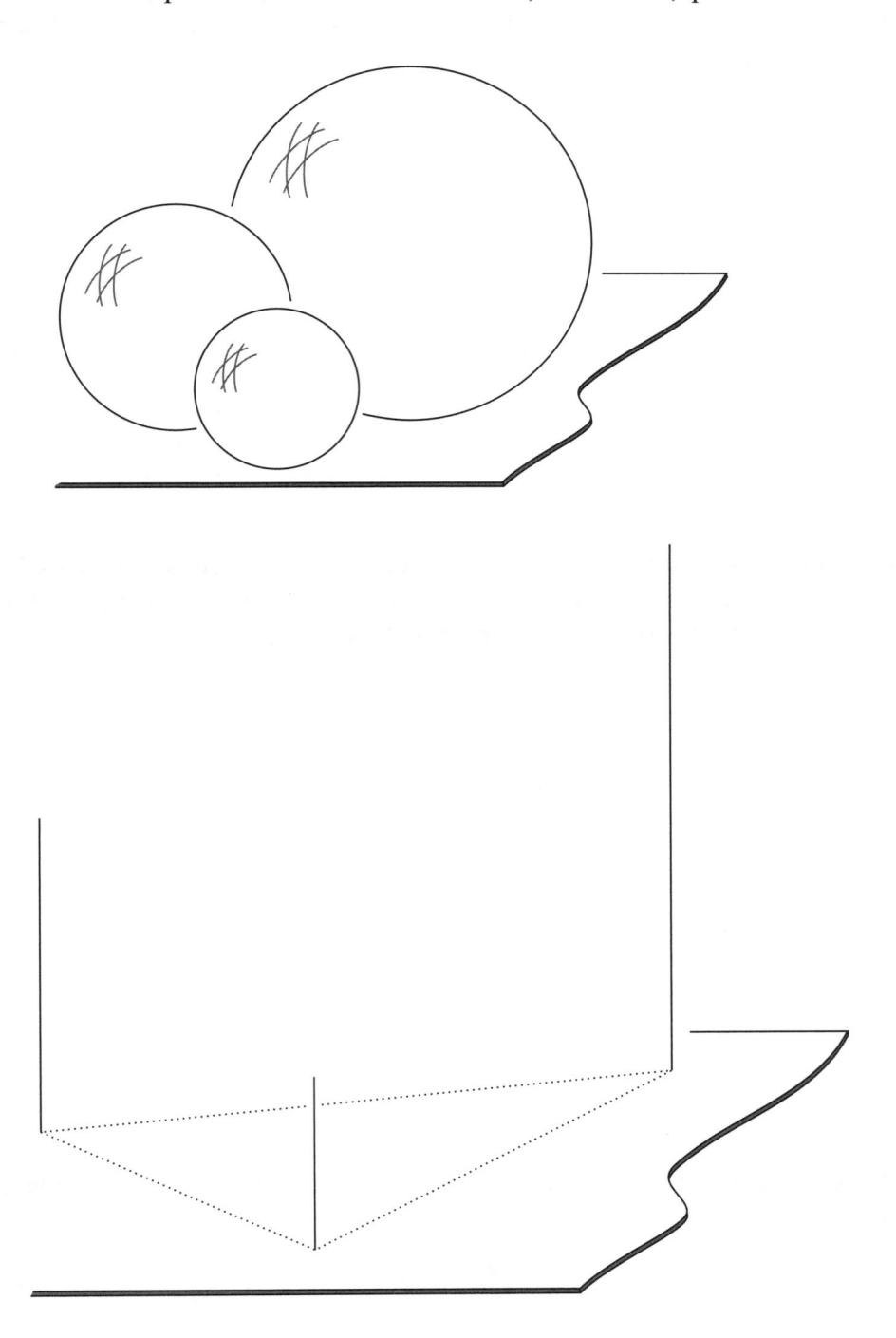

329 Quatro esferas de raio r são tais que cada uma tangencia outras duas, os seus centros são vértices de um quadrado e tangenciam um plano α, estando em um dos semi-espaços, com origem α. Uma quinta esfera de raio também **r** tangencia as outras esferas e não intercepta α. Qual é a distância entre o centro dessa quinta esfera e α?

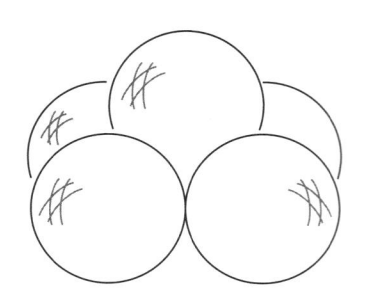

330 Quatro esferas de raio **r** são tais que cada uma tangencia outras duas, os seus centros são vértices de um quadrado e tangenciam um plano α, estando em um dos semi-espaços, com origem α. Uma quinta esfera tangencia as outras esferas e também o plano α. Determine o raio dessa esfera.

331 Quatro esferas de raio **r** são tangentes entre si. Qual é a distância entre o centro de uma e o plano que passa pelos centros das outras?

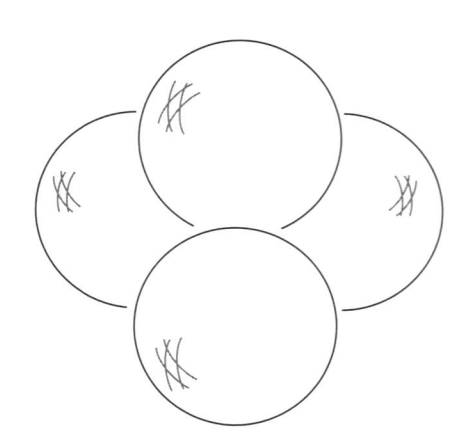

332 Mostre que a diagonal **d** de um hexaedro regular (cubo) de aresta **a** é dada por d = a $\sqrt{3}$.

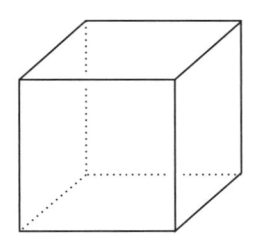

333 Dado um hexaedro regular (cubo) de aresta **a**, determine:
Obs: O centro da esfera inscrita e o da circunscrita a um poliedro regular (THODI) são coincindentes e é chamado centro do poliedro.
a) O raio da esfera inscrita. b) O raio da esfera circunscrita.

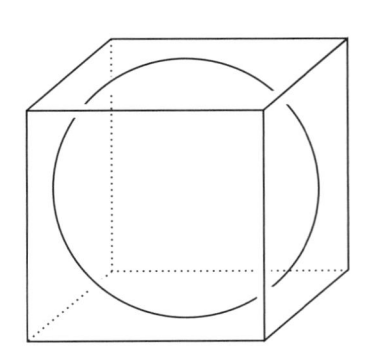

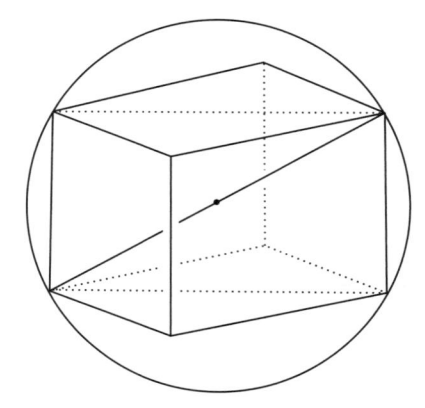

334 Mostre que a altura H de um tetraedro regular de aresta a é dada por H = $\frac{a\sqrt{6}}{3}$.

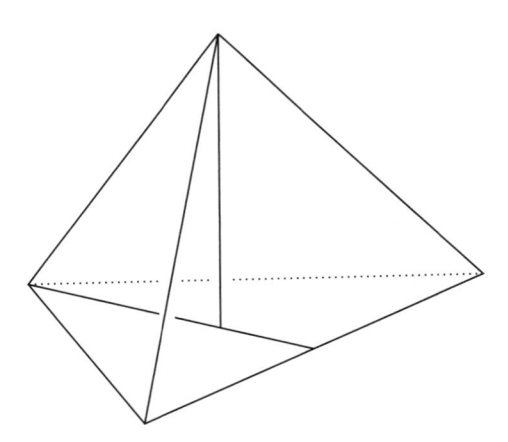

335 Mostre que duas alturas de um tetraedro regular se cortam num ponto que as divide na razão 3:1.

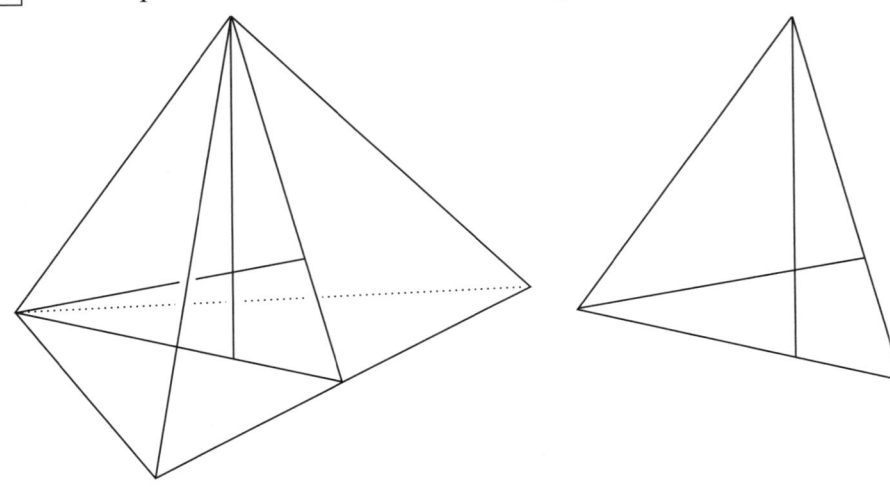

336 Mostre que o raio da esfera inscrita (r) e o raio da circunscrita (R) a um tetraedro regular de altura H valem, respectivamente, $\frac{1}{4}$H e $\frac{3}{4}$H.

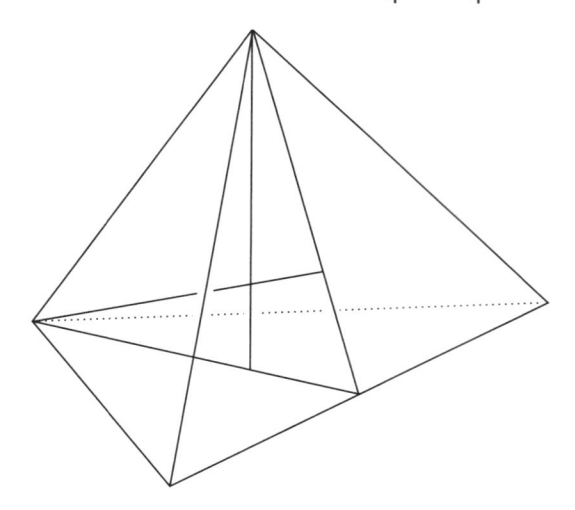

337 Determine o raio da esfera circunscrita a um octaedro regular de aresta **a**.

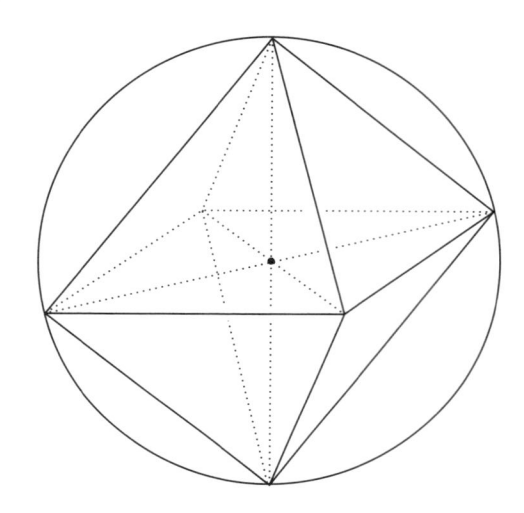

338 Determine o raio da esfera inscrita em um octaedro regular de aresta **a**.

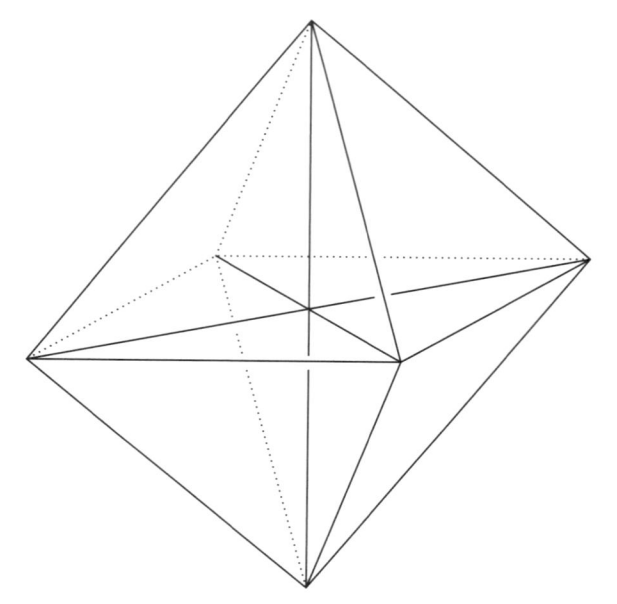

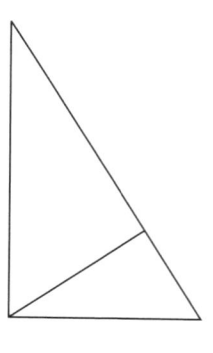

339 Determine o raio da esfera que tangencia as arestas de um hexaedro regular (cubo) de aresta **a**.

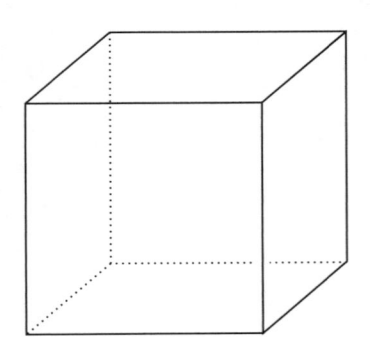

340 Determine o raio da esfera que tangencia as arestas de um octaedro regular de aresta **a**.

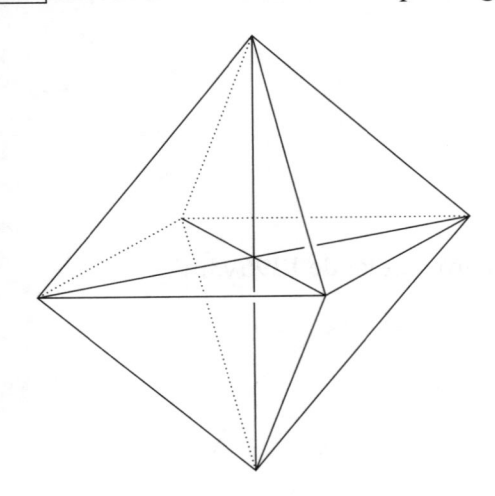

341 Determinar o raio da esfera que tangencia as arestas de um tetraedro regular de aresta **a**.

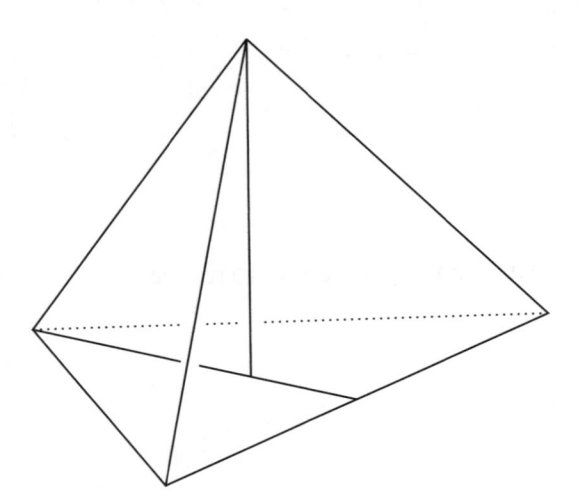

342 Mostre que o raio da esfera que tangencia as arestas de um tetraedro regular é a média geométrica entre as medidas dos raios da inscrita e circunscrita ao mesmo tetraedro.

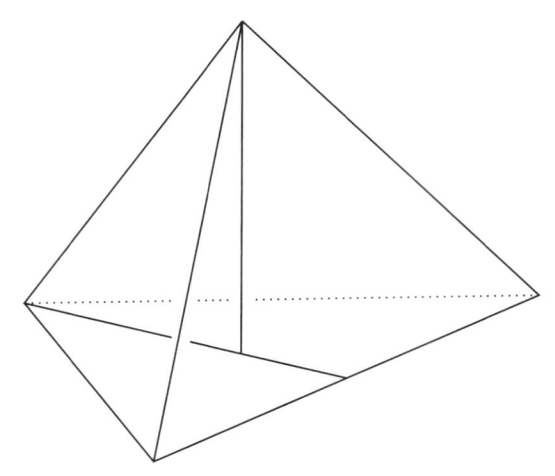

343 Determine o raio da esfera inscrita e o da circunscrita a um cubo cuja área é de 1944m².

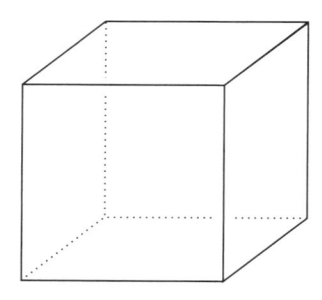

344 Determine o raio da esfera inscrita e o da circunscrita a um tetraedro regular de $1296\sqrt{3}$m².

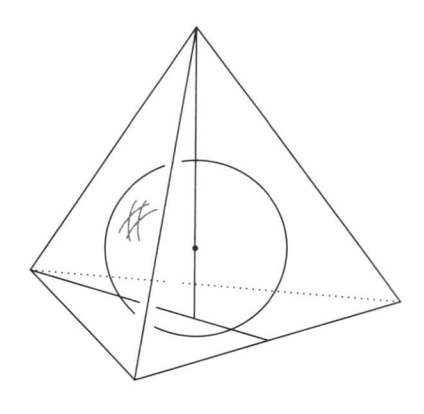

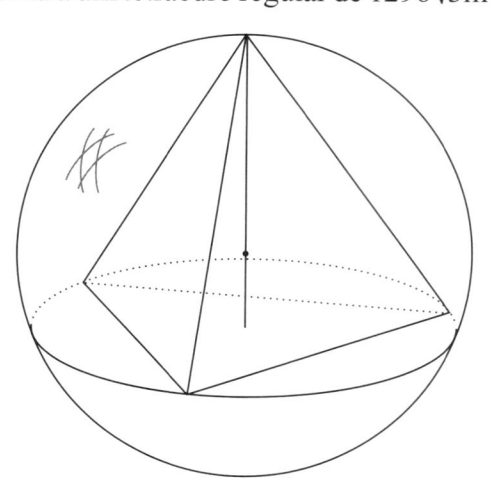

345 Qual é a razão entre os volumes das esferas circunscrita e inscrita em um tetraedro regular?

346 Qual é o volume da esfera circunscrita a um octaedro regular de 288m³ ?

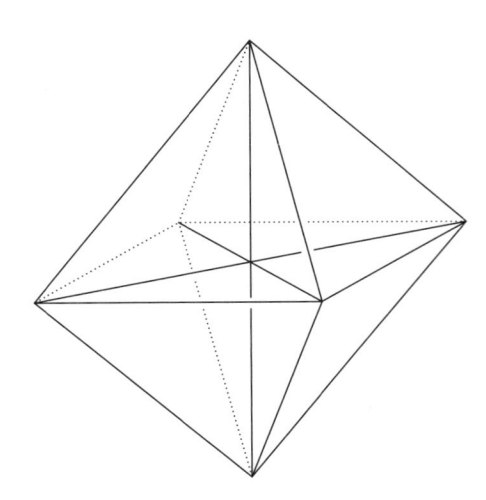

347 Qual é a área da esfera inscrita em um octaedro regular que tem $192\sqrt{3}$m² ?

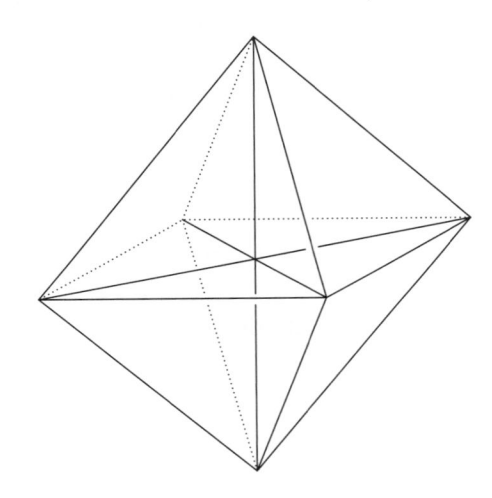

348 Uma esfera está inscrita em um tetraedro regular de aresta **a**. Quanto mede o raio de cada esfera que tangencia essa esfera e três faces do tetraedro?

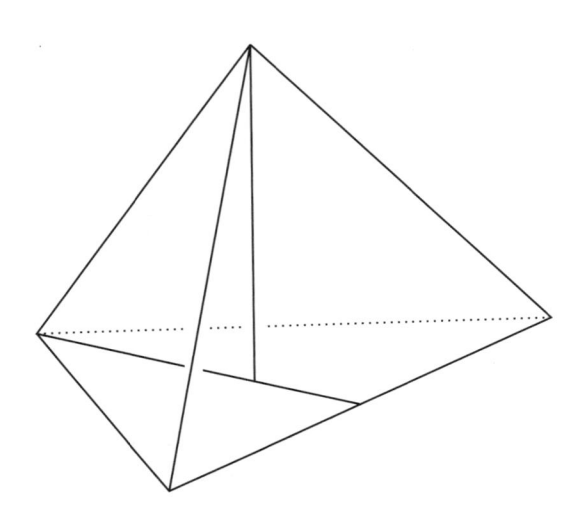

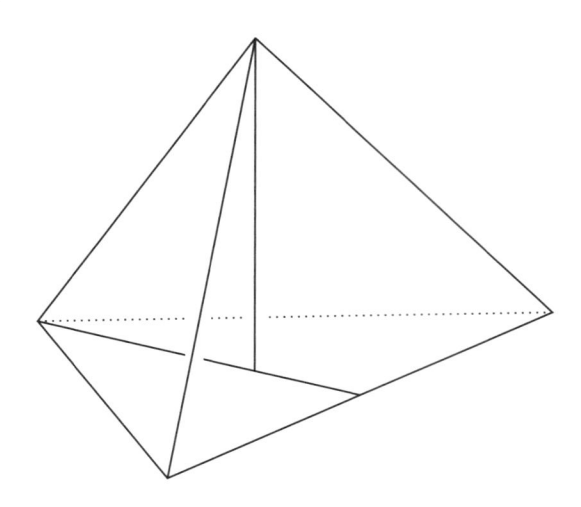

349 Qual é o volume do tetraedro regular inscrito em uma esfera de $972\pi \text{m}^3$ de volume?

350 Qual é o volume do octaedro regular circunscrito a uma esfera que tem $24\pi \text{m}^2$ de área?

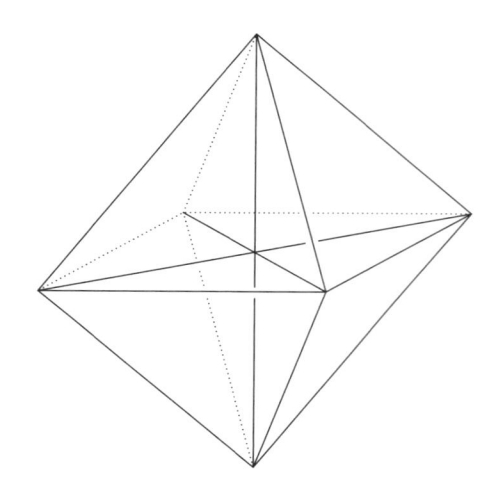

351 Qual é o volume da esfera inscrita em um tetraedro regular que tem $144\sqrt{2}$m³ de volume?

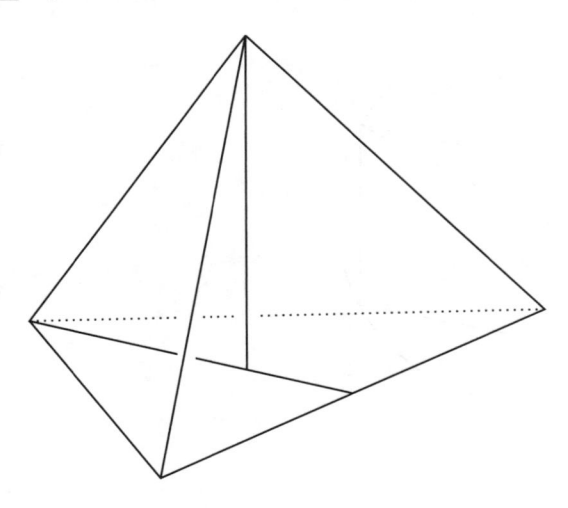

352 Determine o volume da esfera inscrita em um octaedro regular que tem $576\sqrt{2}$m³ de volume.

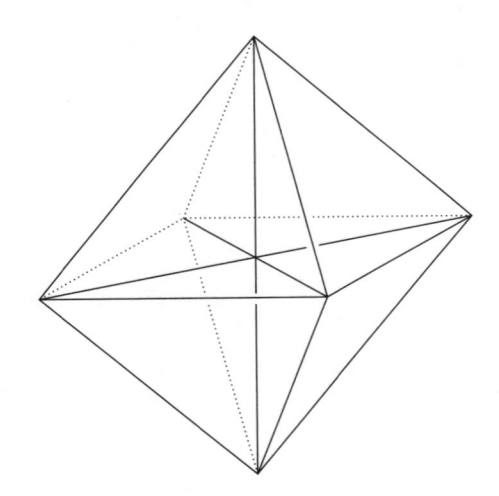

353 A esfera inscrita em um cubo tem 288πm³ de volume. Qual é a área da esfera circunscrita a esse cubo?

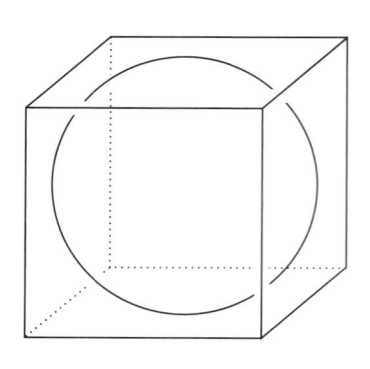

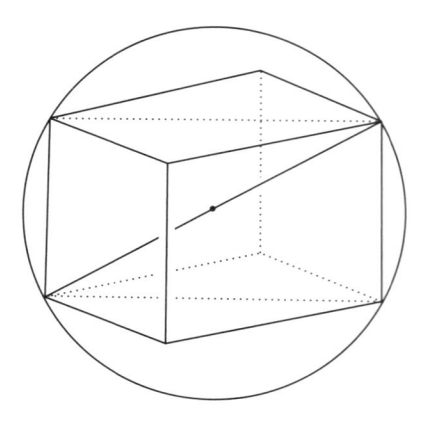

354 O volume da esfera circunscrita a um octaedro regular é de $72\sqrt{2}\pi$cm³. Qual é a área da esfera inscrita neste octaedro?

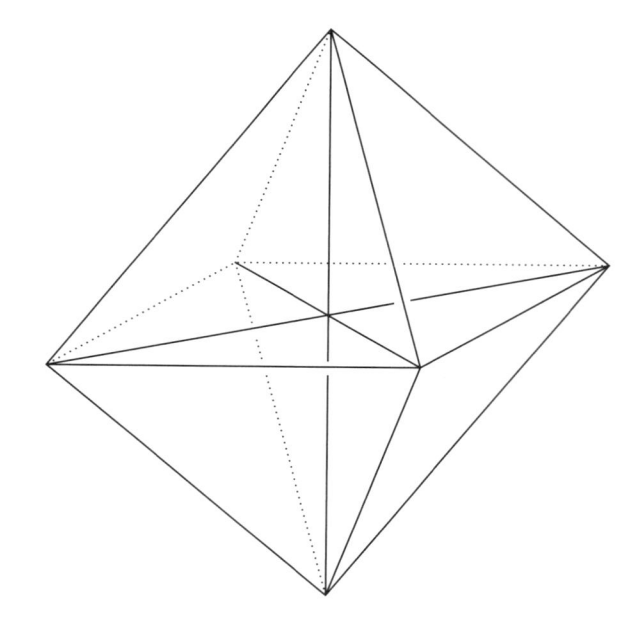

355) Um prisma triangular regular circunscritível tem $288\sqrt{3}\,m^2$ de área. Qual é o volume desse prisma?

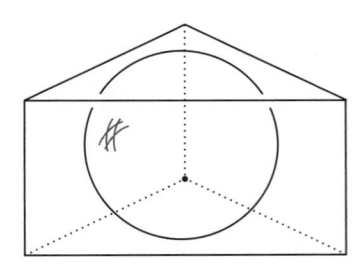

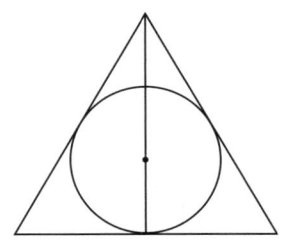

356) A área lateral de um prisma triangular regular é de $54\,m^2$. Se o raio da esfera circunscrita a ele mede $2\sqrt{3}\,m$, qual é o volume desse prisma?

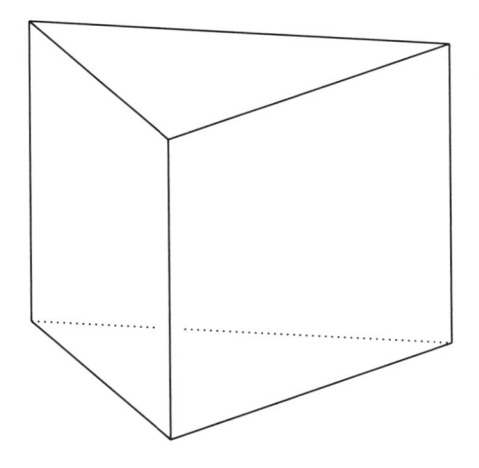

357 Um prisma reto é circunscritível e o raio da esfera inscrita mede 3m. A sua base é um triângulo retângulo e ele tem 360m³ de volume. Qual é a área desse prisma?

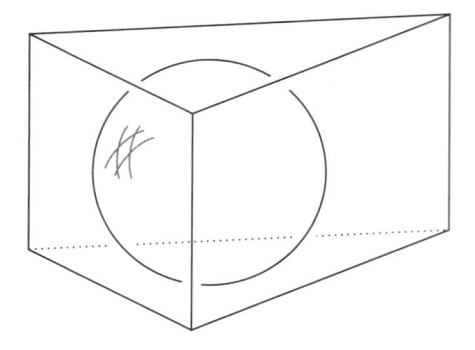

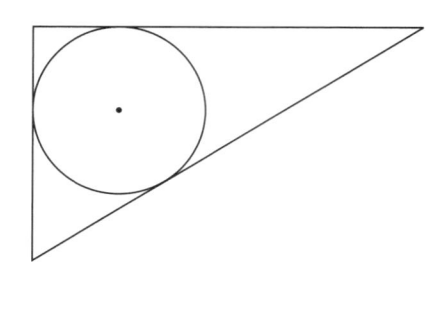

358 Um prisma triangular regular circunscritível tem 432m³ de volume. Qual é a área desse prisma?

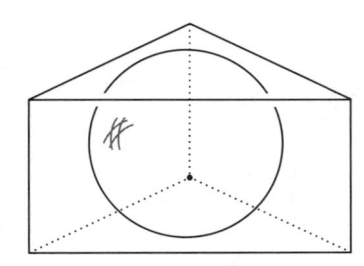

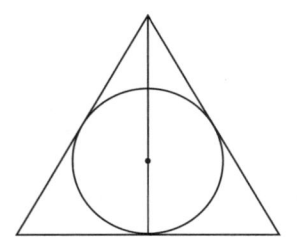

359 Determinar a área de um prisma hexagonal regular circunscritível que tem 864√3m³ de volume.

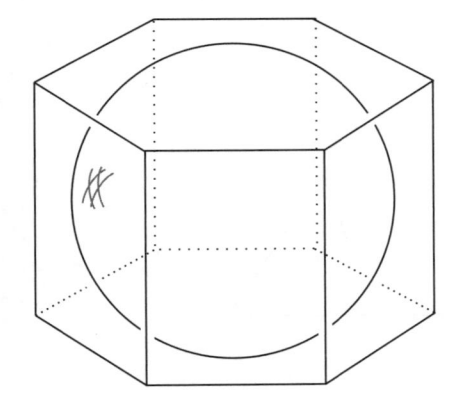

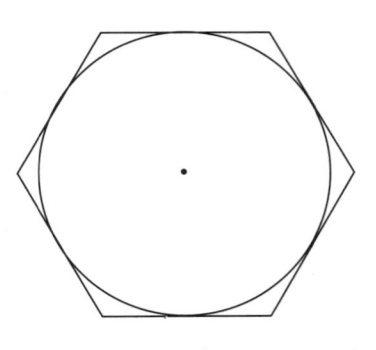

360) A base de um prisma reto circunscritível é um trapézio isósceles. Se esse prisma tem 2160m³ e o raio da esfera inscrita mede 6m, qual é a sua área?

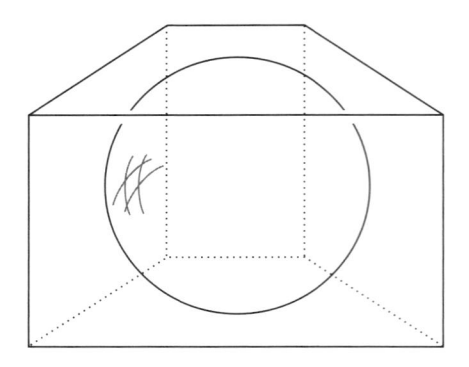

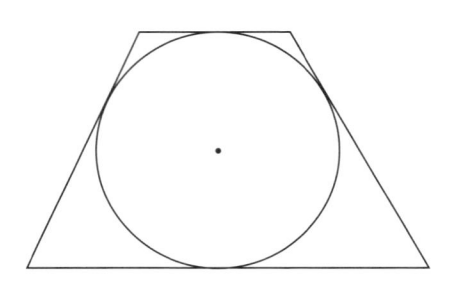

361) A base de um prisma reto circunscritível é um trapézio retângulo. Se esse prisma tem 600m² e 800m³, determine o raio da esfera inscrita e as bases da base.

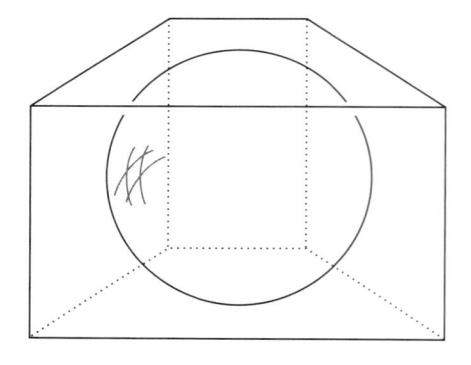

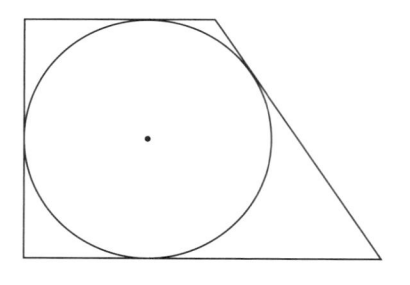

362 O raio da esfera circunscrita a um prima triangular regular circunscritível mede $6\sqrt{5}$m. Qual é a área desse prisma?

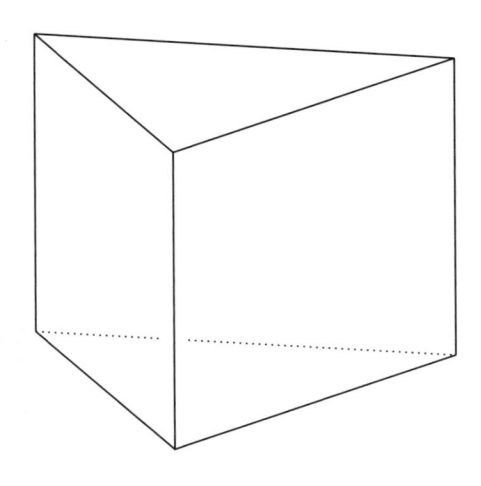

363 Um prisma hexagonal regular é circunscritível. Qual é a razão entre as áreas das esferas circunscrita e inscrita neste prisma?

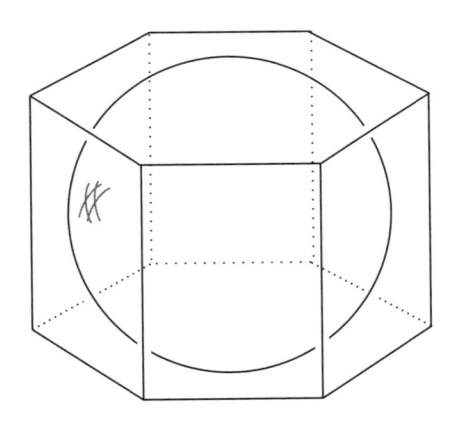

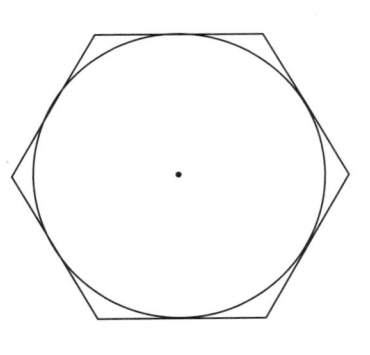

364 A aresta da base de uma pirâmide quadrangular regular é congruente a sua altura. Se o volume da esfera circunscrita à pirâmide é de 972πm³, qual é o seu volume?

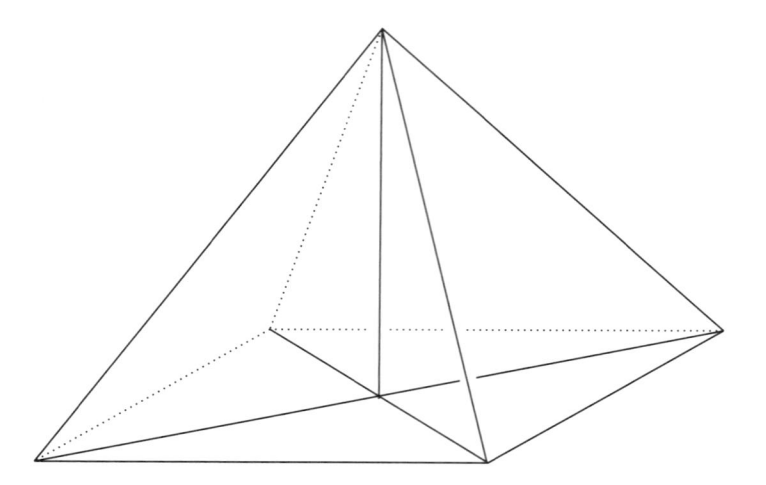

365 A aresta da base de uma pirâmide quadrangular regular mede 36m. Se essa pirâmide tem 3456m² de área, qual é o volume da esfera inscrita nela?

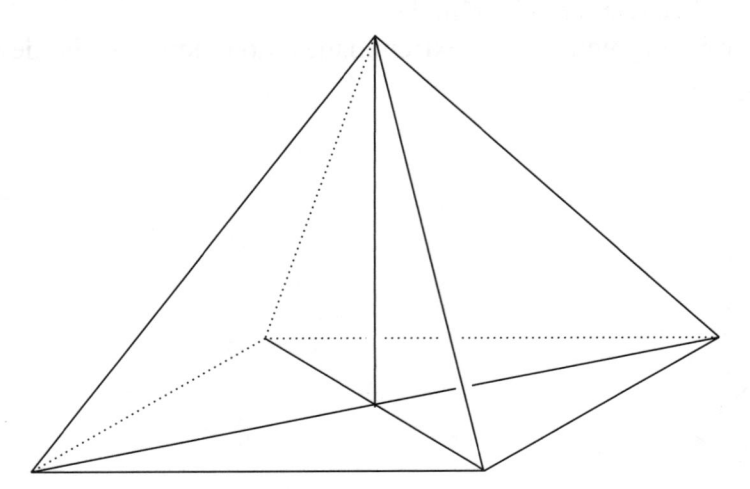

366 Uma pirâmide triangular regular tem $288\sqrt{3}m^2$ de área e o apótema da pirâmide mede $14\sqrt{3}m$. Determine o raio da esfera.

a) inscrita na pirâmide
b) circunscrita à pirâmide

Obs: Apótema de uma pirâmide regular é o segmento cujos extremidades são o ponto médio de uma aresta da base e o vértice oposto à base.

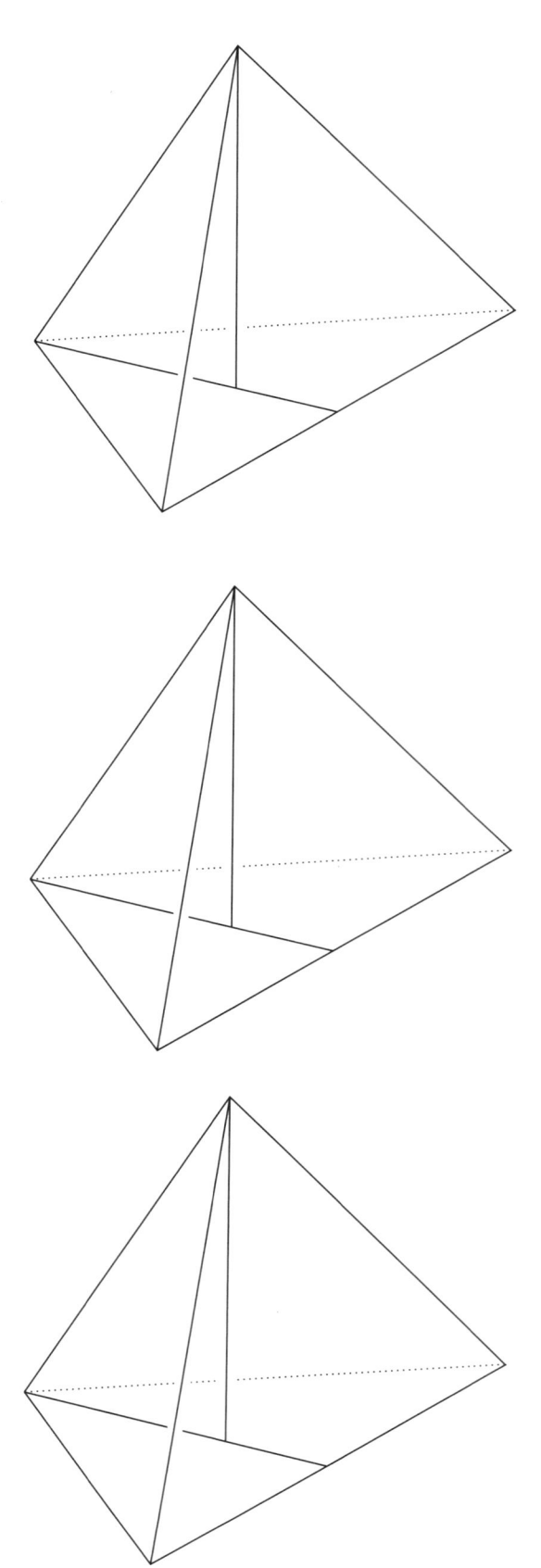

367 Um prisma reto cuja base é um triângulo retângulo com um ângulo agudo **α** e altura relativa à hipotenusa **h**, é circunscritível. Determine o volume desse prisma.

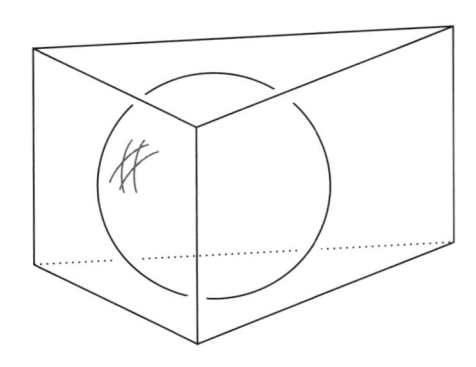

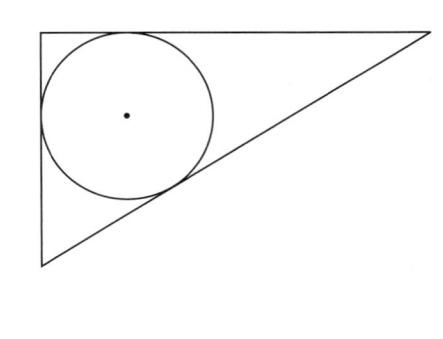

368 Determine o diedro da base de uma pirâmide triangular regular, sabendo que a razão entre o volume da pirâmide e o volume da esfera inscrita nela é $(27\sqrt{3}) : 4\pi$.

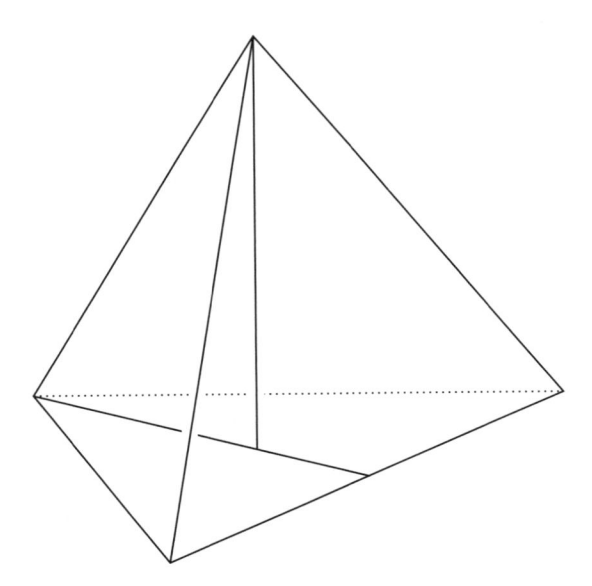

369 A razão entre a área de uma esfera e a área da base do cone reto circunscrito a ela é 4 : 3. Determine o ângulo do vértice do cone.

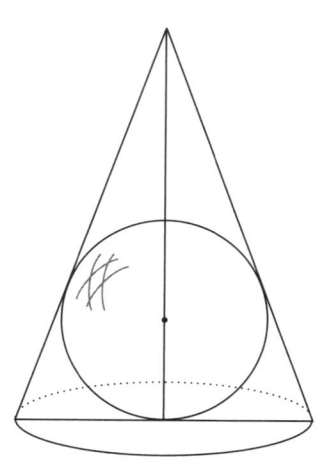

370 No interior de um cubo temos 9 esferas de raio r. O centro de uma delas é o centro do cubo e cada uma das outras tangencia esta e três faces do cubo. Determine a aresta do cubo.

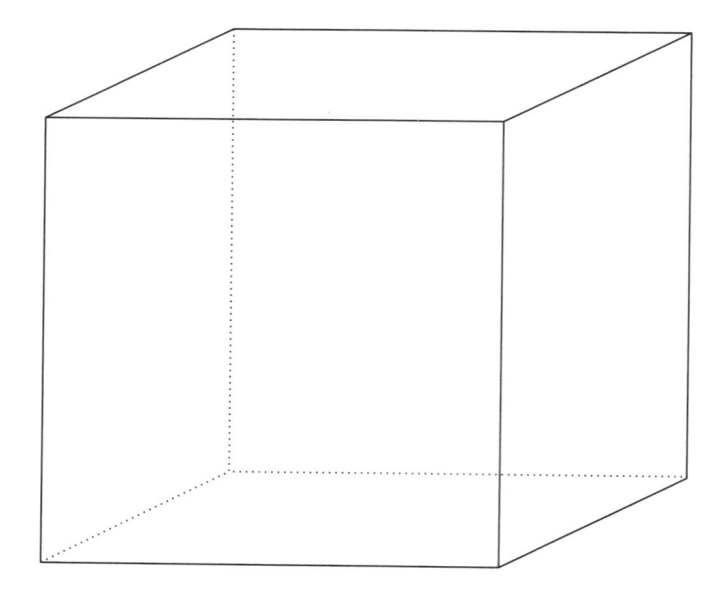

371 Determine o raio da esfera circunscrita a uma pirâmide PABC sabendo que o triângulo ABC é retângulo de hipotenusa BC=a e que as arestas PA, PB e PC formam ângulos α com o plano da face ABC.

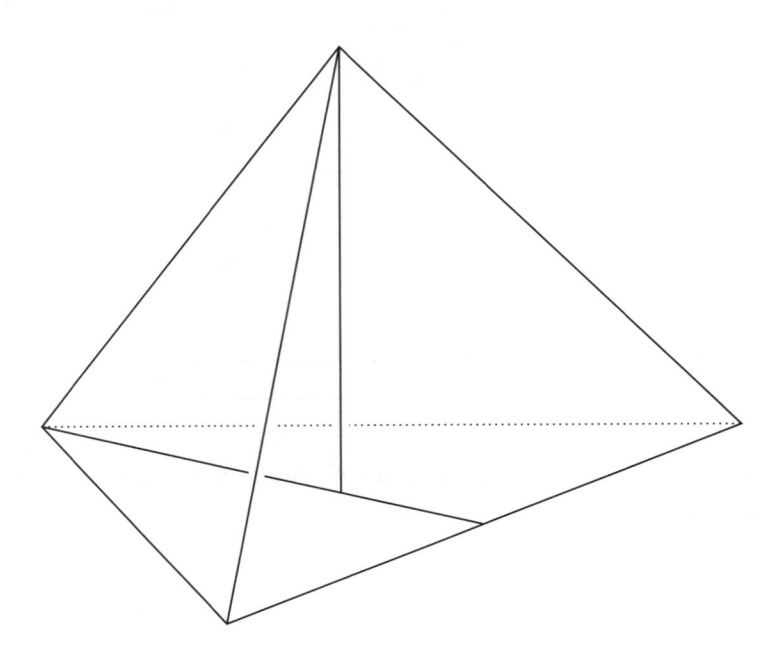

372 Determine o volume de um cilindro equilátero de raio R e da clepsidra cujas bases coincidem com as bases do cilindro.

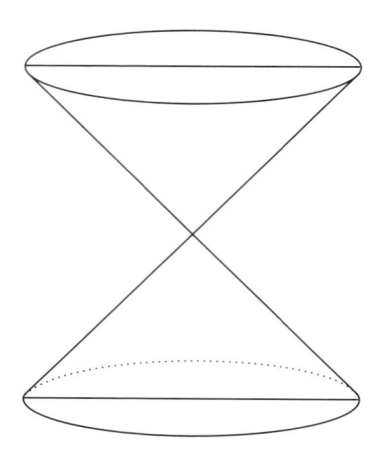

373 Determine o volume do complementar da clepsidra, em relação ao cilindro equilátero com bases coincidentes com as dela, sendo **R** o raio do cilindro.

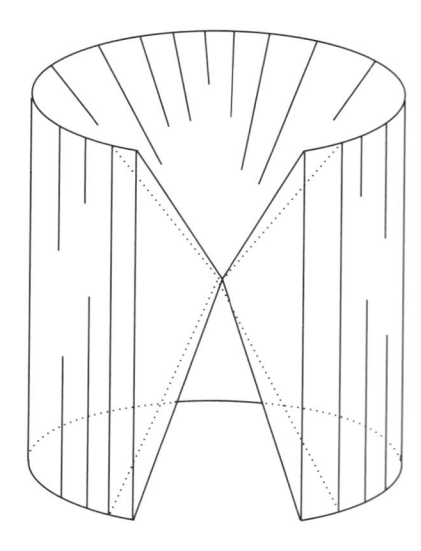

374 Considere o complementar de uma clepsidra obtida de um cilindro equilátero de raio R e a esfera que tangencia os planos das bases. Mostre que o plano, paralelo às bases do cilindro, que for secante com esses sólidos, determina neles secções planas equivalentes (de mesma área).

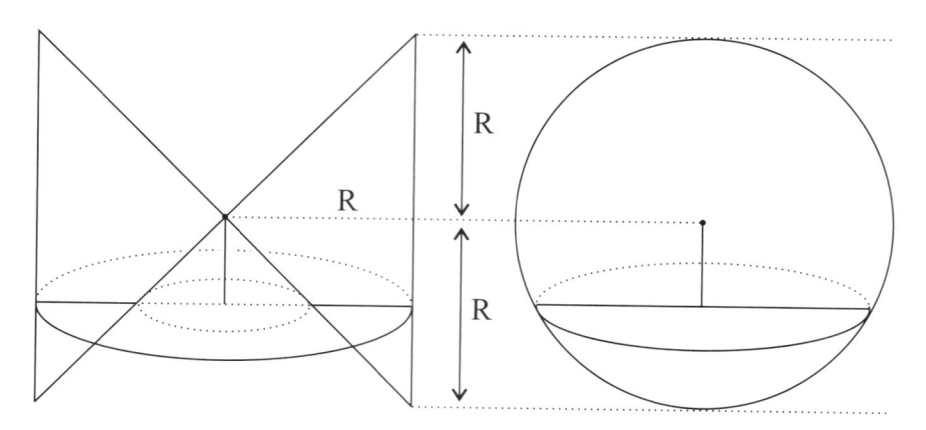

375 Determine o volume e a área do sólido de revolução gerado pela rotação,

a) de um círculo de raio **R** quando gira em torno de um eixo que contém um diâmetro.

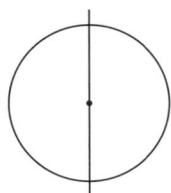

b) da região sombreada, determinadas por dois lados de um retângulo e duas semi-circunferências cujos diâmetros são os outros lados, quando gira em torno do eixo y, que passa pelos pontos médios de lados do retângulo, como mostra a figura.

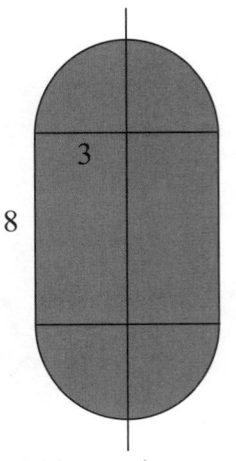

c) idem ao item anterior

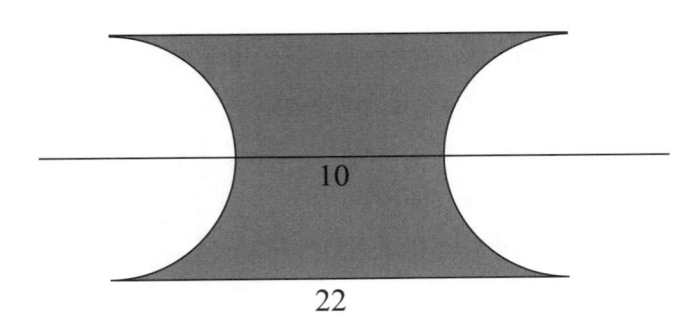

d) da região sombreada limitada por duas semi-circunferências concêntricas e partes do diâmetro. Os raios medem 3m e 6m.

I)

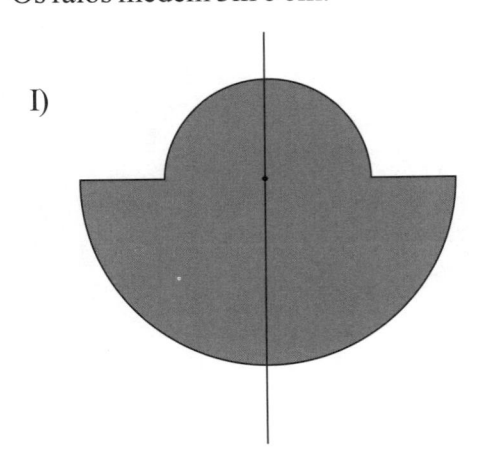

II)

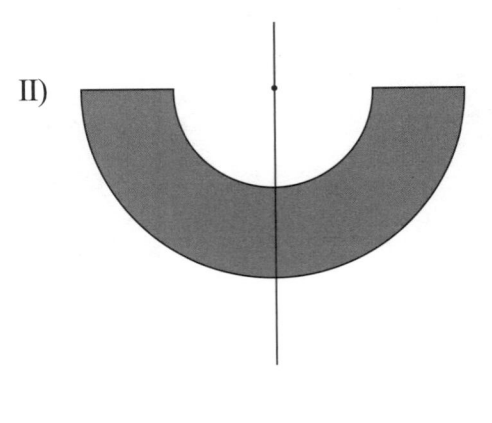

376 Determine o volume e a área do sólido de revolução gerado pela rotação da região sombreada quando gira em torno do eixo y nos casos:

a)

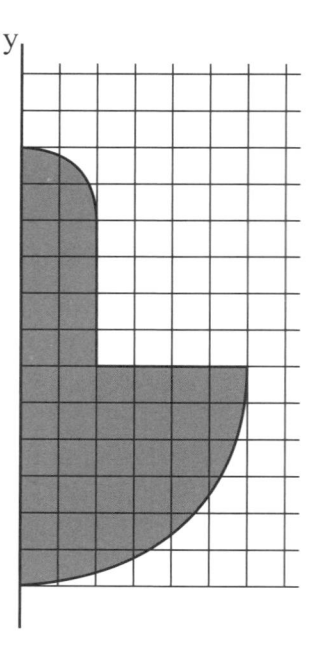

b)

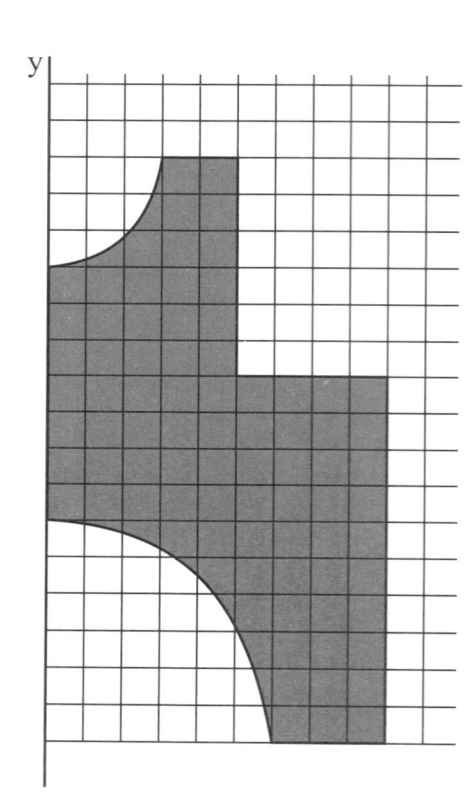

377) Determinar o volume e a área do sólido de revolução gerado pela rotação da região sombreada quando gira em torno do eixo y nos casos:

a)

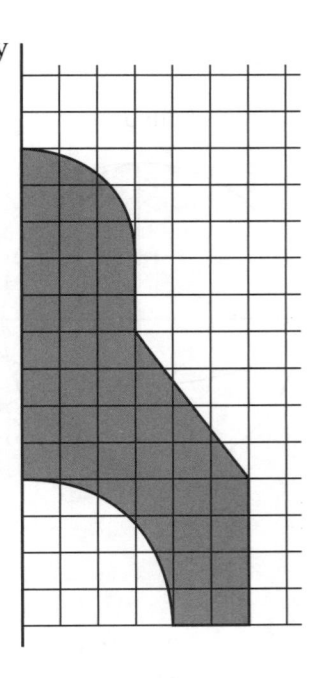

b)

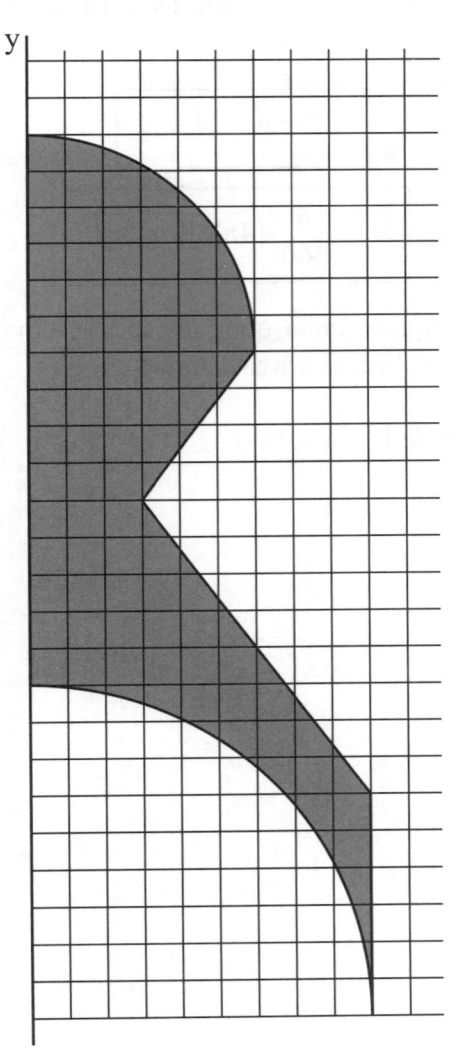

378 Dada uma esfera e um setor diedral cuja aresta passa pelo centro da esfera, a intersecção da **esfera** com o **setor diedral** é chamada **cunha** e a intersecção da **superfície esférica** com o setor é chamada **fuso**. A medida do diedro é também a medida da cunha e do fuso.

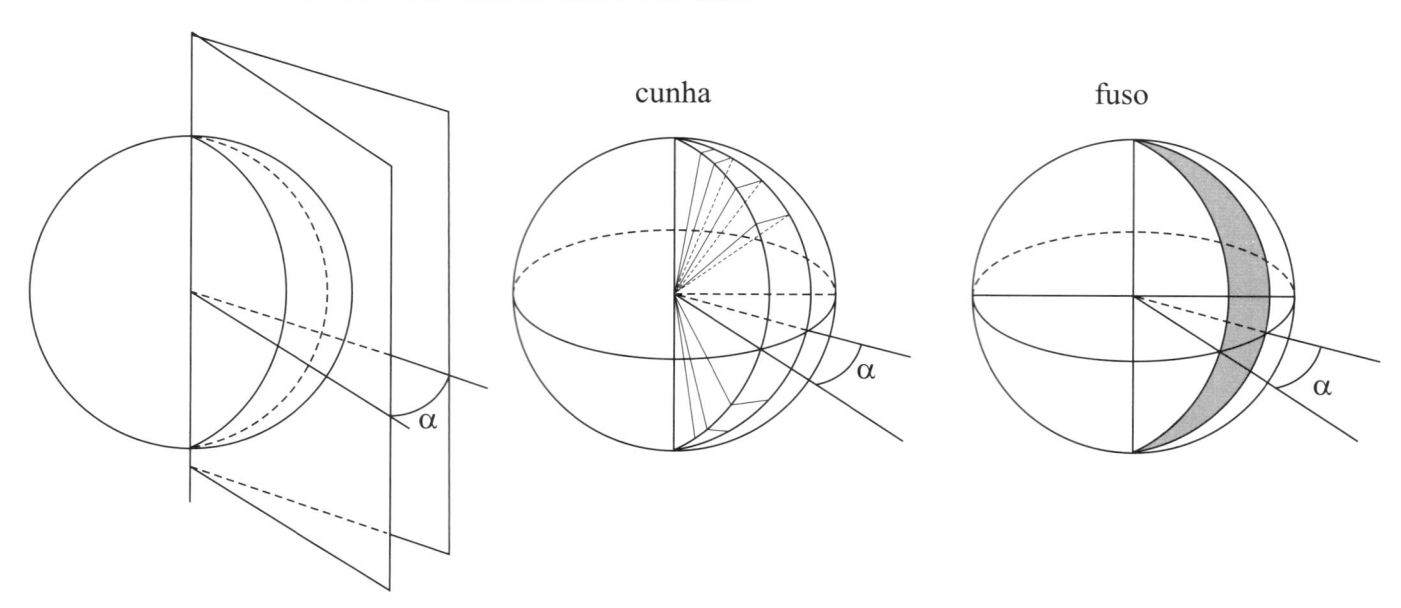

Note que, sendo α a medida (em graus) do diedro e **R** o raio da esfera, o volume da cunha (V_c), a área do fuso (A_f) e a área da cunha (A_c) são dados por:

$$V_c = \frac{\alpha}{360°}[V_{esf.}] \qquad A_f = \frac{\alpha}{360°}[A_{esf.}] \qquad A_c = A_f + A_{círculo}$$

Então:
$$V_c = \frac{\alpha}{360°}\left[\frac{4}{3}\pi R^3\right] \qquad A_f = \frac{\alpha}{360°}[4\pi R^2] \qquad A_c = \frac{\alpha}{360°}[4\pi R^2] + \pi R^2$$

Observe ainda que o fuso, como não é sólido, só tem área, ao passo que a cunha, que é um sólido, tem volume e área sendo que a área da cunha é a área do fuso correspondente mais 2 vezes a área de meio círculo.
Resolver:
a) Determine o volume e a área de uma cunha de 60° de uma esfera de 12cm de raio.

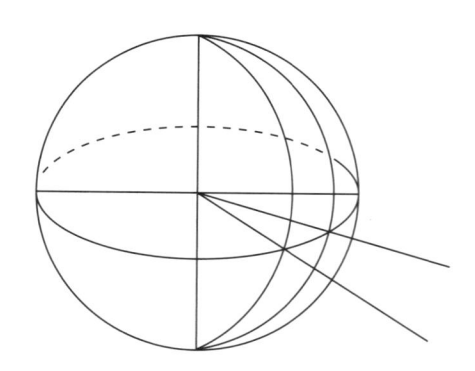

b) Uma cunha de uma esfera de 15cm de raio tem $405\pi cm^2$ de área. Qual é o volume dessa cunha?

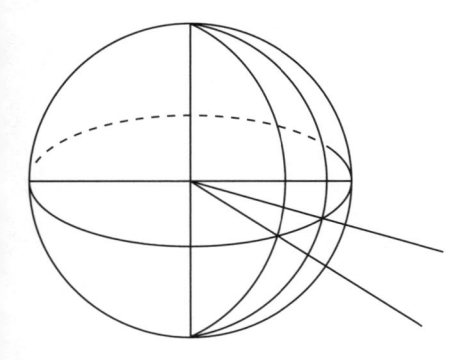

c) O raio de uma esfera é expresso por um número inteiro de centímetros. Se uma cunha desta esfera tem $24\pi cm^3$ de volume e $48\pi cm^2$ de área, quanto mede o raio da esfera?

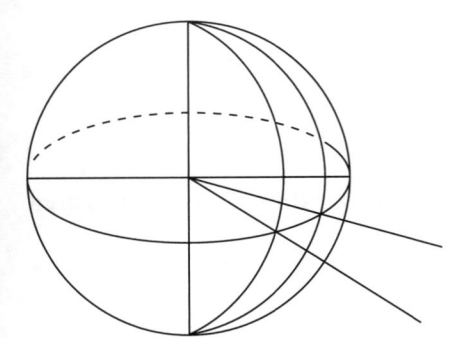

379 Em cada caso temos uma cunha de uma esfera de 12cm de raio. Determine o volume da cunha nos casos:
a) A sua área (da cunha) é igual a área lateral do cilindro equilátero inscrito nesta esfera.

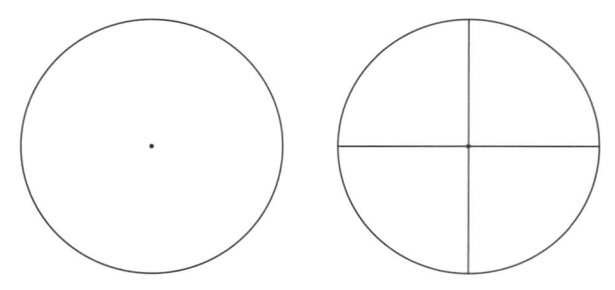

b) A sua área é igual a área do cone equilátero inscrito nesta esfera.

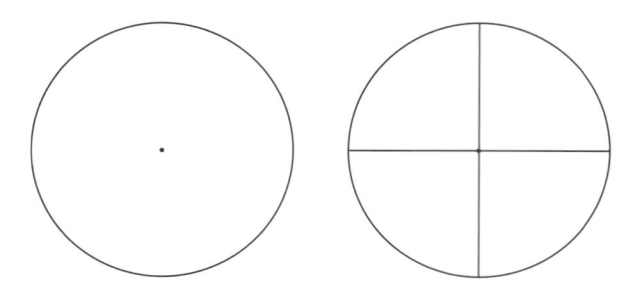

380 Uma cunha de uma esfera tem volume igual ao do cone equilátero inscrito nesta esfera. Determine a área desta cunha sendo 648πcm³ o seu volume.

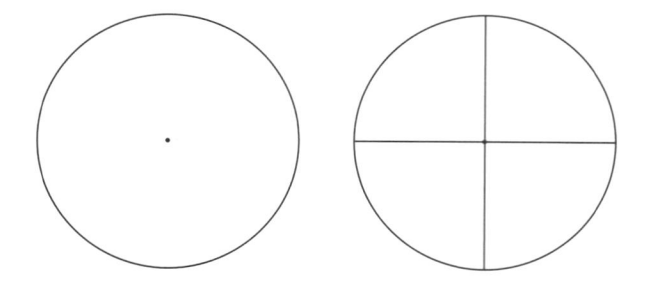

381. Resolver:
   a) Determine o volume e a área de uma esfera de 9m de raio.
   b) Qual é o volume de uma esfera que tem 576π m² de área?
   c) Qual é a área de uma esfera que tem 36π m³ de volume?

382. Determinar a área de uma esfera sabendo que uma seção plana, distante 5m do centro, tem 144π m².

383. Uma secção plana, de uma esfera de $864\sqrt{3}\pi$m³ de volume, dista 4m do centro da esfera. Determine a área dessa secção.

384. Determinar a área da esfera inscrita em um cilindro equilátero de 384π m².

385. Determinar a área da esfera inscrita em um cone equilátero de 225π m² de área.

386. Uma secção plana de uma esfera tem 225π m² e dista 9m do polo correspondente mais próximo. Determine a área da esfera.

387. Qual é o volume da esfera circunscrita a um cilindro reto de 18m de altura, sendo 720π m² a área do cilindro?

388. Qual é o volume da esfera circunscrita a um cone quilátro de 81π m²?

389. Qual é o volme da esfera inscrita em um cone equilátero de $576\sqrt{3}\pi$m³ ?

390. A geratriz de um cone reto mede 30m e ele tem 1296π m² de área. Qual é a área da esfera inscrita neste cone?

391. Um cone reto tem 25m de altura e 1875π m³ de volume. Quanto mede o raio da esfera circunscrita a esse cone?

392. Um prisma triangular regular circunscritível tem $384\sqrt{3}$m³ de volume. Qual é a sua área?

393. Um prisma triangular regular de $4\sqrt{3}$m de altura tem $90\sqrt{3}$m² de área. Qual é o volume da esfera circunscrita a ele?

394. Determinar o volume do cilindro equilátero inscrito em uma esfera de 64π m².

395. Determinar o volume da esfera inscrita em um cubo de 864m².

396. Determinar o volume do cubo inscrito em uma esfera de $108\sqrt{3}\pi$m³ .

397. Determinar a área da esfera inscrita em um prisma triangular regular circunscritível de $864\sqrt{3}\pi$m² .

398. Determinar a área da esfera circunscrita a um cone de revolução de 27π m³, de altura máxima, cuja geratriz mede $3\sqrt{10}$m .

399. Determinar o volume da esfera inscrita em um cone reto de 96π m² cuja altura mede 8m.

400. Determinar o raio da esfera circunscrita a um prisma triangular regular de arestas, congruentes entre si, de comprimento **a**.

401. Qual é o volume de um cilindro equilátero cuja área é igual a área de uma esfera de 288π m³?

402. Uma esfera e um cone equilátero são equivalentes (têm o mesmo volume), determinar a razão entre suas áreas.

403. Uma esfera de 288π m³ tangencia as faces de um triedro tri-retângulo. Qual a área do triângulo determinado pelos pontos de contacto?

404. Determinar a área da esfera circunscrita a um cone reto de raio 12m, sendo 864π m³ o volume do cone.

405. Um cone de revolução está circunscrito a uma esfera de raio R cm. Se a altura do cone for igual ao dobro do raio da base, determine a área lateral desse cone.

406. Determinar o volume da esfera inscrita em um cone equilátero (geratriz igual ao diâmetro da base) de área total igual a 81π m².

407. Uma esfera está inscrita em um cone equilátero. Determine a razão entre:
a) as suas áreas   b) os seus volumes

408. Determinar o volume da esfera inscrita em um cone reto de raio 6m e área 96π m².

409. O raio de um cone reto de 216π m³ mede 6m. Determinar a área da esfera circunscrita a este cone.

410. Determinar a área da esfera circunscrita a um cone reto de raio 12m e altura 18m.

411. Determinar o volume da esfera inscrita em um cone reto de raio 12m e altura 9m.

412. Determine o volume da esfera inscrita em um cone equilátero de 18π m³.

413. Um cone equilátero com base em uma secção plana de uma esfera e o vértice no centro da esfera tem $9\sqrt{3}\pi$ m³ de volume. Determine o volume desta esfera.

414. Uma geratriz de um cone oblíquo é perpendicular ao plano da base. Se o raio do cone e o raio da esfera inscrita neste cone medem 6m e 3m, determine o volume do cone.

415. A geratriz de um cone reto mede 20m e a área deste cone é de 384π m². Achar o volume da esfera inscrita neste cone.

416. Determine a área da esfera, circunscrita a um cone reto de raio 5m e área lateral $25\sqrt{26}\pi$ m².

417. Uma esfera está inscrita em um prisma triangular regular. Se a área da base do prisma é **k**, qual é a área deste prisma?

418. Determinar o raio da esfera inscrita em um prisma triangular regular circunscritível de $648\sqrt{3}$ m² de área total.

419. Um prisma triangular regular circunscritível tem $162\sqrt{3}$ m³ de volume. Ache a área da esfera inscrita neste prisma.

420. A aresta da base de uma pirâmide triangular regular cujo volume é $32\sqrt{3}$ m³ mede $4\sqrt{3}$ m. Ache a área da esfera circunscrita a esta pirâmide.

421. Determinar a área da esfera inscrita em um prisma triangular regular circunscritível de $48\sqrt{3}$ m³.

422. A aresta da base de uma pirâmide quadrangular regular de 1296m³ mede 18m. Determine o raio da esfera circunscrita e o da inscrita nesta pirâmide.

423. A diferença entre o volume de um cone equilátero e o da esfera inscrita nele é de $40\sqrt{3}\pi$ m³. Ache a área desse cone.

424. A diferença entre a área de uma esfera e a do cone equilátero inscrito nela é 84π m². Qual é o volume deste cone?

425. A área lateral de um cone reto é de $72\sqrt{13}\pi$ m² e o raio desse cone é $\dfrac{2}{3}$ da sua altura. Qual é a área da esfera circunscrita a esse cone?

426. A aresta da base de uma pirâmide quadrangular regular é congruente à sua altura. Se o volume da esfera circunscrita à essa pirâmide é de 972π m³, qual é o seu volume?

427. Um cone reto com geratriz de 10m tem área de 96π m². Qual é o volume da esfera inscrita neste cone?

428. A geratriz de um cone reto mede $9\sqrt{10}$ m e a sua área lateral é de $81\sqrt{10}\pi$ m². Qual é o volume da esfera circunscrita a esse cone?

429. A aresta da base de um prisma triangular regular circunscritível mede 12m. Qual é o volume desse prisma?

430. A área de um cone reto, cujo raio da base mede 9m, é de 216π m². Qual é a área da esfera inscrita nesse cone?

431. Quanto mede a aresta de um tetraedro regular, sabendo que a área da esfera circunscrita a ele é de 576π m²?

432. O raio da esfera circunscrita a um octaedro regular mede 6m. Quanto mede o raio da esfera inscrita nele?

433. A base de uma pirâmide quadrangular regular tem 512π m². Sabendo que a sua área lateral é de 1536m², qual é a área da esfera circunscrita a essa pirâmide?

434. Um prisma triangular regular é circunscritível. Sendo $18\sqrt{3}$m² a sua área, qual é o seu volume?

435. A aresta da base de um prisma triangular regular mede 6m. Se esse prisma tem $108\sqrt{2}$m³ de volume, qual é a área da esfera circunscrita a ele?

436. A aresta da base de uma pirâmide quadrangular regular mede $12\sqrt{2}$m. Se a altura dessa pirâmide mede 24m, qual é a área da esfera circunscrita a essa pirâmide?

437. Uma pirâmide quadrangular regular, cuja aresta da base mede $12\sqrt{2}$m, esta inscrita em uma esfera de 4500π m³ de volume. Determine o volume dessa pirâmide.

438. Determine a área da esfera inscrita em um tetraedro regular cujo volume é de $144\sqrt{2}$m³.

439. Determine o volume da esfera inscrita em um octaedro regular de $576\sqrt{2}$m³ de volume.

440. Qual é a área da esfera circunscrita a um cilindro reto cuja altura mede 16m, sabendo que o cilindro tem 264π m² de área?

441. Três faces de um paralelepípedo retângulo têm 120m², $24\sqrt{39}$m² e $20\sqrt{39}$m². Qual é a área da esfera circunscrita a este paralelepípedo?

442. Determinar a área da esfera circunscrita a um cone reto cuja geratriz mede 40m, sabendo que ele tem 1536π m² de área.

443. A aresta da base de uma pirâmide triangular regular mede $12\sqrt{3}$m. Se a superfície lateral dessa pirâmide tem $108\sqrt{30}$m², qual é a área da esfera circunscrita a essa pirâmide?

444. Um prisma triangular regular cuja aresta da base mede 6m está inscrito em uma esfera de 240π m² de área. Qual é a área desse prisma?

445. Determine a altura de uma pirâmide quadrangular regular sabendo que o volume da esfera circunscrita a ela é **V** e que a reta perpendicular a uma face lateral da pirâmide, conduzida pelo centro da esfera, forma com a altura da pirâmide um ângulo α.

446. Um prisma regular de **n** lados na base é circunscritível. Determine a razão entre os volumes das esferas inscrita e circunscrita a ele.

447. Considera duas esferas concêntricas de raios **R** e **r**, com R > r. Para qual relação ente **R** e **r** pode-se construir um tetraedro regular dentro da esfera maior, com três vértices na sua superfície, de modo que as outras faces tangenciem a esfera menor.

448. Considere dois vértices opostos de um cubo e o plano que passa pelos pontos médios das seis arestas que não têm extremidades em nenhum desses vértices. Qual é a razão entre o volume do cubo e o volume da esfera que tangencia o plano e 3 faces do cubo?

449. Três cordas congruentes, de uma esfera de raio **R**, têm uma extremidade em comum e formam ângulos α entre si. Quanto mede cada uma dessas cordas?

450. Determine o diedro α, da base de uma pirâmide quadrangular regular, sabendo que o raio da esfera circunscrita é o triplo do raio da esfera inscrita nessa pirâmide.

451. Uma semiesfera, cuja base está contida na base de um cone, está inscrita neste cone. Determinar o ângulo do vértice do cone sabendo que a razão entre a superfície do cone e a superfície lateral da semiesfera é 18 : 5.

452 Em uma esfera de raio R está inscrito um cone cuja superfície lateral é **k** vezes a área de sua base. Determine o volume desse cone.

453 A razão entre a altura de um cone reto e o raio da esfera circunscrita a ele é **q**. Determine a relação entre os seus volumes. Para quais valores de **q** o problema é possível?

454 Determine a razão entre o volume de uma esfera e do cone reto circunscrito a ela, sabendo que a superfície do cone é **n** vezes maior que a superfície da esfera.

455 Em uma esfera **E** de raio R estão inscritas 8 esferas congruentes entre si que são tangentes a **E** e cada uma tangente a apenas duas outras congruentes a ela. Elas tangenciam **E** em pontos de uma circunferência máxima de **E**. Determine o raio de uma esfera que tangencia **E** e também as oito esferas menores.

456 Em uma esfera **E** de raio **R** estão inscritas 8 esferas congruentes com cada uma tangenciando 3 outras e a esfera **E**. Determine o raio dessas esferas, sabendo que os centros são vértices de um cubo.

457 Quatro esferas de raio **R** são tangentes ente si. Determine o raio da menor esfera que:
a) as contém.
b) tangencia as 4 simultaneamente.

458 Três esferas de raio **R** são tangentes entre si e tangenciam um plano α. Determine o raio da esfera que tangencia α e também as três esferas.

459 Quatro esferas de raio **R** são tangentes a um plano α e são tais que duas delas tangenciam as outras três e duas delas tangenciam apenas outras duas. Duas outras esferas congruentes, de menor diâmetro, são colocadas sobre as anteriores, sendo tangentes e tangenciando, cada uma, três das anteriores. Qual é o raio dessas duas últimas esferas?

IV - SEMELHANÇA E TRONCOS

A – Semelhança de figuras planas

1. Triângulos

Se for possível estabelecer uma correspondência entre vértices e lados de dois triângulos de modo que ângulos de vértices correspondentes são congruentes e os lados de um são proporcionais aos seus correspondentes do outro, os triângulos são semelhantes.

Obs.: 1. Elementos correspondentes são chamados homólogos.

2. A razão entre segmentos homólogos é chamada razão de semelhança.

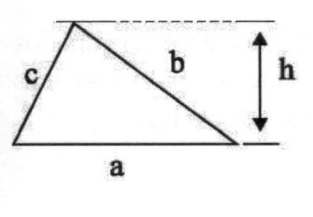

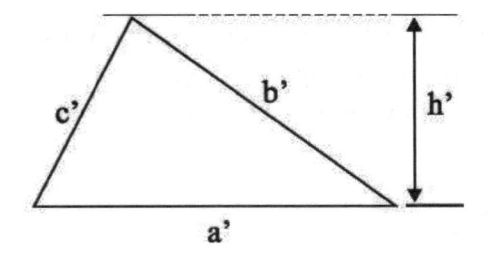

k é a razão de semelhança: $\dfrac{a}{a'} = \dfrac{b}{b'} = \dfrac{c}{c'} = \dfrac{h}{h'} = k$

I. Razão entre perímetros

A razão entre os perímetros de dois triângulos semelhantes é igual a razão de semelhança.

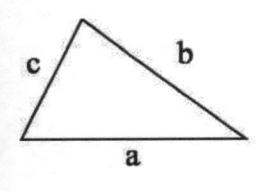

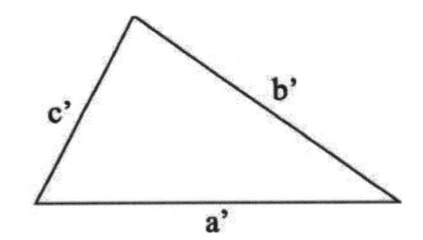

$\dfrac{a}{a'} = \dfrac{b}{b'} = \dfrac{c}{c'} = k \Rightarrow \begin{cases} a = ka' \\ b = kb' \\ c = kc' \end{cases}$

$a + b + c + ka' + kb' + kc' \Rightarrow a + b + c = k(a' + b' + c') \Rightarrow \boxed{\dfrac{a+b+c}{a'+b'+c'} = k}$

II. Razão entre áreas

A razão entre as áreas de dois triângulos semelhantes é igual ao quadrado da razão de semelhança.

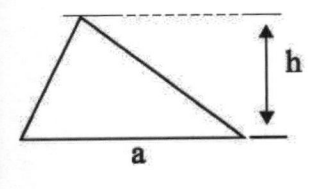

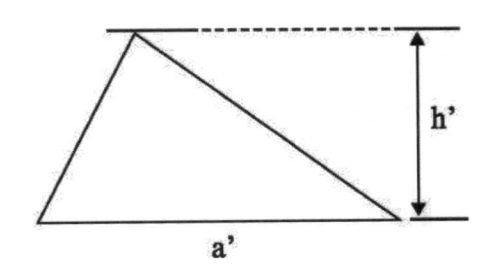

$\dfrac{S}{S'} = \left(\dfrac{a}{a'}\right)^2 = \left(\dfrac{h}{h'}\right)^2$

Sendo S e S' as áreas dos triângulos e k a razão de semelhança temos:

$$\frac{a}{a'} = \frac{h}{h'} = k$$

$$\frac{S}{S'} = \frac{\frac{ah}{2}}{\frac{a'h'}{2}} = \frac{ah}{a'h'} = \frac{a}{a'} \cdot \frac{h}{h'} = k.k = k^2 \qquad \boxed{\frac{S}{S'} = k^2}$$

2. Polígonos

Se for possível estabelecer uma correspondência entre vértices e lados (lados correspondentes são determinados por vértices correspondentes) de dois polígonos, de modo que ângulos de vértices correspondentes sejam congruentes e os lados de um são proporcionais aos seus correspondentes do outro, os polígonos são semelhantes.

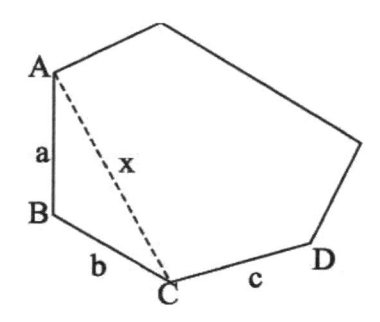

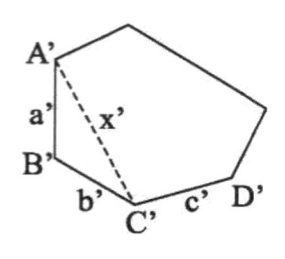

Se k é a razão de semelhança e $\hat{A}$, $\hat{B}$, ... são as medidas dos ângulos, temos:

$$\begin{cases} \dfrac{a}{a'} = \dfrac{b}{b'} = \dfrac{c}{c'} = \ldots = k \\ \hat{A} = \hat{A}', \ \hat{B} = \hat{B}', \ \hat{C} = \hat{C}', \ldots \end{cases}$$

Tem-se também: $\dfrac{x}{x'} = k$

I. Razão entre perímetros

A razão entre os perímetros de dois polígonos semelhantes é igual a razão de semelhança.

II. Razão entre áreas

A razão entre áreas de dois polígonos semelhantes é igual ao quadrado da razão de semelhança.

Como polígonos semelhantes podem ser decompostos em triângulos semelhantes (triângulos de um semelhantes a triângulos do outro) e a razão entre áreas de triângulos semelhantes é igual ao quadrado da razão de semelhança, temos:

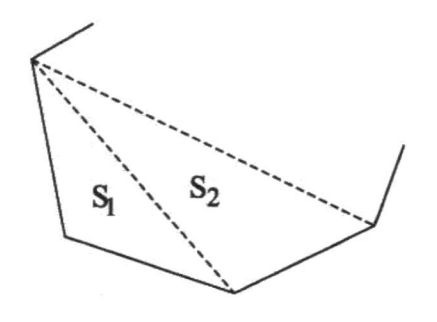

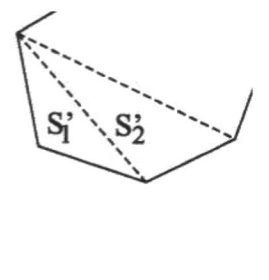

Sendo k a razão de semelhança:

$\dfrac{S_1}{S'_1} = k^2$, $\dfrac{S_2}{S'_2} = k^2$, ... $\Rightarrow S_1 = S'_1 k^2$, $S_2 = S'_2 k^2$, ... $\Rightarrow$

$\Rightarrow S_1 + S_2 + ... = S'_1 k^2 + S'_2 k^2 + ... = (S'_1 + S'_2 + ...)k^2 \Rightarrow \dfrac{S_1 + S_2 + ...}{S'_1 + S'_2 + ...} = k^2 \Rightarrow \dfrac{S}{S'} = k^2$

Conseqüência: Se três polígonos são semelhantes entre si, então as suas áreas são proporcionais aos quadrados de segmentos homólogos.

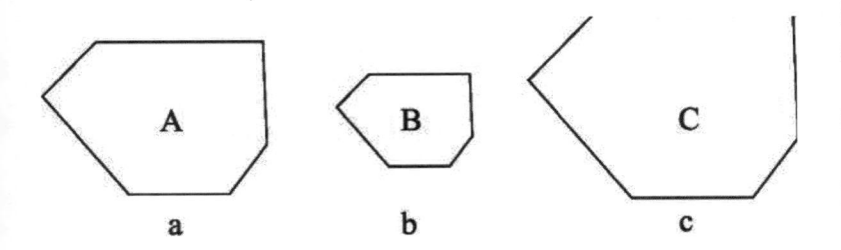

Se **a**, **b** e **c** são lados homólogos dos polígonos semelhantes e A, B e C são, respectivamente as suas áreas, como $\dfrac{a}{b}$ é a razão de semelhança dos dois primeiros e $\dfrac{b}{c}$ a razão dos dois últimos, temos:

1º) $\dfrac{A}{B} = \left(\dfrac{a}{b}\right)^2 \Rightarrow \dfrac{A}{B} = \dfrac{a^2}{b^2} \Rightarrow \dfrac{A}{a^2} = \dfrac{B}{b^2}$

2º) $\dfrac{B}{C} = \left(\dfrac{b}{c}\right)^2 \Rightarrow \dfrac{B}{C} = \dfrac{b^2}{c^2} \Rightarrow \dfrac{B}{b^2} = \dfrac{C}{c^2}$

Então: $\dfrac{A}{a^2} = \dfrac{B}{b^2} = \dfrac{C}{c^2}$

B – Semelhança de sólidos

1. Esferas

Duas esferas quaisquer são sempre semelhantes

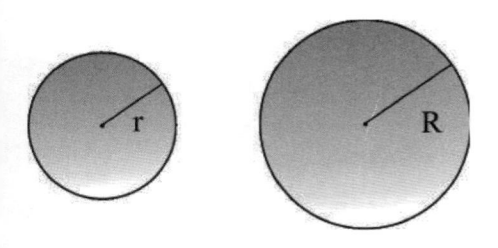

$\dfrac{r}{R} = k =$ razão de semelhança

I. Razão entre áreas

A razão entre as áreas de duas esferas é igual ao quadrado da razão entre os raios (razão de semelhança)

$\dfrac{S}{S'} = \dfrac{4\pi r^2}{4\pi R^2} = \dfrac{r^2}{R^2} = \left(\dfrac{r}{R}\right)^2 = k^2 \Rightarrow \boxed{\dfrac{S}{S'} = k^2}$

II. Razão entre volumes

A razão entre os volumes de duas esferas é igual ao cubo da razão entre os raios (razão de semelhança)

$$\frac{V}{V'} = \frac{\frac{4}{3}\pi r^3}{\frac{4}{3}\pi R^3} = \frac{r^3}{R^3} = \left(\frac{r}{R}\right)^3 = k^3 \quad \Rightarrow \quad \boxed{\frac{V}{V'} = k^3}$$

2. Cilindros semelhantes

Dois cilindros retos são semelhantes se o raio e geratriz (altura) de um são proporcionais ao raio e geratriz do outro. Sendo **r** o raio, **H** a altura, **S** a área e **V** o volume temos:

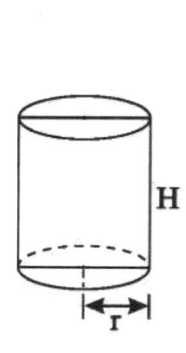

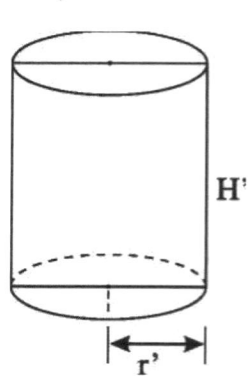

- $\dfrac{r}{r'} = \dfrac{H}{H'} = k$

  k = razão de semelhança

- $\dfrac{S}{S'} = k^2$

- $\dfrac{V}{V'} = k^3$

3. Cones semelhantes

Dois cones retos são semelhantes se o raio e altura (ou raio e geratriz, ou altura e geratriz) de um são proporcionais ao raio e altura (ou raio e geratriz etc.) do outro.

Sendo **r** o raio, **H** a altura, g a geratriz, **S** a área, **V** o volume e **k** a razão de semelhança, temos:

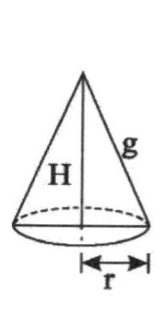

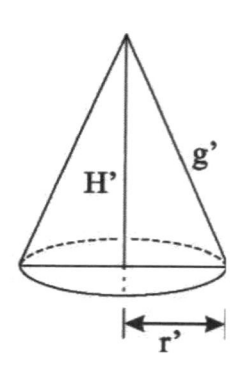

- $\dfrac{r}{r'} = \dfrac{H}{H'} = \dfrac{g}{g'} = k$

- $\dfrac{S}{S'} = k^2$

- $\dfrac{V}{V'} = k^3$

4. Poliedros regulares semelhantes

a) Dois **tetraedros** regulares são semelhantes.   Tetraedro – 4 faces triangulares

b) Dois **hexaedros** regulares (cubos) são semelhantes.   Hexaedro – 6 faces quadrangulares

c) Dois **octaedros** regulares são semelhantes.   Octaedro – 8 faces triangulares

d) Dois **dodecadros** regulares são semelhantes.   Dodecaedro – 12 faces pentagonais

e) Dois **icosaedros** regulares são semelhantes.   Icosaedro – 20 faces triangulares

Razão de semelhança

É igual à razão entre dois segmentos homólogos: $\dfrac{a}{a'} = \dfrac{d}{d'} = \dfrac{H}{H'} = \ldots = k$

Razão entre áreas e razão entre volumes

Sendo S e S' as áreas, V e V' os volumes e k a razão de semelhança, temos:

$$\dfrac{S}{S'} = k^2 \quad e \quad \dfrac{V}{V'} = k^3$$

5. Poliedros semelhantes

Dois poliedros convexos são semelhantes quando é possível fazer uma correspondência entre os vértices de um e os vértices do outro de modo que ângulos poliédricos de vértices correspondentes sejam congruentes e faces determinadas por vértices correspondentes sejam semelhantes.

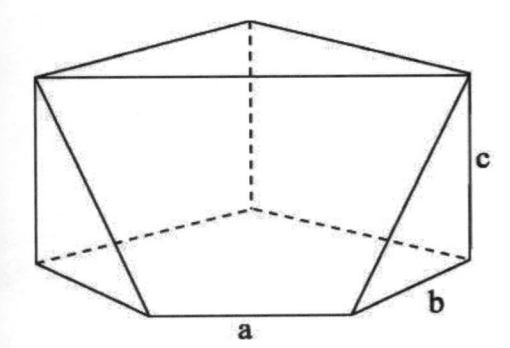

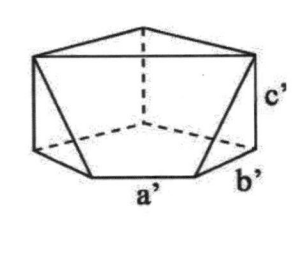

Sendo S e S' as áreas, V e V' os volumes, S_1 e S'_1, as áreas de duas regiões homólogas e k a razão de semelhança, temos:

$$\dfrac{a}{c'} = \dfrac{b}{b'} = \dfrac{c}{c'} = \ldots = k$$

$$\dfrac{S}{S'} = k^2 \;,\; \dfrac{S_1}{S'_1} = k^2 \;,\; \dfrac{V}{V'} = k^3$$

6. Pirâmides semelhantes

Teorema: Dada uma pirâmide, se um plano paralelo à base intercepta todas as arestas laterais em pontos distintos do vértice oposto à base, então a secção plana obtida é um polígono semelhante à base.

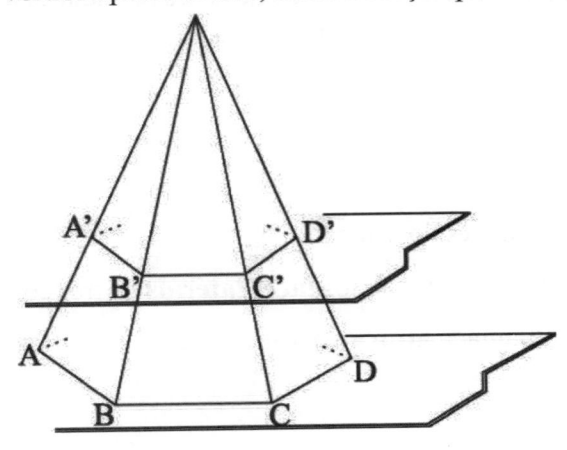

A'B'C'D'... é semelhantes a ABCD ...

Teorema: Sendo **H** a altura de uma pirâmide e **h** a distância entre o vértice oposto à base e um plano, paralelo à base, que intercepta todas as arestas, então a razão entre a área da secção e a área da base é igual a $(h/H)^2$.

Sendo A e B as áreas, respectivamente, da secção e da base,

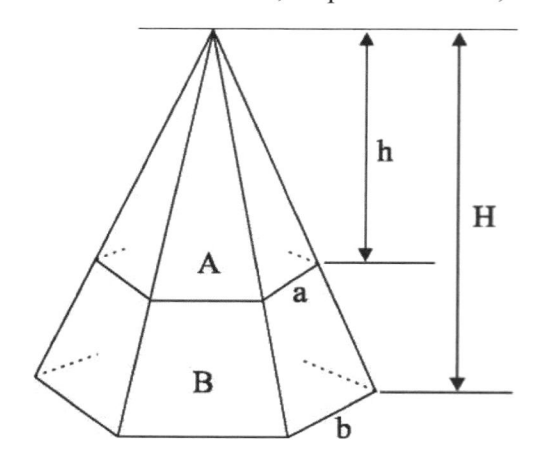

como $\dfrac{A}{B} = \left(\dfrac{a}{b}\right)^2$ e $\dfrac{a}{b} = \dfrac{h}{H}$

obtemos: $\dfrac{A}{B} = \left(\dfrac{h}{H}\right)^2$

Teorema: Dada uma pirâmide e um plano paralelo à base, que a intercepta, a pirâmide obtida (ou destacada) é semelhante a essa pirâmide.

Sendo A_p e A_g as áreas da pequena e da grande, V_p e V_g os volumes,, A_{Lp} e A_{Lg} as áreas laterais, A e B as áreas das bases, h e H as alturas, temos:

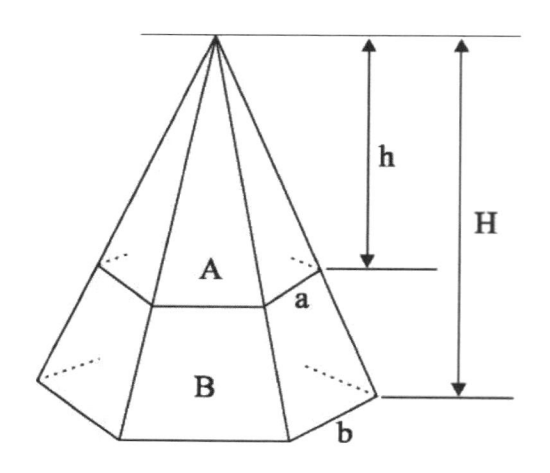

$$\dfrac{V_p}{V_g} = \left(\dfrac{h}{H}\right)^3$$

$$\dfrac{A_p}{A_g} = \dfrac{A_{Lp}}{A_{Lg}} = \dfrac{A}{B} = \left(\dfrac{h}{H}\right)^2$$

C – Troncos de bases paralelas

1. Tronco de pirâmide

Considere uma pirâmide e um plano paralelo à base que determina nela uma outra pirâmide. O sólido que é a união das bases das pirâmides com a parte entre as duas bases é chamado tronco de pirâmide de bases paralelas. Neste capítulo quando falarmos apenas **tronco de pirâmide**, considere que as bases são paralelas.

Note que o volume do tronco é a diferença entre os volumes das pirâmides.

$$\boxed{V_T = V_g - V_p}$$

Obs: 1) As bases das pirâmides, original e obtida, são chamadas **bases** do tronco.

2) Os trapézios determinados nas faces laterais da pirâmide são chamados **faces laterais** do tronco.

3) A distância entre os planos das bases das pirâmides é chamada **altura** do tronco.

Quando o tronco for tronco de pirâmide regular, o segmento sobre uma face lateral, cujas extremidades são os pontos médios das arestas das bases, é chamado **apótema do tronco**.

Note que cada face lateral de um tronco de pirâmide regular é um trapézio isósceles cuja altura é o apótema do tronco.

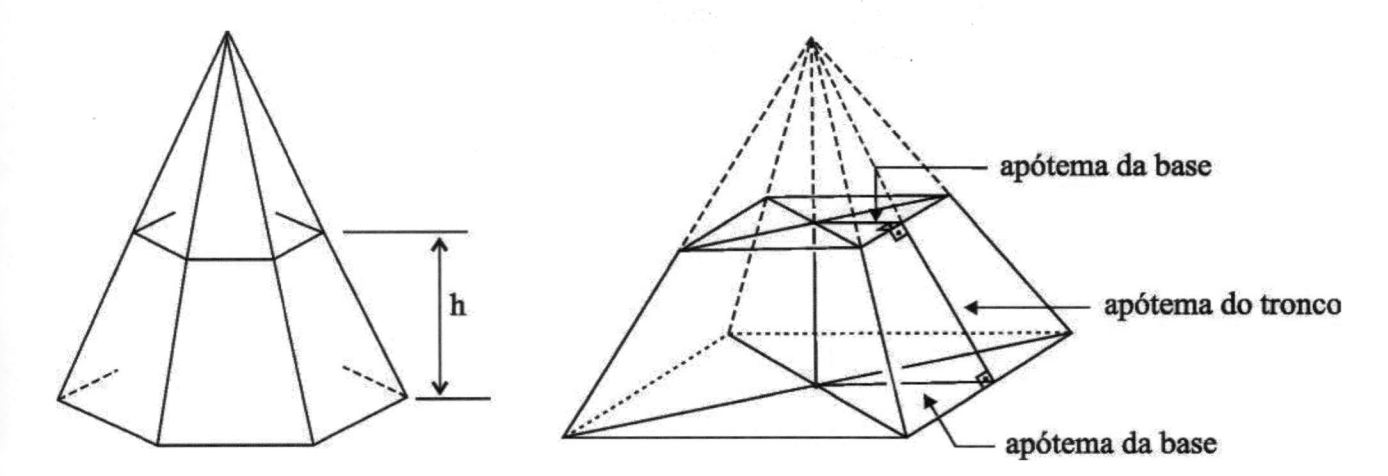

Obs: Os lados das bases são chamados de **arestas das bases** do tronco e as outras arestas do tronco são chamados **arestas laterais**.

2. Tronco de cone reto

Considere um cone circular reto e um plano paralelo à base que o intercepta em um círculo diferente da base. O sólido que é a união desse círculo, com a base e com a parte do cone entre esses dois círculos, é chamado tronco de cone reto de bases paralelas. Neste capítulo quando falarmos apenas **tronco de cone**, considere que as bases são paralelas.

O volume do tronco é a diferença entre os volumes dos cones.

$$V_T = V_g - V_p$$

O segmento sobre uma geratriz do cone, com uma extremidade em cada circunferências das bases é chamado geratriz do tronco ou apótema do tronco.

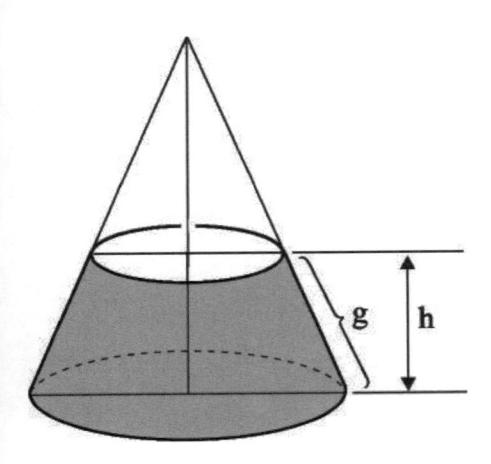

h é altura do tronco

g é a geratriz ou apótema do tronco de cone

3. Altura

Altura de um tronco de pirâmide ou de cone é a distância entre os planos das bases.

4. Área lateral de um tronco de cone

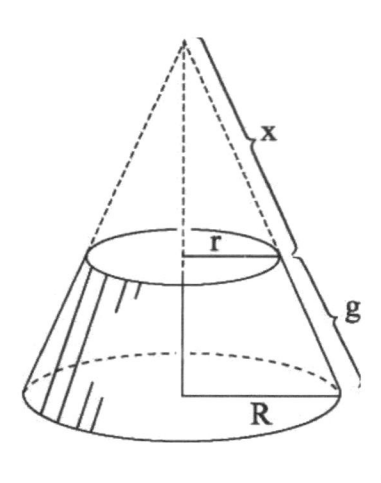

A área da superfície lateral de um tronco de cone de revolução de raios **r** e **R** e geratriz (do tronco) **g** é dada por
$$A_{LTr} = \pi g(R + r)$$

Note que a área lateral do tronco é igual a diferença entre as áreas laterais dos cones (grande e pequeno).

$$A_{LTr} = A_{Lg} - A_{Lp}$$

1°) Por semelhança: $\dfrac{x}{x+g} = \dfrac{r}{R} \Rightarrow$

$\Rightarrow Rx = rx + rg \Rightarrow \boxed{Rx - rx = rg}$

2°) Área lateral do tronco (A_{LTr})

Como $A_{Lg} = \pi R(g+x)$ e $A_{Lp} = \pi r x$, obtemos:

$A_{LTr} = A_{Lg} - A_{Lp} = \pi R(g+x) - \pi r x \Rightarrow$

$A_{LTr} = \pi(Rg + Rx - rx)$

Como $Rx - rx = rg$, obtido na semelhança, obtemos:

$A_{LTr} = \pi[Rg + rg] \Rightarrow \boxed{A_{LTr} = \pi g(R + r)}$

Obs: Sendo **A** e **B** as áreas das bases do tronco de cone, note que a área do tronco (A_T) será dada por:

$A_T = A + B + A_{LTr} \Rightarrow \boxed{A_T = \pi r^2 + \pi R^2 + \pi g(R + r)}$

5. Volume de tronco de pirâmide (ou de cone)

Sendo **A** e **B** as áreas das bases e **h** a altura de um tronco de pirâmide (ou de um tronco de cone), então o volume desse tronco é dado por

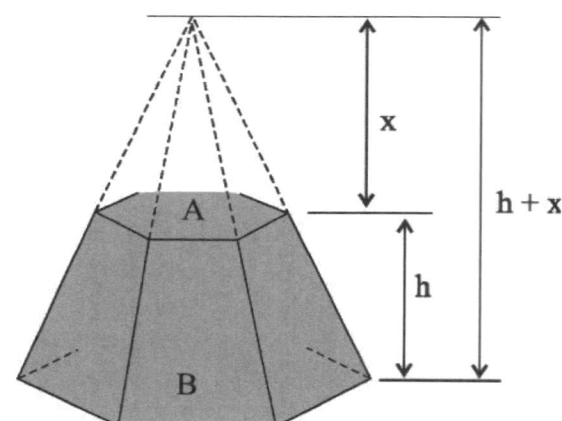

$$V_T = \frac{h}{3}[A + \sqrt{A.B} + B]$$

Note que o volume do tronco é igual à diferença entre os volumes das pirâmides (grande e pequena)

$$V_T = V_g - V_p$$

1°) Por semelhança, como a razão entre as áreas das bases é igual ao quadrado da razão de semelhança, obtemos:

$\dfrac{A}{B} = \left(\dfrac{x}{h+x}\right)^2 \Rightarrow \dfrac{\sqrt{A}}{\sqrt{B}} = \dfrac{x}{h+x} \Rightarrow$

$x\sqrt{B} = h\sqrt{A} + x\sqrt{A} \Rightarrow x\sqrt{B} - x\sqrt{A} = h\sqrt{A} \Rightarrow x(\sqrt{B} - \sqrt{A}) = h\sqrt{A} \Rightarrow$

$\Rightarrow x = \dfrac{h\sqrt{A}}{\sqrt{B} - \sqrt{A}} = \dfrac{h\sqrt{A}}{(\sqrt{B} - \sqrt{A})} \cdot \dfrac{(\sqrt{B} + \sqrt{A})}{(\sqrt{B} + \sqrt{A})} \Rightarrow x = \dfrac{h(\sqrt{AB} + A)}{B - A}$

2°) Como as alturas das pirâmides são $h + x$ e x, temos:

$V_T = V_g - V_p \Rightarrow V_{Tr} = \dfrac{1}{3}B(h+x) - \dfrac{1}{3}A.x \Rightarrow$

$$\Rightarrow V_T = \frac{1}{3}[Bh + Bx - Ax] = \frac{1}{3}[Bh + (B-A)x] \Rightarrow$$

$$\Rightarrow V_T = \frac{1}{3}\left[Bh + (B-A) \cdot \frac{h(\sqrt{AB}+A)}{B-A}\right] \Rightarrow \boxed{V_T = \frac{h}{3}[A + \sqrt{AB} + B]}$$

Obs: Para o tronco de cone de raios **r** e **R** e altura **h**, obtemos:

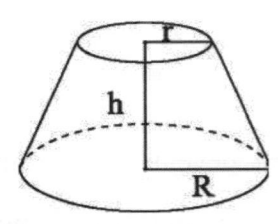

$$V_T = \frac{h}{3}[A + \sqrt{AB} + B] \Rightarrow V_T = \frac{h}{3}[\pi r^2 + \sqrt{\pi r^2 \cdot \pi R^2} + \pi R^2]$$

$$\Rightarrow V_T = \frac{h}{3}[\pi r^2 + \pi rR + \pi R^2] \Rightarrow \boxed{V_T = \frac{\pi h}{3}[r^2 + rR + R^2]}$$

D – Exemplos

Ex – 1 A altura relativa ao lado BC de um triângulo ABC mede 12 cm. Secciona-se este triângulo por uma reta **r** paralela ao lado BC, distante 3 cm de BC, determinando um trapézio de 42 cm² de área, determine BC.

Resolução:

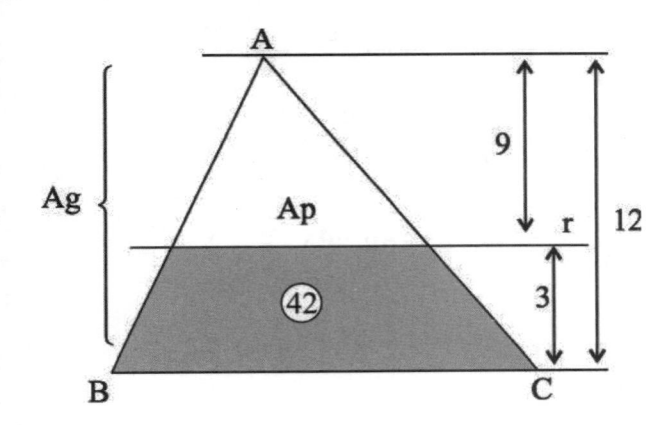

1º) De acordo com o Teorema Fundamental os triângulos obtido e original são semelhantes.

2º) Se a reta **r** dista 3 cm de BC, note que a altura relativa ao vértice A do triângulo menor, o determinado, mede 9 cm.

3º) Como a razão das áreas de figuras semelhantes é igual ao quadrado da razão de semelhança, sendo Ag a área do ABC e Ap a área do triângulo determinado, temos:

$$\frac{Ap}{Ag} = k^2 \text{ e } k = \frac{9}{12} = \frac{3}{4} \Rightarrow \frac{Ap}{Ap+42} = \left(\frac{3}{4}\right)^2 \Rightarrow \frac{Ap}{Ap+42} = \frac{9}{16} \Rightarrow 16Ap = 9Ap + 9 \cdot 42 \Rightarrow$$

$$\Rightarrow 7Ap = 9 \cdot 42 \Rightarrow Ap = 9 \cdot 6 \Rightarrow \boxed{Ap = 54} \Rightarrow Ag = 42 + 54 \Rightarrow \boxed{Ag = 96}$$

4º) Cálculo de BC

$$Ag = \frac{(BC) \cdot 12}{2} \Rightarrow 96 = (BC) \cdot 6 \Rightarrow BC = 16$$

Resposta: $\boxed{BC = 16 \text{ cm}}$

EX – 2 Dois polígonos são semelhantes, um lado de um mede 6 cm e o lado do outro, homólogo a ele, mede 8 cm. Se o menor tem 48 cm² de área, qual é a área do maior?

Resolução:

1º) A razão de semelhança **k**, menor que 1, é $k = \dfrac{4}{6} = \dfrac{2}{3}$.

2º) Como a razão das áreas é igual ao quadrado da razão de semelhança, temos:

$$\dfrac{Ap}{Ag} = k^2 \Rightarrow \dfrac{48}{Ag} = \left(\dfrac{2}{3}\right)^2 \Rightarrow \dfrac{48}{Ag} = \dfrac{4}{9} \Rightarrow \dfrac{12}{Ag} = \dfrac{1}{9} \Rightarrow \boxed{Ag = 108}$$

Resposta: 108 cm²

Ex – 3 A altura relativa ao lado BC de um triângulo ABC é **h**. A que distância da base BC devemos traçar uma reta paralela a BC, para que a área do trapézio determinado por ela no triângulo, tenha $\dfrac{7}{16}$ da área do triângulo ABC?

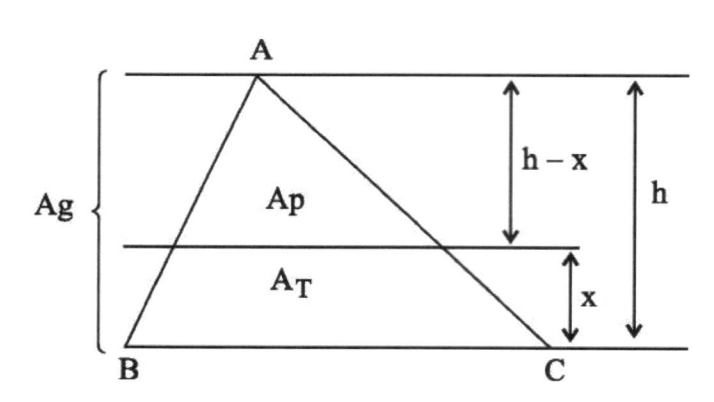

Resolução:

1º) Sendo Ap, Ag e At as áreas, respectivamente, do triângulo pequeno, do grande e do trapézio, temos:

$$At = \dfrac{7}{16}Ag \Rightarrow Ap = \dfrac{9}{16}Ag \Rightarrow \dfrac{Ap}{Ag} = \dfrac{9}{16}$$

2º) $\dfrac{Ap}{Ag} = \left(\dfrac{h-x}{h}\right)^2 \Rightarrow \dfrac{9}{16} = \left(\dfrac{h-x}{h}\right)^2 \Rightarrow$

$\dfrac{h-x}{h} = \dfrac{3}{4} \Rightarrow 3h = 4h - 4x \Rightarrow \boxed{x = \dfrac{h}{4}}$

Resposta: $\dfrac{h}{4}$

Ex – 4 Os lados de dois heptágonos regulares medem 6 cm e 8 cm. Quanto deve medir o lado de um terceiro heptágono, também regular, para que a sua área seja igual à soma das áreas dos dois primeiros?

Resolução:

1º) Se suas áreas são A, B e C, onde C = A + B e os lados, respectivamente, 6 cm, 8 cm e x cm, temos:

$\dfrac{A}{6^2} = \dfrac{B}{8^2} = \dfrac{C}{x^2} = \alpha \Rightarrow A = 6^2.\alpha$, $B = 8^2.\alpha$ e $C = x^2 \alpha$

2º) Como C = A + B, temos:

$x^2 \alpha = 6^2 \alpha + 8^2 \alpha \Rightarrow x^2 = 6^2 + 8^2 \Rightarrow x^2 = 100 \Rightarrow \boxed{x = 10}$

Resposta: 10 cm

Ex – 5 Quatro retas paralelas ao lado BC, de um triângulo ABC, dividem a altura relativa ao lado BC em 5 partes iguais. Dentre os trapézios, determinados por estas retas e os lados do triângulo, o menor tem 15 cm². Determine a área do trapézio de maiores bases.

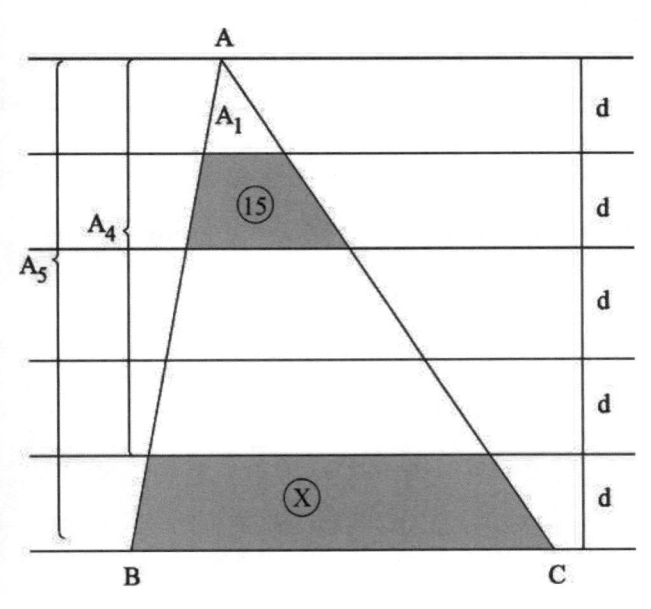

Resolução:
Sejam $A_1, A_2, \ldots A_5$ as áreas dos triângulos, em ordem crescente. Como os triângulos são semelhantes, temos:

1º) $\dfrac{A_1}{A_1+15} = \left(\dfrac{d}{2d}\right)^2 \to \dfrac{A_1}{A_1+15} = \dfrac{1}{4} \Rightarrow$

$4A_1 = A_1 + 15 \Rightarrow \boxed{A_1 = 5}$

2º) $\dfrac{A_1}{A_4} = \left(\dfrac{d}{4d}\right)^2 \Rightarrow \dfrac{5}{A_4} = \dfrac{1}{16} \Rightarrow \boxed{A_4 = 80}$

3º) $\dfrac{A_1}{A_5} = \left(\dfrac{d}{5d}\right)^2 \Rightarrow \dfrac{5}{A_5} = \dfrac{1}{25} \Rightarrow \boxed{A_5 = 125}$

4) $X = A_5 - A_4 = 125 - 80 \Rightarrow \boxed{X = 45}$

Resposta: 45cm²

Ex – 6 Dois polígonos semelhantes têm 16cm² e 25cm² de área. Qual é a área de um terceiro polígono, semelhante a eles, sabendo que um lado dele é igual à soma dos lados homólogos a ele nos dois primeiros?

Resolução:

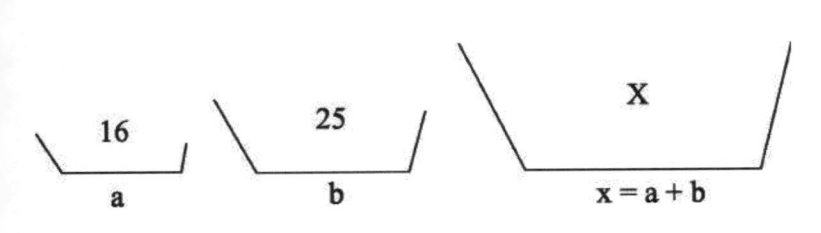

1º) Sendo **a**, **b** e **x** os lados homólogos e X a área do terceiro, como as áreas são proporcionais aos quadrados dos lados, temos:

$\dfrac{16}{a^2} = \dfrac{25}{b^2} = \dfrac{X}{x^2} \Rightarrow \dfrac{4}{a} = \dfrac{5}{b} = \dfrac{\sqrt{X}}{x} = \alpha \Rightarrow$

$a = \dfrac{4}{\alpha}, \quad b = \dfrac{5}{\alpha}, \quad x = \dfrac{\sqrt{X}}{\alpha}$

2º) Como x = a + b, temos:

$\dfrac{\sqrt{X}}{\alpha} = \dfrac{4}{\alpha} + \dfrac{5}{\alpha} \Rightarrow \sqrt{X} = 4+5 \Rightarrow \sqrt{X} = 9 \Rightarrow \boxed{X = 81}$

Resposta: 81cm²

Ex – 7 Dois poliedros são semelhantes e têm 96cm² e 216 cm² de área. Se o menor tem 48cm³ de volume, qual é o volume do maior?

Resolução: 1º) $\begin{cases} Ap = 96cm^2 \\ Vp = 48cm^3 \end{cases} \quad \begin{cases} Ag = 216cm^2 \\ Vg = ? \end{cases}$

Como a razão das áreas é o quadrado da razão de semelhança, temos:

$\dfrac{96}{216} = k^2 \Rightarrow k^2 = \dfrac{48}{108} = \dfrac{24}{54} = \dfrac{4}{9} \Rightarrow k^2 = \dfrac{4}{9} \Rightarrow \boxed{k = \dfrac{2}{3}}$

2º) Como a razão dos volumes é igual ao cubo da razão de semelhança, temos:

$\dfrac{Vp}{Vg} = k^3 \Rightarrow \dfrac{48}{Vg} = \left(\dfrac{2}{3}\right)^2 \Rightarrow \dfrac{48}{Vg} = \dfrac{8}{27} \Rightarrow \dfrac{6}{Vg} = \dfrac{1}{27} \Rightarrow \boxed{Vg = 162}$

Resposta: 162cm³

Ex – 8 Uma pirâmide tem 24cm de altura. Um plano paralelo à base, distante 6cm da base, determina, ao interceptá-la, um tronco de 444cm³ de volume. Determine a área da base dessa pirâmide.

Resolução:

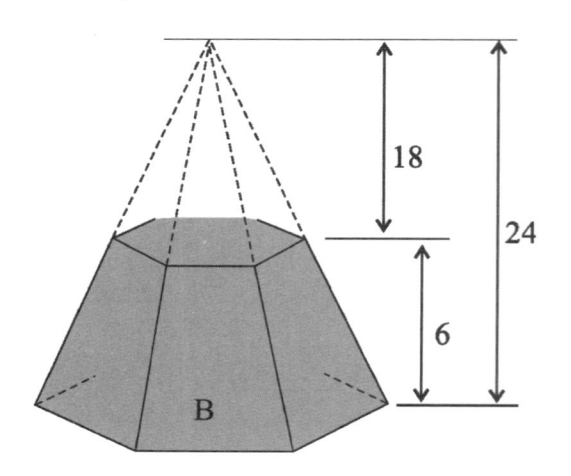

1º) Sendo Vp e Vg os volumes da pirâmide determinada e da original, temos:

$\dfrac{Vp}{Vg} = \left(\dfrac{18}{24}\right)^3 \Rightarrow \dfrac{Vp}{Vp+444} = \left(\dfrac{3}{4}\right)^3 \Rightarrow$

$\Rightarrow \dfrac{Vp}{Vp+444} = \dfrac{27}{64} \Rightarrow 64Vp = 27Vp + 444.27 \Rightarrow$

$\Rightarrow 37\,Vp = 444.\,27 \Rightarrow Vp = 12.\,27 \Rightarrow$

$\Rightarrow \boxed{Vp = 324} \Rightarrow Vg = 444 + 324 \Rightarrow \boxed{Vg = 768}$

2º) Cálculo da área da base (B)

$Vg = \dfrac{1}{3}B.H \Rightarrow 768 = \dfrac{1}{3}B.24 \Rightarrow 8B = 768$

$\Rightarrow \boxed{B = 96}$

Resposta: 96cm²

Ex – 9 Um plano paralelo à base de um cone circular de altura **h** determina neste cone um tronco cujo volume é $\dfrac{19}{27}$ do volume dele. Qual é a distância entre esse plano e o plano da base?

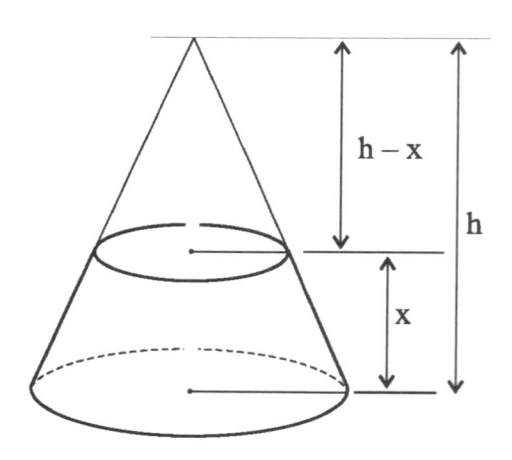

Resolução:

1º) $V_T = \dfrac{19}{27}Vg \Rightarrow Vp = \dfrac{8}{27}Vg \Rightarrow \dfrac{Vp}{Vg} = \dfrac{8}{27}$

2º) $\dfrac{Vp}{Vg} = \left(\dfrac{h-x}{h}\right)^3 \Rightarrow \left(\dfrac{h-x}{h}\right)^3 = \dfrac{8}{27} \Rightarrow \dfrac{h-x}{h} = \dfrac{2}{3}$

$\Rightarrow 2h = 3h - 3x \Rightarrow 3x = h \Rightarrow \boxed{x = \dfrac{h}{3}}$

Resposta: $\dfrac{h}{3}$

Ex – 10 Sabe-se que **n** planos, que dividem a altura de uma pirâmide em partes iguais, determinam 15 troncos nesta pirâmide, sendo que o menor deles tem 14cm³ de volume, determine **n** e o volume do maior do tronco determinado.

Resolução:

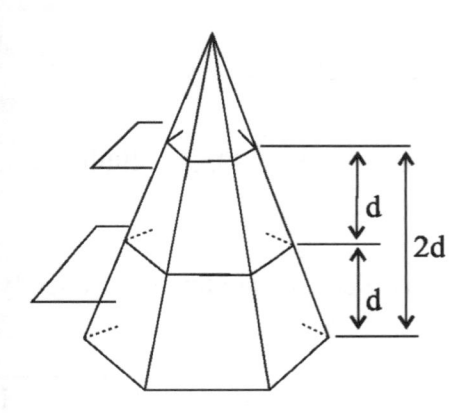

1º) Note que para o caso de 2 planos obtemos 3 troncos, que são os de alturas **d**, **d** e **2d**. Basta considerarmos estes 2 planos, mais o plano da base, isto é 3 planos e determinarmos a combinação desses 3 planos, dois a dois:

$C_{3,2} = \dfrac{3!}{1!2!} = 3$. Determinando assim o número de troncos.

2º) Então para **n** planos, basta fazermos $C_{n+1,2}$. Então:

$C_{n+1,2} = 15 \Rightarrow \dfrac{(n+1)!}{(n+1-2)!2!} = 15 \Rightarrow \dfrac{(n+1)!}{(n-1)!2!} = 15 \Rightarrow$

$\Rightarrow (n+1)n = 30 \Rightarrow n^2 + n - 30 = 0 \Rightarrow (n+6)(n-5) = 0 \Rightarrow \boxed{n = 5}$

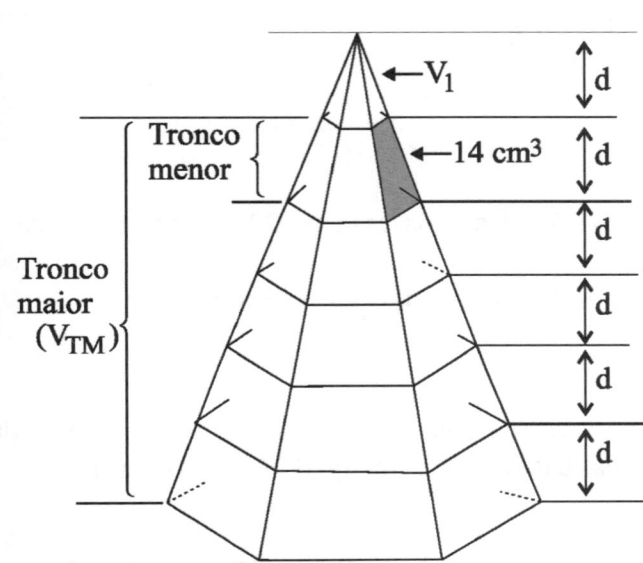

3º) Note que a altura do tronco menor é **d**, do maior é **5d** e da menor pirâmide (V_1) é **d**.
Então:

$\dfrac{V_1}{V_1 + 14} = \left(\dfrac{d}{2d}\right)^3 \Rightarrow 8V_1 = V_1 + 14 \Rightarrow \boxed{V_1 = 2}$

$\dfrac{V_1}{V_1 + V_{TM}} = \left(\dfrac{d}{6d}\right)^3 \Rightarrow \dfrac{2}{2 + V_{TM}} = \dfrac{1}{216} \Rightarrow$

$\Rightarrow 2 + V_{TM} = 432 \Rightarrow \boxed{V_{TM} = 430}$

Resposta: n = 5 e 430cm³

Ex – 11 A geratriz de um tronco de cone circular reto mede 5 cm e os raios das bases 2 cm e 6 cm. Determine o volume e a área desse tronco.

Resolução:

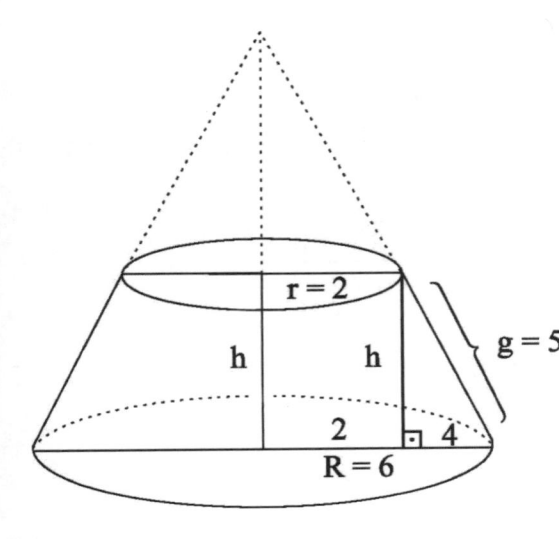

1º) Cálculo da altura do tronco (h): $h^2 + 4^2 = 5^2 \Rightarrow h = 3$

2º) Volume do Tronco

$V_T = \dfrac{h}{3}[A + \sqrt{AB} + B]$

$V_T = \dfrac{3}{3}[\pi \cdot 2^2 + \sqrt{\pi \cdot 2^2 \cdot \pi \cdot 6^2} + \pi 6^2]$

$V_T = 4\pi + 12\pi + 36\pi$

$\boxed{V_T = 52\pi}$

3º) Área do Tronco

$A_T = A + B + A_{LTr} \Rightarrow A_T = \pi r^2 + \pi R^2 + \pi g(R + r) \Rightarrow$

$A_T = \pi \cdot 2^2 + \pi \cdot 6^2 + \pi \cdot 5(2 + 6) = 4\pi + 36\pi + 40\pi \Rightarrow \boxed{A_T = 80\pi}$

Resposta: $52\pi \text{cm}^3$ e $80\pi \text{cm}^2$

Ex – 12 As arestas das bases de um tronco de pirâmide quadrangular regular medem 4 cm e 20 cm. Se este tronco tem 992cm³ de volume, qual é a sua área?

Resolução:

1º) Cálculo da altura do tronco (h)

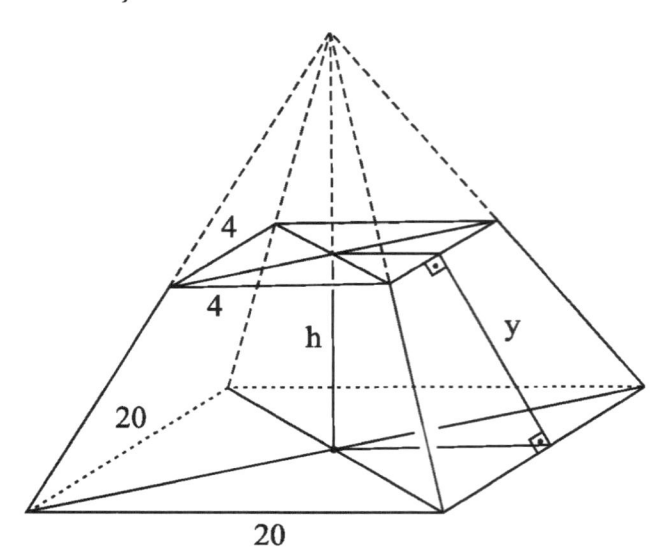

$$V_T = \frac{h}{3}[A + \sqrt{AB} + B]$$

$$992 = \frac{h}{3}[4^2 + \sqrt{4^2 \cdot 20^2} + 20^2] \Rightarrow$$

$$992 = \frac{h}{3}[16 + 80 + 400] \Rightarrow 992 \cdot 3 = 496h \Rightarrow \boxed{h = 6}$$

2º) Cálculo do apótema do tronco (y)

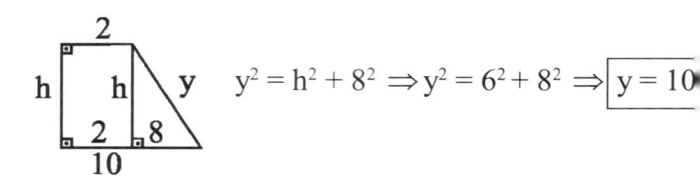

$y^2 = h^2 + 8^2 \Rightarrow y^2 = 6^2 + 8^2 \Rightarrow \boxed{y = 10}$

3º) **Área do tronco**

Note que cada face lateral deste tronco regular é um trapézio isósceles de bases 4cm e 20cm e altura y = 10.

$$A_T = A + B + A_{LT} \Rightarrow A_T = 4^2 + 20^2 + 4\left[\frac{(4+20)10}{2}\right] \Rightarrow A_T = 16 + 400 + 480 \Rightarrow \boxed{A_T = 896}$$

Resposta: 896cm²

Ex – 13 A geratriz de um tronco de cone de revolução mede 12cm e forma um ângulo de 60° com os planos das bases. Se a área lateral do tronco excede a soma das áreas das bases em 4π cm², qual é o seu volume?

Resolução:

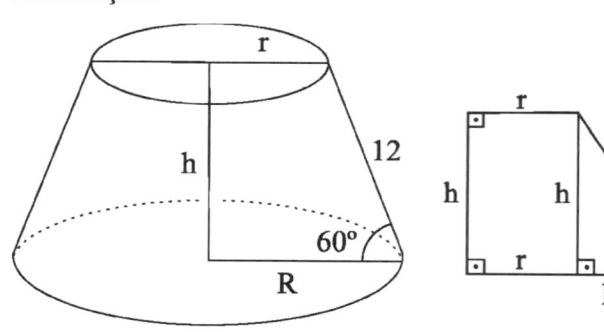

1º) Cálculo de h e de uma relação entre R e r.

I) $\sen 60° = \frac{h}{12} \Rightarrow h = 6\sqrt{3}$

II) $\cos 60° = \frac{R-r}{12} \Rightarrow R - r = 6 \Rightarrow R = r + 6$

2º) **Cálculo de r e R**

$A_{LT} = A + B + 4\pi \Rightarrow \pi g(R + r) = \pi R^2 + \pi r^2 + 4\pi \Rightarrow$

$\Rightarrow 12(r + 6 + r) = (r + 6)^2 + r^2 + 4 \Rightarrow 24r + 72 = r^2 + 12r + 36 + r^2 + 4 \Rightarrow$

$\Rightarrow 2r^2 - 12r - 32 = 0 \Rightarrow r^2 - 6r - 16 = 0 \Rightarrow (r-8)(r+2) = 0 \Rightarrow \boxed{r = 8} \Rightarrow \boxed{R = 14}$

3º) **Volume do tronco**

$$V_T = \frac{h}{3}[A + \sqrt{AB} + B] = \frac{\pi h}{3}[r^2 + rR + R^2] \Rightarrow V_T = \frac{\pi \cdot 6\sqrt{3}}{3}[4^2 + 4 \cdot 14 + 14^2] \Rightarrow$$

$$V_T = 2\sqrt{3}\pi[16 + 56 + 196] \Rightarrow V_T = 536\sqrt{3}\pi$$

Resposta: $536\sqrt{3}\pi$ cm³

Ex – 14 As arestas das bases de um tronco de pirâmide triangular regular medem 18 cm e 12 cm. Se o diedro de uma base mede 45°, determine o volume deste tronco.

Resolução:

1°) Cálculo da altura (h) do tronco

Note que as bases do trapézio retângulo sombreado medem

$\dfrac{1}{3} \cdot \dfrac{12\sqrt{3}}{2} = 2\sqrt{3}$ e $\dfrac{1}{3} \cdot \dfrac{18\sqrt{3}}{2} = 3\sqrt{3}$. Então:

Como o triângulo sombreado é isósceles, temos: $h = \sqrt{3}$

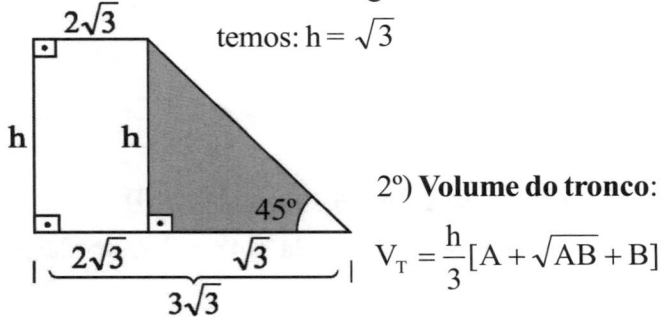

2°) **Volume do tronco:**

$V_T = \dfrac{h}{3}[A + \sqrt{AB} + B]$

$A = \dfrac{12^2 \sqrt{3}}{4} = 36\sqrt{3}$, $B = \dfrac{18^2 \sqrt{3}}{4} = 81\sqrt{3}$

$V_T = \dfrac{\sqrt{3}}{3}[36\sqrt{3} + \sqrt{36\sqrt{3} \cdot 81\sqrt{3}} + 81\sqrt{3}] \Rightarrow$

$V_T = \dfrac{\sqrt{3}}{3}[36\sqrt{3} + 6 \cdot 9 \cdot \sqrt{3} + 81\sqrt{3}] \Rightarrow$

$V_T = 36 + 54 + 81 \Rightarrow \boxed{V_T = 171}$

Resposta: 171 cm³

Ex – 15 A aresta lateral de um tronco de pirâmide hexagonal regular mede $4\sqrt{7}$ cm e forma um ângulo θ com o plano da base tal que $\cos\theta = \dfrac{\sqrt{7}}{7}$. Se este tronco tem $1104\sqrt{3}$ cm² de área, qual é o seu volume?

Resolução:

1°) Cálculo de **h** e de uma relação entre as arestas das bases **a** e **b**.

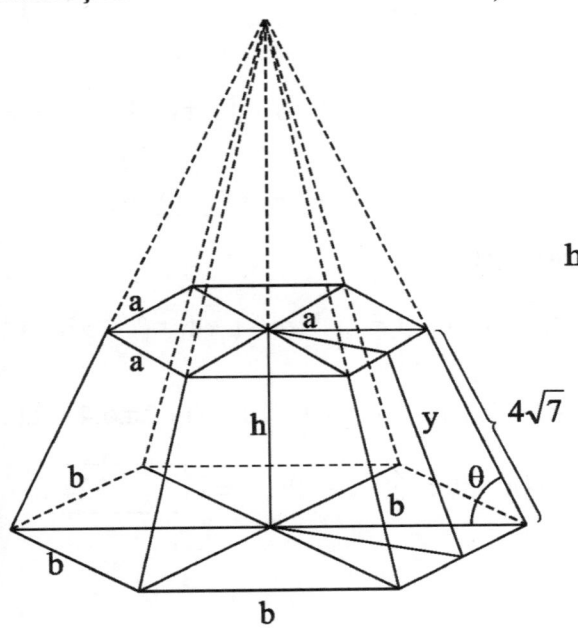

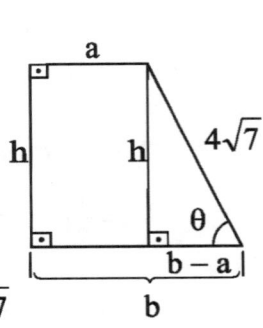

I) $\cos\theta = \dfrac{b-a}{4\sqrt{7}}$

$\dfrac{\sqrt{7}}{7} = \dfrac{b-a}{4\sqrt{7}}$

$b - a = 4$

$\boxed{b = a + 4}$

II) $h^2 + (b-a)^2 = (4\sqrt{7})^2$

$h^2 + 4^2 = 4^2 \cdot 7$

$h^2 = 6 \cdot 4^2$

$\boxed{h = 4\sqrt{6}}$

2º) Cálculo do apótema do tronco (y)
face lateral

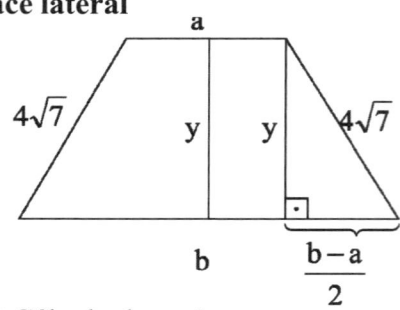

$$y^2 + \left(\frac{b-a}{2}\right)^2 = (4\sqrt{7})^2$$

$$y^2 + 2^2 = 16.\ 7$$
$$y^2 = 108$$
$$\boxed{y = 6\sqrt{3}}$$

3º) Cálculo de **a** e **b**

$$A_T = A + B + A_{LTr} \Rightarrow 1104\sqrt{3} = 6\left[\frac{a^2\sqrt{3}}{4}\right] + 6\left[\frac{b^2\sqrt{3}}{4}\right] + 6\left[\frac{(a+b)6\sqrt{3}}{2}\right] \Rightarrow$$

$a^2 + b^2 + 12a + 12b = 184.\ 4 \Rightarrow a^2 + (a+4)^2 + 12a + 12(a+4) = 736 \Rightarrow$

$\Rightarrow a^2 + a^2 + 8a + 16 + 12a + 12a + 48 = 736 \Rightarrow 2a^2 + 32a - 672 = 0 \Rightarrow$

$\Rightarrow \boxed{a^2 + 16a - 336 = 0} \Rightarrow (a+28)(a-12) = 0 \Rightarrow \boxed{a = 12} \Rightarrow \boxed{b = 16}$

4º) **Volume do tronco**

$$A_T = \frac{h}{3}[A + \sqrt{AB} + B], \quad A = 6\left[\frac{12^2\sqrt{3}}{4}\right] = 216\sqrt{3}, \quad B = 6\left[\frac{16^2\sqrt{3}}{4}\right] = 384\sqrt{3}$$

$$V_T = \frac{4\sqrt{6}}{3}\left[216\sqrt{3} + \sqrt{216\sqrt{3}.384\sqrt{3}} + 384\sqrt{3}\right] = \frac{4.\sqrt{18}}{3}\left[216 + \sqrt{216.384} + 384\right] \Rightarrow$$

$$V_T = 4\sqrt{2}[600 + \sqrt{36.6.64.6}] = 4\sqrt{2}[600 + 36.8] = 4\sqrt{2}[888] \Rightarrow \boxed{V_T = 3552\sqrt{2}}$$

Resposta: $3552\sqrt{2}$ cm³

Ex – 16 A região sombreada gira em torno do eixo y gerando um sólido de revolução. A unidade das medidas indicadas na figura é o cm e o arco de circunferência tem centro em **y** e mede 90º. Determine o volume e a área desse sólido.

Resolução:

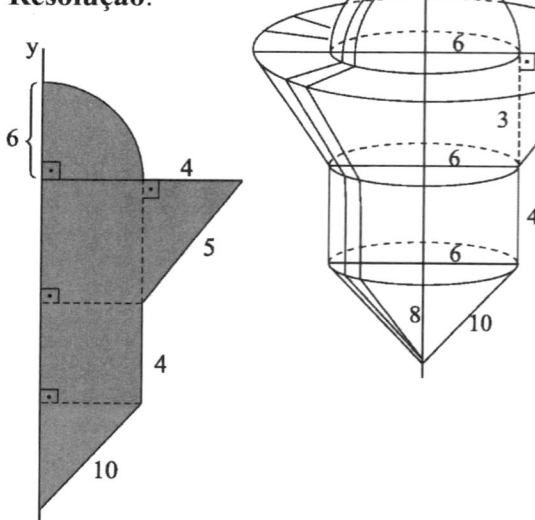

1º) **Volume do sólido** (V_S)

$$V_S = \frac{1}{2}[V_{esf.}] + V_{Tr.} + V_{cil.} + V_{cone}$$

$$V_S = \frac{1}{2}\left[\frac{4}{3}\pi.6^3\right] + \frac{3\pi}{3}[6^2 + 6.10 + 10^2] + \pi.6^2.4 + \frac{1}{3}\pi.6^2.8$$

$$V_S = 144\pi + 196\pi + 144\pi + 96\pi \Rightarrow \boxed{V_S = 580\pi}$$

2º) **Área do sólido** (A_S)

$$A_S = \frac{1}{2}[A_{esf.}] + A_{coroa} + A_{L.Tr.} + A_{L.cil.} + A_{L.cone}$$

$$A_S = \frac{1}{2}[4\pi.6^2] + [\pi.10^2 - \pi 6^2] + \pi 5(10+6) + 2\pi.6.4 + \pi.6.10$$

$$A_S = 72\pi + 64\pi + 80\pi + 48\pi + 60\pi \Rightarrow \boxed{A_S = 324\pi}$$

Resposta: 580π cm³ e 324π cm²

Ex – 17 O sólido de revolução abaixo é obtido quando um trapézio retângulo e um setor de 90° gira em torno de um eixo. Se a unidade das medidas é o cm e o sólido tem $396\pi\,cm^2$ de área, qual é o seu volume?

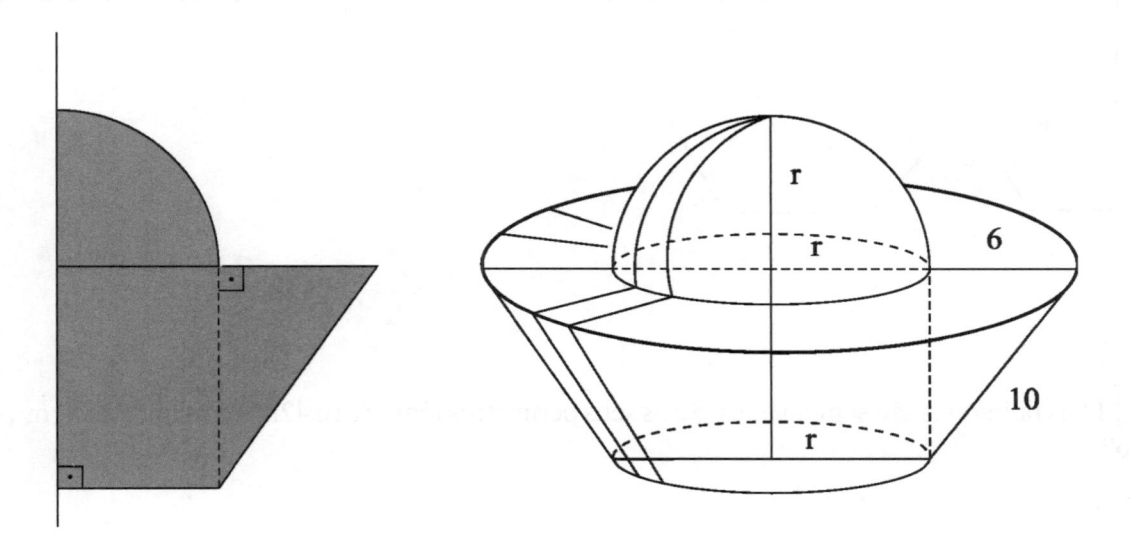

Resolução:

1°) **Cálculo de r**

$$A_S = \frac{1}{2}[A_{esf.}] + A_{coroa} + A_{L.Tr.} + A_{circ.} = 396\pi$$

$$2\pi r^2 + [\pi(r+6)^2 - \pi r^2] + \pi.10[r+6+r] + \pi r^2 = 396\pi$$
$$2r^2 + r^2 + 12r + 36 - r^2 + 20r + 60 + r^2 = 396$$
$$3r^2 + 32r - 300 = 0$$

$$\Delta = 1024 + 3600 = 4624 = 68^2 \Rightarrow r = \frac{-32 \pm 68}{6} \Rightarrow \boxed{r = 6}$$

2°) **Volume do sólido (V_S)**

$$V_S = \frac{1}{2}[V_{esf.}] + V_T = \frac{1}{2}\left[\frac{4}{3}\pi.6^3\right] + \frac{8\pi}{3}[6^2 + 6.12 + 12^2]$$

$$V_S = 144\pi + 8\pi[12 + 24 + 48] = 144\pi + 672\pi \Rightarrow \boxed{V_S = 816\pi}$$

Resposta: $816\pi\,cm^3$

EXERCÍCIOS

460 Dois polígonos são semelhantes e a razão de semelhança é $\frac{4}{7}$. Se o menor tem 192 m², qual é a área do outro?

461 Dois polígonos são semelhantes. Se os seus perímetros têm 28m e 42m e o maior tem 81m², qual é a área do outro?

462 Dois polígonos semelhantes têm 216m² e 384m² de área, qual é a razão de semelhança?

463 A altura relativa ao vértice A de um triângulo ABC mede **h**. A que distância do vértice A devemos traçar uma reta paralela a BC para que a área do trapézio obtido seja 8 vezes a área do triângulo determinado.

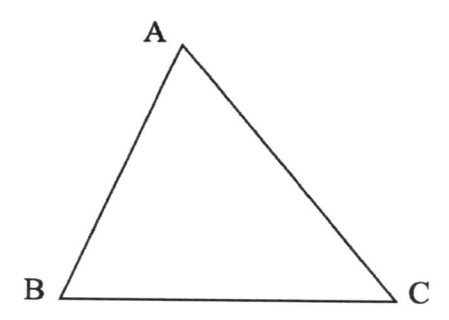

464 Os lados de dois pentágonos, regulares medem 6m e 8m. Quanto deve medir o lado de um terceiro pentágono regular para que a sua área seja igual a:

a) soma das áreas de dois primeiros.

b) 2 vezes a área do maior menos 3 vezes a área do menor.

465 Dois polígonos são semelhantes e têm 48cm^2 e 108cm^2 de área. Qual é a área de um terceiro polígono semelhante aos primeiros se o seu perímetro é igual à soma dos perímetros deles?

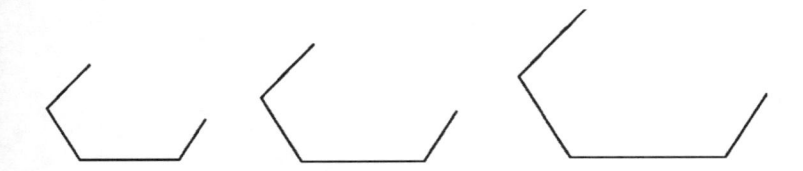

466 Por um ponto **P**, interno de um triângulo, conduzimos retas paralelas aos lados. Se as áreas dos triângulos com um vértice em **P**, determinados por essas retas e pelos lados do triângulo, são A, B e C, determine a área do triângulo original.

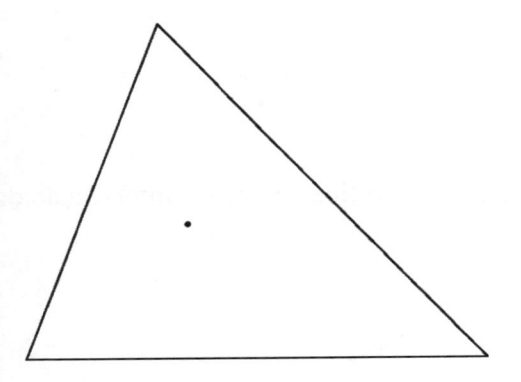

467 Em cada caso temos um trapézio. Resolver:

a) Sendo A e B as áreas dos triângulos sombreados, determine uma relação entre A e B.

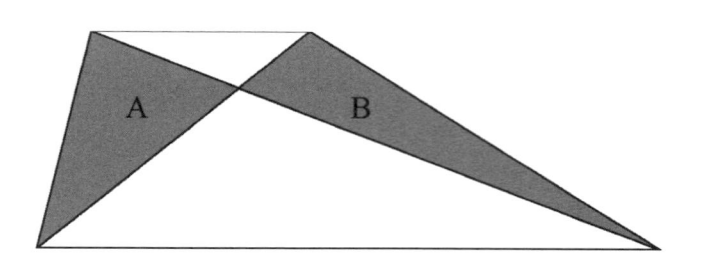

b) Sendo 54cm² e 72cm² as áreas dos triângulos sombreados, determine a área do trapézio.

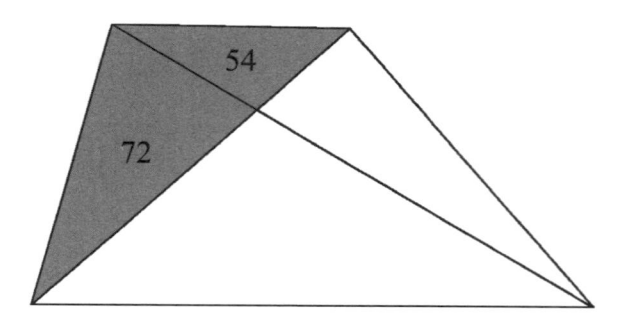

c) Sendo 24cm² e 54cm² as áreas dos triângulos cujas bases são bases do trapézio e o vértice oposto é a intersecção das diagonais, determine a área de cada um dos outros triângulos que completam o trapézio?

d) Sendo A e B as áreas dos triângulos cujas bases são bases do trapézio e o vértice oposto é a intersecção das diagonais, determine a área do trapézio.

468 Dois poliedros são semelhantes e têm 96m² e 600m². Qual é a razão de semelhança desses poliedros?

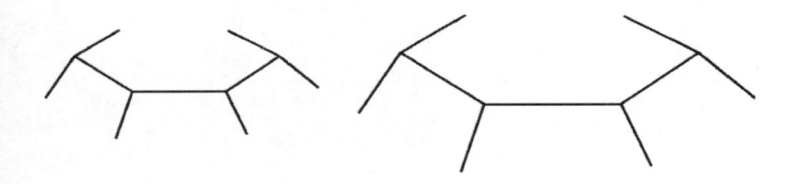

469 Dois poliedros semelhantes têm 189m² e 525m². Se o menor tem 135m³, qual é o volume do outro?

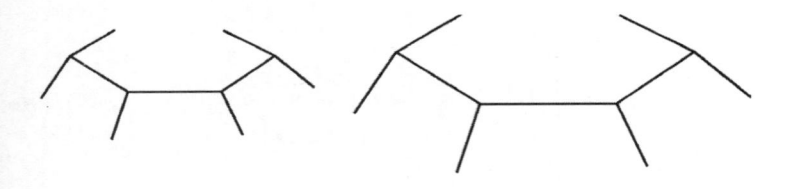

470 A área da base de uma pirâmide, de 20m de altura, é de 150m². Qual é a área de uma secção plana, paralela à base, distante 4m da base?

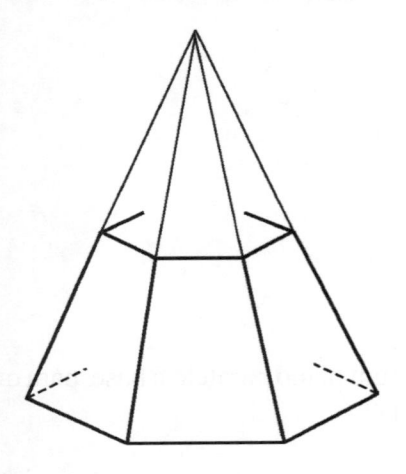

471 Uma pirâmide de 35m de altura tem 588m² de área lateral, um plano distante 15m do vértice oposto à base, paralelo à base secciona esta pirâmide. Qual é a área lateral do tronco obtido?

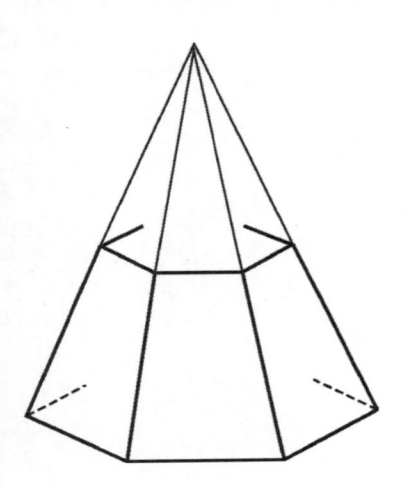

472 Uma pirâmide de 36cm de altura tem 324cm³ de volume. Um plano paralelo à base, distante 12cm desta, intercepta esta pirâmide. Qual o volume do tronco determinado?

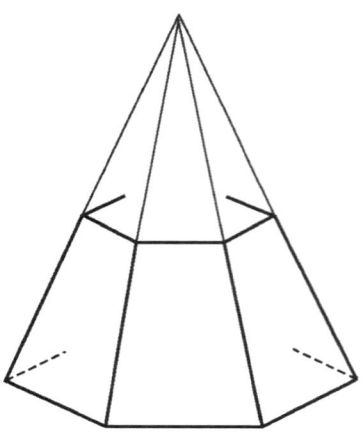

473 Uma pirâmide de 32cm de altura é cortada por um plano paralelo à base, distante 8cm desta, determinando um tronco de 370cm³ de volume. Qual é o volume desta pirâmide?

474 A que distância da base, de uma pirâmide de altura h, devemos conduzir um plano paralelo à base, para que o volume do tronco obtido seja igual a 7 vezes o volume da pirâmide destacada?

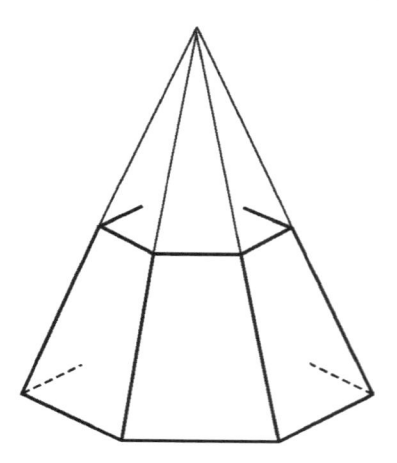

475 Um copo com capacidade de 250 ml (250cm³) tem a forma de um cone reto e está cheio de mik-shake, de modo que o conteúdo que atinge $\frac{4}{5}$ da altura seja líquido e o que ocupa $\frac{1}{5}$ final da altura seja de espuma. Determine o volume do líquido e o da espuma.

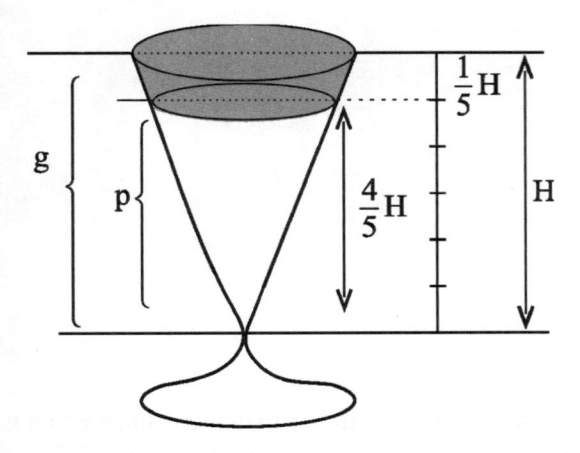

476 A que distância da base de um cone de altura **h** devemos conduzir um plano paralelo à base para que os dois sólidos obtidos tenham volumes iguais? Admitindo o valor aproximado 1,6 para $\sqrt[3]{4}$, qual é essa dsitância?

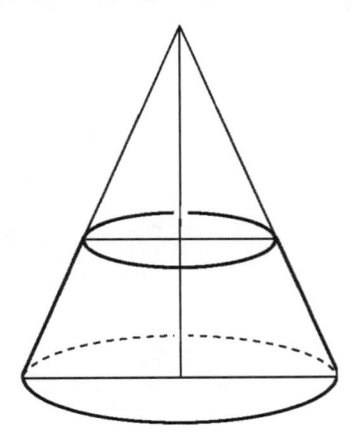

477 Um tronco de pirâmide tem 9m de altura. Se as bases do tronco têm 48m² e 147m², qual é o seu volume? Faça de 2 modos: semelhançã e fórmula do volume do tronco.

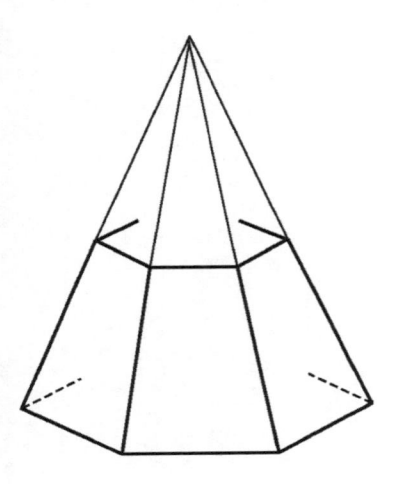

478 A altura de uma pirâmide mede 18m. Um plano paralelo à base, distante 12m do vértice oposto à base secciona essa pirâmide determinando um tronco de 228 m³. Qual é o volume dessa pirâmide?

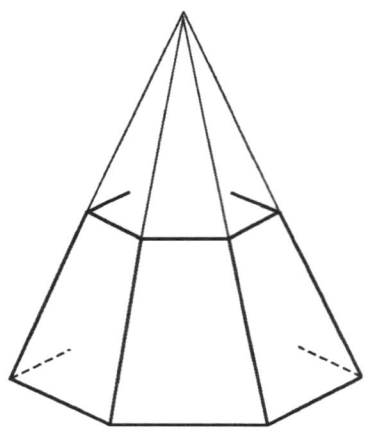

479 Um plano paralelo à base de uma pirâmide secciona esta pirâmide determinando um tronco cuja área lateral é igual a 9:25 da área lateral da pirâmide. Sendo 732cm³ o volume do tronco, qual é o volume da pirâmide?

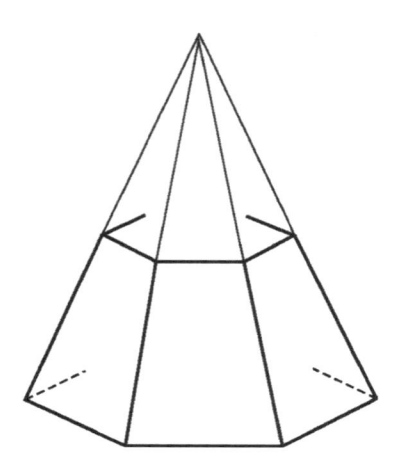

480 A altura de um tronco de cone circular reto mede 6cm e os raios das bases 8cm e 12cm. Determine o volume desse tronco de dois modos: 1°) Fazendo diferença volumes de cones. 2°) Usando a fórmula do volume de tronco.

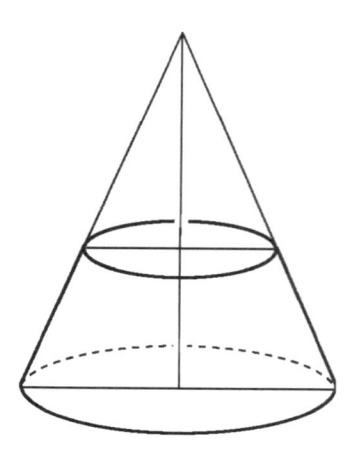

481 A geratriz de um tronco de cone reto mede 5cm e os raios das bases 4cm e 6cm. Determine a área lateral desse tronco de dois modos: 1º) Fazendo diferença de áreas laterais de cones. 2º) Usando a fórmula de área lateral de tronco.

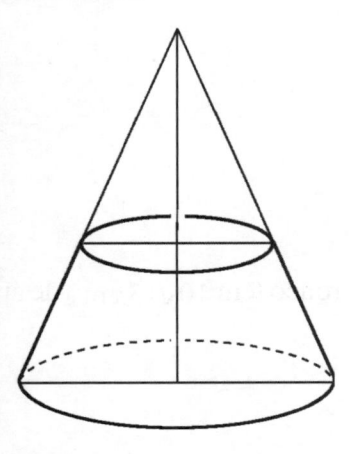

482 Um tronco de cone reto tem 6m de altura. Se as bases têm raios de 4m e 12m, determine o volume e a área desse tronco.

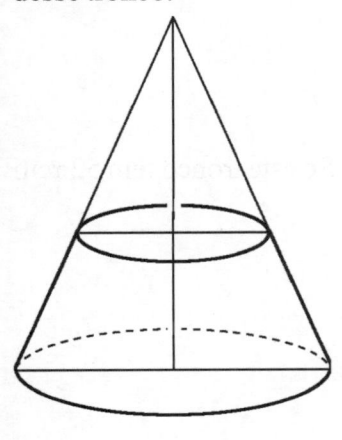

483 Os raios das bases de um tronco de cone reto medem 4m e 10m. Se a geratriz desse tronco mede 9m, qual é o seu volume e a sua área?

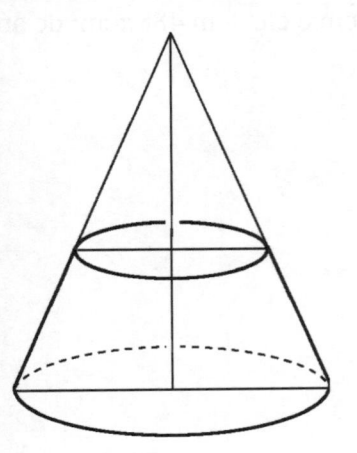

484 A altura e a geratriz de um tronco de cone de revolução medem 8cm e $4\sqrt{5}$cm. Determine uma relação entre os raios.

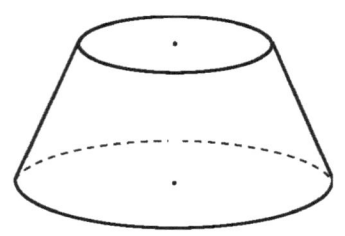

485 A altura e a geratriz de um tronco de cone reto mede 3m e $\sqrt{13}$m. Se esse tronco tem $10\sqrt{13}\pi$ m² de área lateral, qual é o seu volume?

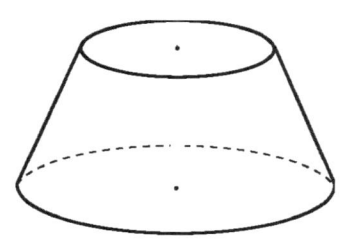

486 Os raios das bases de um tronco de cone de revolução medem 2cm e 6cm. Se este tronco tem 52πcm³ de volume, qual é a sua área?

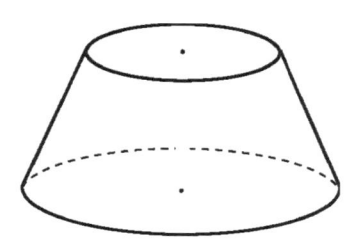

487 Os raios das bases de um tronco de cone circular reto medem 2cm e 14cm e ele tem 488πcm² de área. Determine o seu volume.

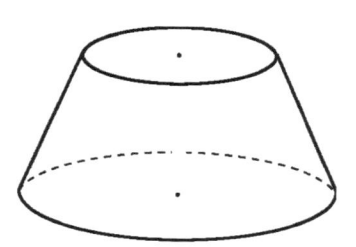

488 A altura e a geratriz de um tronco de cone de revolução mdem 6cm e 10cm. Se este tronco trem $374\,\pi\,cm^2$ de área, qual é o seu volume?

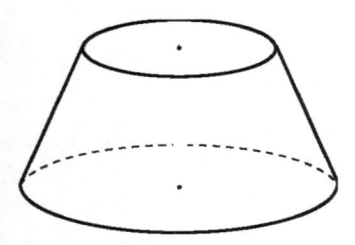

489 Determine o volume e a área de um tronco de pirâmide quadrangular regular cujas arestas das bases medem 6m e 12m e a altura 4m.

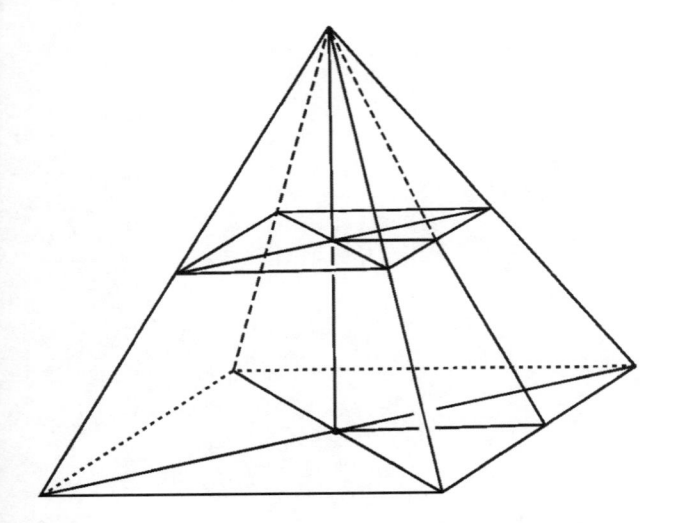

490 As arestas das bases de um tronco de pirâmide triangular regular medem 6m e 18m. Se aresta lateral deste tronco mede 12m, determine o seu volume e a sua área.

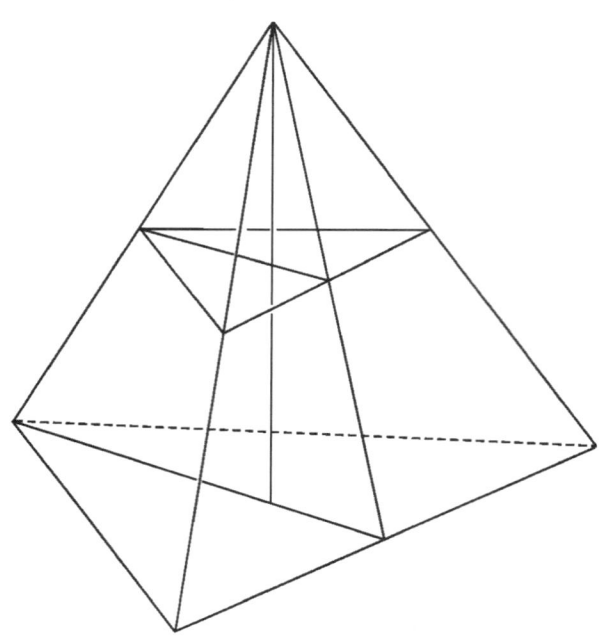

491 Se o diedro de uma base de um tronco de pirâmide quadrangular regular de $6\sqrt{3}$ cm de altura, mede 30°, determine o apótema e uma relação entre as arestas das bases desse tronco.

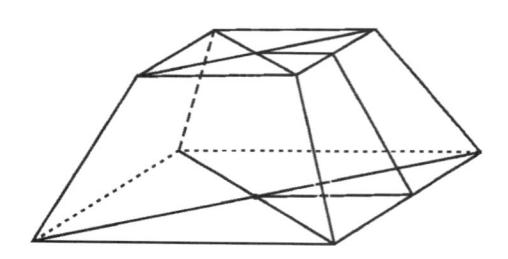

492 Um tronco de pirâmide quadrangular regular tem 524m² de área. Se o apótema do tronco mede 6m e um dos diedros da base mede 60°, qual é o volume desse tronco?

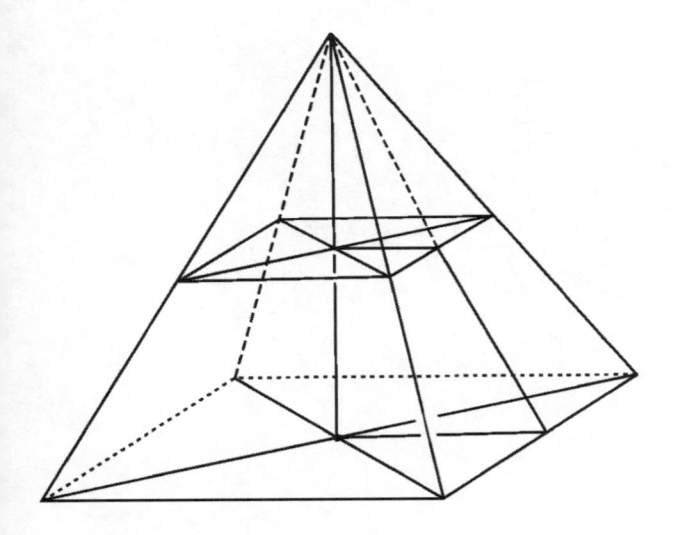

493 Se o diedro de uma base de um tronco de pirâmide triangular regular mede 60° e a altura do tronco mede 6cm, determine o apótema e uma relação entre as arestas das bases desse tronco.

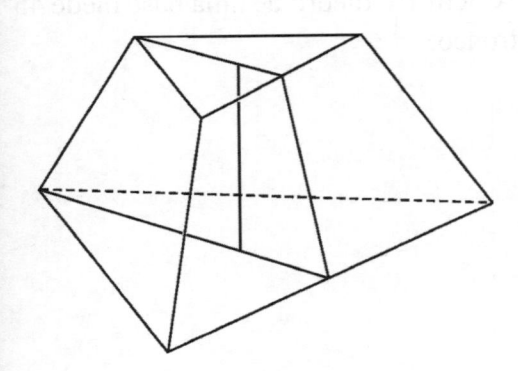

494 A altura e o apótema de um tronco de pirâmide triangular regular medem $\sqrt{21}$cm e $4\sqrt{3}$cm. Se este tronco tem $513\sqrt{3}$cm² de área, qual é o seu volume?

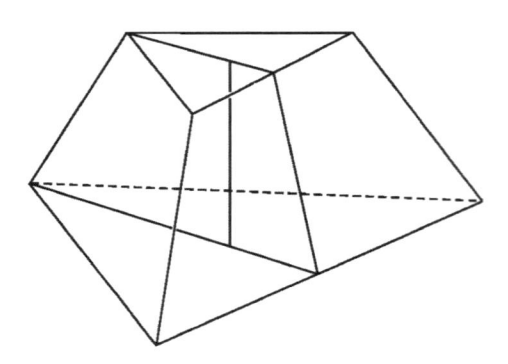

495 A altura de um tronco de pirâmide hexagonal regular mede $3\sqrt{3}$cm e o diedro de uma base mede 45°. Determine o apótema e uma relação entre as arestas das bases desse tronco.

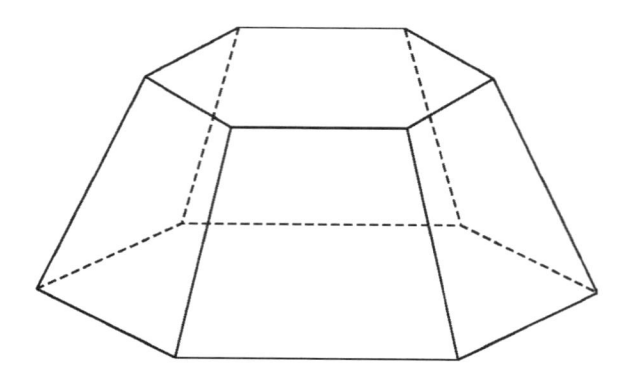

496 A altura e o apótema de um tronco de pirâmide hexagonal regular medem $6\sqrt{6}$cm e $9\sqrt{3}$cm. Se este tronco tem $1512\sqrt{3}$cm² de área, qual é o seu volume?

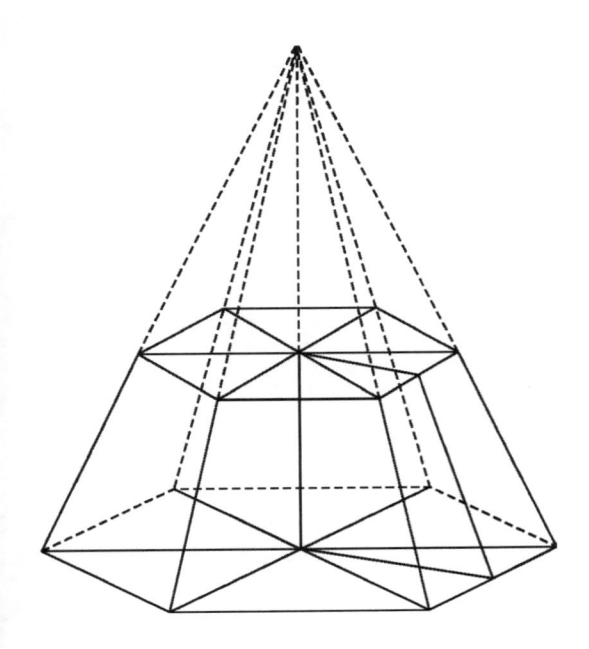

497 Um tronco de pirâmide hexagonal regular é circunscritível. Sendo 6cm e 8cm as medidas das arestas das bases, quanto mede o apótema deste tronco.

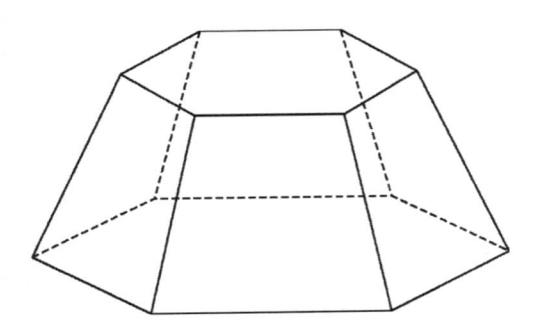

498 Considere um trapézio de bases **a** e **b** e um segmento x paralelo às bases, com extremidades nos lados oblíquos às bases, que determina no original, dois outros trapézios. Se as bases de um dos trapézios são proporcionais às bases do outro,

a) determine **x** em função de a e b.

b) mostre que os trapézios determinados são semelhantes.

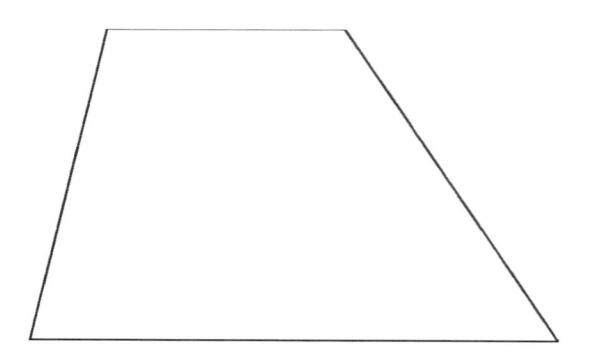

499 Dois troncos de cones são semelhantes. Os raios e altura de um medem, respectivamente, 8cm, 16cm e 6cm. Se o outro tem 1260π cm² de área, quanto medem seus raios e altura?

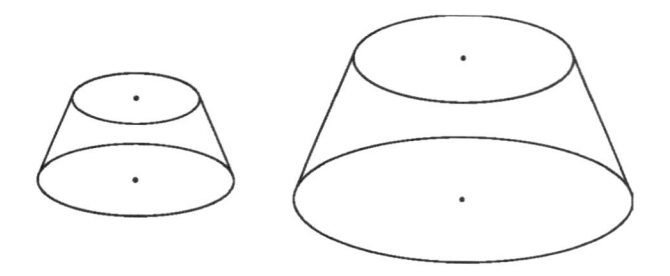

500 Os raios das bases de um tronco de cone reto medem 4m e 25m. Sendo de 1656π m² a área desse tronco, determine:

a) A geratriz (g) e a altura (h) desse tronco.

b) A que distância da base menor devemos conduzir um plano, paralela à ela, que secciona esse tronco, para que os troncos assim obtidos sejam semelhantes?

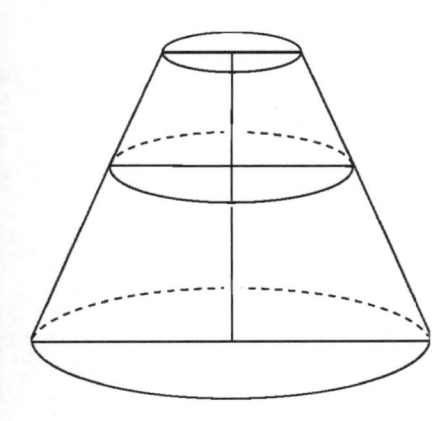

501 Um tronco de cone circular reto tem raios **r** e **R**, mostre que o raio da secção plana deste tronco, paralela às bases, que determina nele dois troncos semelhantes é média geométrica entre **r** e **R**.

502 Em cada caso temos um tronco de pirâmide regular **circunscritível** (há uma esfera que tangencia todas suas faces) com arestas das bases de 12cm e 18cm. Determine o raio da esfera inscrita nesse tronco.

a) Tronco quadrangular

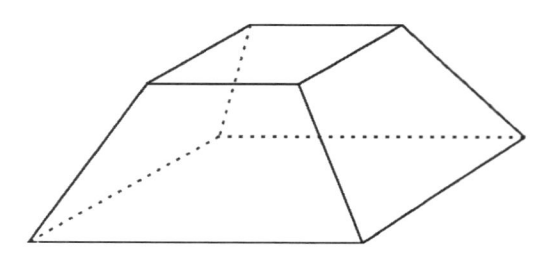

b) Tronco hexagonal

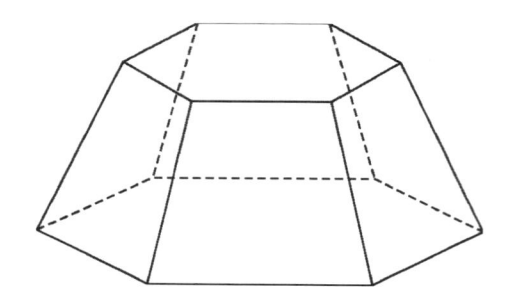

c) Tronco triangular

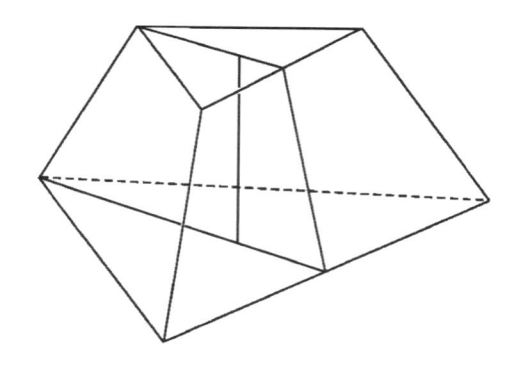

Resolução: Para um tronco de pirâmide regular circunscritível a uma esfera, seccionando por um plano que contém o eixo e é perpendicular a uma face lateral, obtém-se um trapézio isósceles circunscrito ao círculo máximo da esfera. Se a e b são os apótemas das bases, então o raio da esfera inscrita é:

$$r = \sqrt{a \cdot b}$$

a) Tronco quadrangular: apótemas $a = 6$ e $b = 9$.
$$r = \sqrt{6 \cdot 9} = \sqrt{54} = 3\sqrt{6}\ \text{cm}$$

b) Tronco hexagonal: apótemas $a = 6\sqrt{3}$ e $b = 9\sqrt{3}$.
$$r = \sqrt{6\sqrt{3}\cdot 9\sqrt{3}} = \sqrt{162} = 9\sqrt{2}\ \text{cm}$$

c) Tronco triangular: apótemas $a = 2\sqrt{3}$ e $b = 3\sqrt{3}$.
$$r = \sqrt{2\sqrt{3}\cdot 3\sqrt{3}} = \sqrt{18} = 3\sqrt{2}\ \text{cm}$$

503 Um tronco de pirâmide quadrangular regular é circunscritível (há uma esfera que tangencia todas suas faces). Se esse tronco tem 504cm² de área, qual é o seu volume?

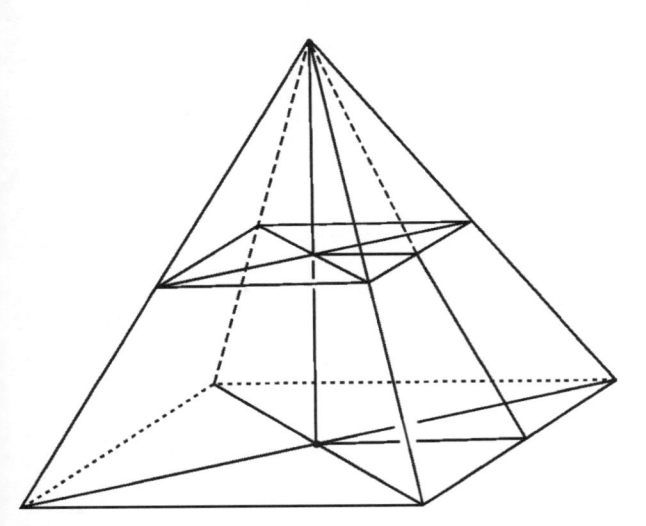

504 Determinar o volume e a área do sólido de revolução que se obtém quando a região sombreada gira em torno do eixo **y**, nos casos:

(a unidade das medidas indicadas nas figuras é o metro e o arco no item c mede 90° e tem centro em y).

a)

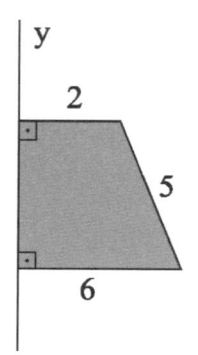

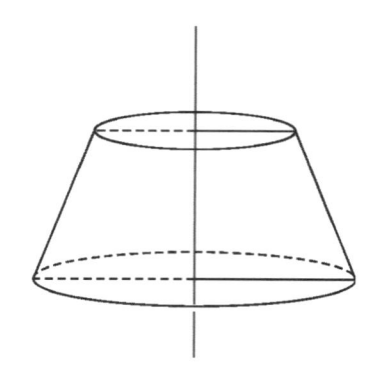

b)

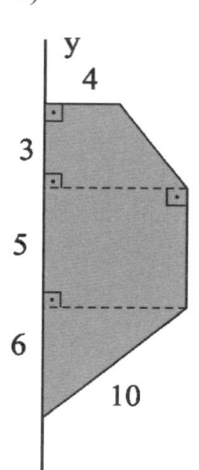

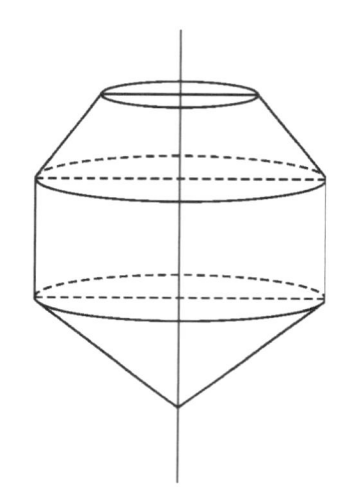

c)

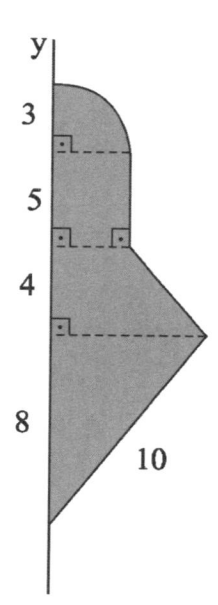

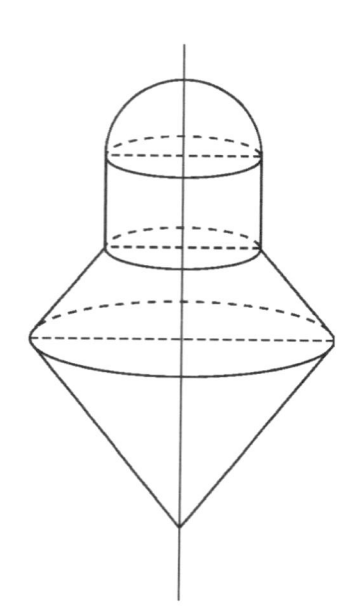

505 Em cada caso a região sombreada gira em torno do eixo **y** gerando um sólido de revolução. Sendo o centímetro a unidade das medidas indicadas na figura, determine o volume do sólido:

a) ele tem 416π cm² de área.

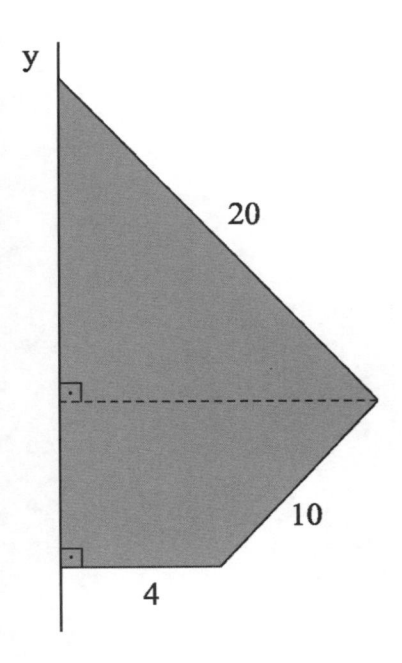

b) Ele tem 190π cm² de área.

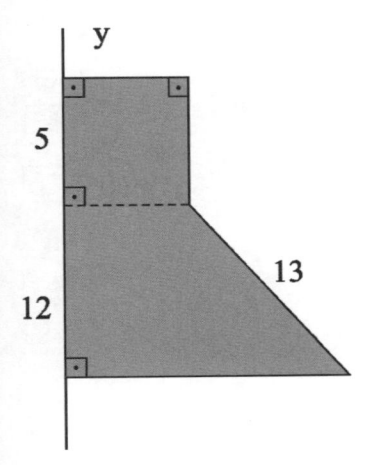

506 A região sombreada da figura gira em torno do eixo **y** gerando um sólido de 255 π cm² de área. Se o arco da figura é um arco de circunferência de 90° e tem centro em **y** e as unidades das medidas indicadas na figura é o **cm**, qual é o volume desse sólido?

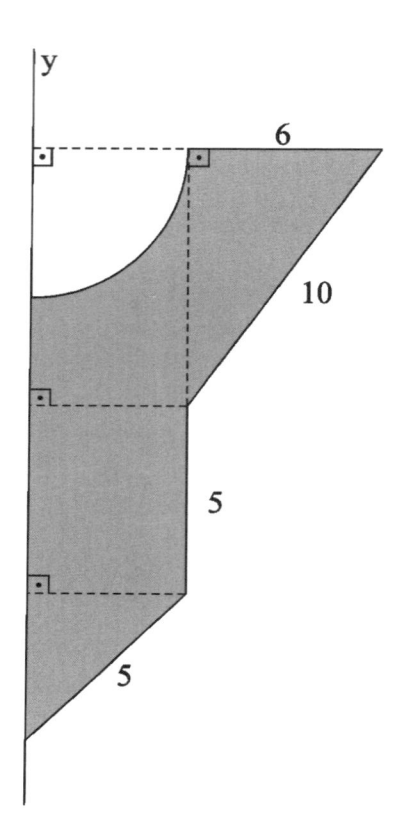

507 A região sombreada gira em torno do eixo **y** gerando um sólido de revolução. Sendo o centímetro a unidade das medidas indicadas na figura, determine a área do sólido, nos casos:

a) Ele tem 330π cm³ de volume.

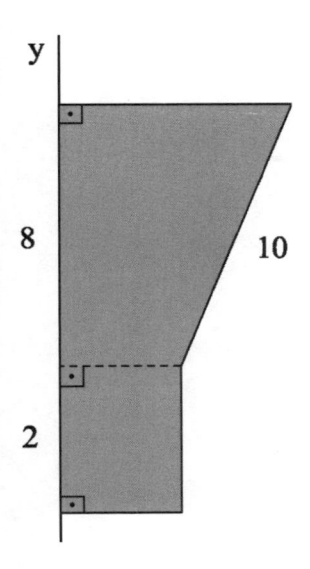

b) Ele tem 102π cm³ de volume.

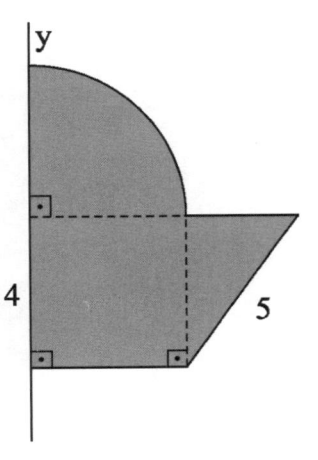

508 A região sombreada da figura gira em torno do eixo **y** determinando um sólido de revolução de 438π cm³ de volume. Sabendo que o arco da figura é um arco de circunferência de 90° com centro em **y** e que a unidade das medidas indicadas na figura é o **cm**, determine a área desse sólido.

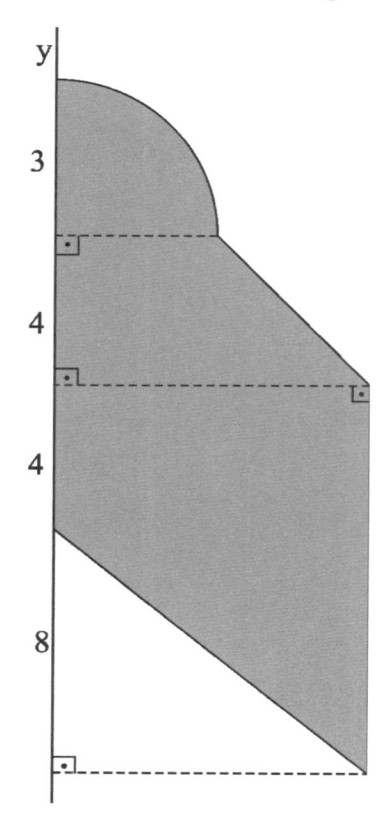

509 A região sombreada da figura gira em torno do eixo **y** gerando um sólido de 342 π cm³ de volume. Se o arco de circunferência mede 90° e tem centro em **y** e a unidade das medidas indicadas é o centímetro, determine a área do sólido.

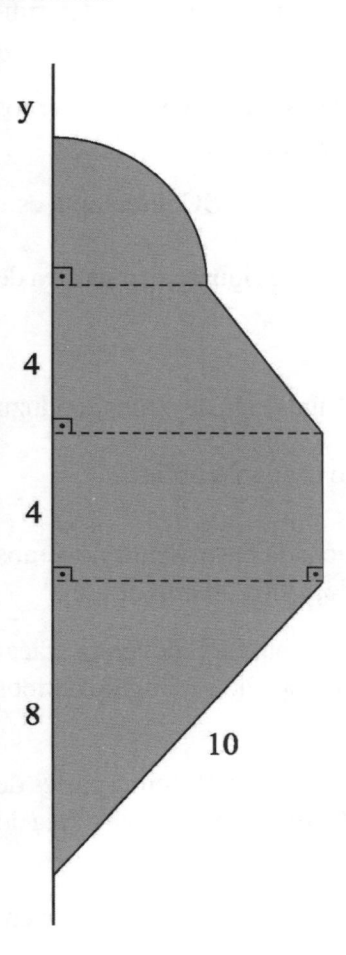

510 Verifique que se a razão entre as medidas das arestas de dois cubos é k, então a razão entre suas áreas é k^2 e a razão entre seus volumes é k^3.

511 Dado um trapézio com bases de 12 cm e 18 cm e altura 5 cm, determine a área do menor triângulo determinado quando são prolongados os lados oblíquos às bases.

512 A altura relativa à base de um triângulo mede **h**. A que distância, do vértice oposto a esta base, devemos conduzir uma reta paralela à base para que o triângulo e o trapézio obtidos tenham áreas iguais?

513 A altura relativa à base BC de um triângulo ABC mede 18 cm. Uma reta **r** paralela a BC intercepta este triângulo determinando um trapézio e um triângulo tal que o triângulo determinado tem área igual a $\frac{25}{11}$ da área do trapézio. Determine a distância entre **r** e BC.

514 A que distância do vértice A de um triângulo ABC, de altura relativa ao lado $\overline{BC}$ igual a **h**, devemos conduzir uma reta paralela a $\overline{BC}$, para que a área do trapézio obtido seja igual a $\frac{7}{9}$ da área do triângulo obtido?

515 As bases de um trapézio medem 8 cm e 24 cm e a altura 12 cm. A que distância da base menor devemos traçar uma reta paralela às bases para que o trapézio de bases menores, determinado, tenha 30 cm² de área?

516 A altura relativa à base BC de um triângulo ABC mede 12 cm. A que distância da base BC devemos traçar uma reta paralela a BC, seccionando o triângulo, de modo que a razão entre as áreas do trapézio e triângulo obtidos seja, nesta ordem, 5 : 4.

517 Quatro retas paralelas à base BC de um triângulo ABC dividem a altura relativa ao lado BC em 5 partes de medidas iguais. Se o menor trapézio determinado no triângulo por essas retas tem 30 cm² de área, qual é a área do trapézio de maiores bases, determinado por essas retas?

518 A altura relativa ao lado BC de um triângulo ABC mede 35 cm. Uma reta paralela à base BC, distante 14 cm da base, secciona esse triângulo determinando um trapézio cuja área é de 224 cm². Determine BC.

519 Resolver:

a) Dois polígonos são semelhantes e a razão de semelhança entre eles é $\frac{4}{5}$. Sendo 225 m² a área do maior, qual é a área do menor?

b) Dois polígonos semelhantes têm 288 m² e 648 m² de área. Sendo de 112 m o perímetro do menor, qual é o perímetro do outro?

520 Resolver:

a) Dois polígonos são semelhantes e têm 48 cm e 108 cm de perímetro. Sendo 486 cm² a área do maior, qual é a área do menor?

b) Dois polígonos semelhantes têm 324 cm² e 900 cm² de área. Se a diferença entre os seus perímetros é de 90 cm, quais são os seus perímetros?

521 Dois polígonos são semelhantes e têm 72 cm e 96 cm de perímetro. Sendo 600 cm² a soma das suas áreas, quais são essas áreas?

522 Os lados de dois quadrados medem 6 cm e 8 cm. Determine o lado de um terceiro quadrado, nos casos:
a) A sua área seja a soma das áreas dos dois primeiros.
b) A sua área seja a diferença das áreas dos dois primeiros.
c) A sua área seja o dobro da área do menor.
d) A sua área seja o triplo da área do maior.

523 Os lados de dois triângulos equiláteros medem 15 cm e 9 cm. Determine o lado de um terceiro triângulo equilátero, nos casos:

a) A sua área é igual à soma das áreas dos dois primeiros.

b) A sua área é a diferença das dos dois primeiros.

524 Dois undecágonos regulares (11 lados) têm lados com 12 cm e 16 cm. Determine o lado de um terceiro undecágono, também regular, nos casos:

a) A sua área é igual à soma das áreas dos dois primeiros.

b) A sua área é igual à diferença entre o dobro da área do maior e o triplo da área do menor.

525 Os lados de dois heptágonos regulares medem 8m e 15m. Quanto deve medir o lado de um terceiro heptágono regular para que a sua área seja igual à soma das áreas dos dois primeiros?

526 Os lados de 3 octógonos regulares medem 3m, 4m e 12m, quanto mede o lado de um quarto octógono regular se a sua área é igual à soma das áreas dos três primeiros?

527 Os lados de três eneágonos regulares medem 8 cm, 10 cm e 12 cm. Quanto deve medir o lado de um quarto eneágono, também regular, para que sua área seja igual à soma das áreas dos dois maiores menos a área do menor?

528 Três polígonos são semelhantes entre si e têm, 9 cm^2, 25 cm^2 e 64 cm^2 de área. Qual é a área de um quarto polígono semelhante a eles, sabendo que um lado dele é igual à soma dos lados homólogos a ele nos outros três polígonos?

529 Três polígonos semelhantes entre si têm 9 cm^2, 16 cm^2 e 25 cm^2 de área. Qual é a área de um quarto polígono, semelhante aos primeiros, se o seu perímetro é a soma dos perímetros deles?

530 Determine a razão de semelhança, nos casos:

a) De dois polígonos semelhantes com diagonais homólogas com 36cm e 45cm.

b) De dois polígonos semelhantes com perímetros de 64cm e 40cm.

c) De dois polígonos semelhantes com áreas de 108cm^2 e 300cm^2.

d) De dois quadrados com o lado de um medindo 12 cm e a diagonal do outro 18cm.

e) De dois triângulos equiláteros com a altura de um medindo 18cm e o lado do outro 16cm.

f) De dois hexágonos regulares com a diagonal maior de um medindo 24cm e a menor do outro 18cm.

g) De dois poliedros semelhantes com diagonais homólogas medindo 36cm e 28cm.

h) De dois poliedros semelhantes com perímetros de faces homólogas de 480cm e 576cm.

i) De dois poliedros semelhantes com áreas de faces homólogas de 600cm^2 e 96cm^2.

j) De dois poliedros semelhantes com 864cm^2 e 1536cm^2.

k) De dois poliedros semelhantes com 288cm^3 e 972 cm^3 de volume.

531 Resolver:

a) Os lados homólogos de dois polígonos semelhantes medem 18cm e 24cm. Qual é a razão entre as suas áreas.

b) Os perímetros de dois polígonos semelhantes têm 576cm e 864cm. Determine a razão entre suas áreas.

c) Dois poliedros semelhantes têm 198cm^2 e 550cm^2 de área. Determine a razão entre seus volumes.

d) Dois poliedros semelhantes têm 216cm^3 e 512cm^3 de volume. Determine a razão entre suas áreas.

e) As alturas de duas pirâmides semelhantes medem 15cm e 25cm. Determine a razão entre suas áreas e entre seus volumes.

f) As bases de duas pirâmides semelhantes tem 238cm^2 e 952cm^2 de área. Determine a razão entre suas áreas laterais e entre seus volumes.

g) Duas pirâmides semelhantes têm 336cm^3 e 1134cm^3 de volume. Determine a razão entre suas áreas de bases, a entre suas áreas laterais e a entre suas áreas.

h) Dois cones de revoluções semelhantes têm $208\pi cm^2$ e $468\pi cm^2$ de área. Determine a razão entre seus volumes.

i) Dois cilindros de revoluções têm $896\pi cm^3$ e $1750\pi cm^3$ de volume. Determine a razão entre suas áreas.

j) Duas esferas têm $1584\pi cm^2$ e $2112\pi cm^2$ de área. Determine a razão entre seus volumes.

$\boxed{532}$ Resolver:

a) Dois poliedros semelhantes têm $128 cm^2$ e $392 cm^2$ de área. Se o maior tem $1029 cm^3$ de volume, qual é o volume do outro?

b) Dois poliedros semelhantes têm $324 cm^3$ e $768 cm^3$ de volume. Sendo $1344 cm^2$ a área do maior, qual é a área do outro?

$\boxed{533}$ As arestas de três dodecaedros regulares medem 3m, 4m e 12m. Quanto deve medir a aresta de um quarto docecaedro regular para que a sua área seja igual à soma das áreas dos três primeiros?

$\boxed{534}$ Dois poliedros P_1 e P_2 são semelhantes e as suas áreas são respectivamente de $288 m^2$ e $512 m^3$. Se o volume de P_1 é de $189 m^3$, qual é o volume de P_2?

$\boxed{535}$ Dois sólidos são semelhantes e têm $384 m^2$ e $486 m^2$, se o volume do menor é de $512 m^3$, determinar o volume do outro.

$\boxed{536}$ Dois poliedros semelhantes têm $192 cm^2$ e $588 cm^2$ de área e a soma de seus volumes é de $814 cm^3$. Quais são os seus volumes?

$\boxed{537}$ Dois poliedros semelhantes têm $16 cm^3$ e $54 cm^3$ de volume. Determine o volume de um poliedro semelhante a eles sabendo que a sua área é igual à soma das áreas dos outros dois.

$\boxed{538}$ Resolver:

a) Uma pirâmide regular tem aresta lateral com 36cm e um plano paralelo à base secciona esta pirâmide determinando um tronco de aresta lateral com 12cm. Determine a razão de semelhança entre a pirâmide determinada e a original.

b) Um plano paralelo à base de uma pirâmide, distante 24cm da base e 18cm do vértice oposto à base, secciona esta pirâmide. Determine a razão de semelhança entre a pirâmide destacada e a original.

$\boxed{539}$ Resolver:

a) A base de uma pirâmide tem área de $432\ cm^2$. Um plano paralelo à base secciona esta pirâmide determinando uma secção de $240 cm^2$ de área. Determine a razão de semelhança entre a pirâmide determinada e a original.

b) Um plano paralelo à base de uma pirâmide secciona esta pirâmide determinando uma pirâmide com área lateral de $1386 cm^2$ e um tronco com área lateral de $462 cm^2$. Determine a razão de semelhança entre a pirâmide determinada e a original.

c) Um plano paralelo à base de uma pirâmide secciona esta pirâmide determinando um tronco e uma pirâmide com, respectivamente, $4845 cm^3$ e $2040 cm^3$ de volume. Determine a razão de semelhança entre a pirâmide determinada e a original.

$\boxed{540}$ Resolver:

a) A base de uma pirâmide tem $2688 cm^2$ de área e um plano paralelo à base, distante 28cm do vértice oposto à base, secciona esta pirâmide determinando uma secção de $2058 cm^2$ de área. Determine a altura dessa pirâmide.

b) Um plano paralelo à base de uma pirâmide, distante 8cm da base, secciona esta pirâmide determinando um tronco e uma pirâmide com áreas laterais, respectivamente, de $735 cm^2$ e $945 cm^2$. Determine a altura da pirâmide original.

541 Resolver:

a) Um plano paralelo à base de uma pirâmide, distante 16cm do vértice oposto à base da pirâmide, secciona esta pirâmide determinando um tronco cujas bases têm 1568cm² e 2450cm² de área. Determine a altura desse tronco.

b) Um plano, paralelo à base de uma pirâmide, secciona esta pirâmide determinando um tronco de altura 9cm e áreas das bases de 1568cm² e 2450cm². Determine a altura dessa pirâmide.

c) Um plano paralelo à base de uma pirâmide, distante 12cm da base, secciona esta pirâmide determinando uma secção com 54cm² de área. Sendo 150cm² a área da base da pirâmide, determine os volumes das pirâmides determinada e original.

542 As bases de um tronco de pirâmide têm 12cm² e 27cm² de área. Sendo de 6cm a altura deste tronco, qual é o seu volume?

Obs: Fazer este exercício por diferença de volumes de pirâmides.

543 Os raios de um tronco de cone de revolução medem 4cm e 7 cm. Sendo de 6m a altura deste tronco, determine o seu volume. (Fazer por diferenças de cones).

544 A área da base de uma pirâmide é de 324m². Se a área de uma secção plana, paralela à base, distante 6m do vértice, é de 144m², determine o volume do tronco obtido.

545 a) A área da base de uma pirâmide de 24m de altura é 48m². Um plano paralelo à base determina nesta pirâmide uma secção de 27m². Determinar o volume do tronco de pirâmide obtido.

b) A área da base de uma pirâmide de 24m de altura é de 112m². Ao seccionarmos esta pirâmide por um plano paralelo à base obtemos uma secção de 63m². Determinar o volume do tronco obtido.

546 A base de uma pirâmide de 16m de altura tem 80m². Ao conduzirmos um plano paralelo à base, distante 4m da base, destacamos uma nova pirâmide, qual é o volume dessa nova pirâmide?

547 Determinar o volume do tronco de pirâmide de altura 6m cujas bases têm 20m² e 45m².

Obs: Fazer por diferença de volumes.

548 Uma pirâmide tem 15cm de altura e um plano paralelo à base, distante 9cm do vértice oposto à base, secciona esta pirâmide determinando uma pirâmide de 567cm³ de volume. Determine o volume do tronco determinado.

549 Uma pirâmide tem 21cm de altura. Um plano paralelo à base secciona esta pirâmide determinando uma pirâmide e um tronco de, respectivamente, 624cm³ e 1482cm³ de volume. Determine a altura do tronco.

550 Uma pirâmide tem 35cm de altura. Um plano paralelo à base, distante 7cm desta, determina nela um tronco de 1708cm³ de volume. Determine o volume dessa pirâmide.

551 Uma pirâmide de 18cm de altura tem a base com 378cm² de área. Determine o volume do tronco que um plano paralelo à base, distante 6cm desta, que secciona essa pirâmide, determina nela.

552 As bases de um tronco de pirâmide têm 54cm² e 96cm² de área. Se esse tronco tem 222cm³ de volume, quanto mede a sua altura? (Fazer por semelhança).

553 Um plano paralelo à base de uma pirâmide secciona essa pirâmide determinando um tronco de 518cm³ de volume e, em uma aresta lateral, segmentos de 15cm e 5cm, sendo o de 5cm uma aresta lateral do tronco. Determine o volume dessa pirâmide.

554 Um plano paralelo à base de uma pirâmide secciona esta pirâmide determinando um tronco de 1342cm³ de volume. Se duas arestas das bases do tronco, contidas em uma mesma face lateral medem 24cm e 30cm, qual é o volume dessa pirâmide?

555 Uma pirâmide tem 500cm³ de volume e um plano paralelo à sua base secciona esta pirâmide determinando uma pirâmide e um tronco com áreas laterais de, respectivamente, 1944cm² e 3456cm². Determine o volume desse tronco.

556 Um plano paralelo à base de uma pirâmide secciona esta determinando uma pirâmide e um tronco de, respectivamente, 2304cm³ e 5472cm³. Se a superfície lateral da pirâmide determinada tem 720cm² de área, qual é a área lateral do tronco?

557 Um plano paralelo à base de uma pirâmide secciona esta determinando uma pirâmide de 162cm³ de volume e 216cm² de área lateral. Se o tronco determinado tem uma superfície lateral de 384cm² de área, qual é o seu volume?

558 Um plano paralelo à base de uma pirâmide secciona esta determinando um tronco com 1680cm² de área lateral e uma pirâmide com 192cm³ de volume. Se a pirâmide original tem 3024cm² de área lateral, qual é o volume do tronco?

559 Um cone circular tem 2058πcm³ de volume e um plano, paralelo à base, secciona esse cone e dista 18cm do vértice e 3cm da base do cone. Determine o volume do cone determinado. (Fazer por semelhança).

560 Um cone circular de altura **h** tem 648πcm³ de volume. Um plano paralelo à base, distante $\frac{2}{3}$**h** do vértice, secciona esse cone, qual o volume do tronco determinado?

561 Um plano paralelo à base de um cone circular secciona este cone determinando um cone e um tronco com, respectivamente, 144πcm³ e 2106πcm³ de volume. Determine a razão de semelhança entre o cone determinado e o original.

562 Um cone circular tem altura **h**. Um plano paralelo à base, distante $\frac{1}{5}$**h** da base, determina neste cone um tronco de 854πcm³ de volume. Qual é o volume desse cone?

563 Um cone circular reto tem 768πcm³ de volume. Um plano paralelo à base determina nesse cone um tronco com geratriz de 7cm e um cone com geratriz de 21cm. Qual é o volume do tronco determinado?

564 Um cone de revolução de geratriz **g** tem 5250πcm³ de volume. Um plano paralelo à base secciona este cone determinando um tronco de geratriz $\frac{2}{5}$**g**. Qual é o volume desse tronco?

565 Um plano paralelo à base de um cone de revolução secciona este cone determinando um cone de 20cm de altura e um tronco de 5cm de altura e 594πcm² de área lateral. Determine a área lateral do cone original.

566 Um plano paralelo à base de um cone de revolução o secciona determinando um cone e um tronco, com a geratriz do cone sendo o dobro de geratriz do tronco. Se a superfície lateral do cone determinado tem 624πcm² de área, qual é a área lateral do tronco determinado?

567 Um plano paralelo à base de um cone de revolução secciona este cone determinando um cone e um tronco, com a área lateral do cone determinado sendo $\frac{9}{7}$ da área lateral do tronco. Se o cone original tem 5376πcm³ de volume, qual é o volume do tronco?

568 Um cone de revolução com raio de 12cm e geratriz de 18cm é seccionado por um plano paralelo à base, determinando um tronco. Com geratriz de 6cm. Determine a área lateral desse tronco. (Fazer por diferença).

569 Um cone de revolução tem 6cm de raio e 9cm de altura. Um plano paralelo à base determina nesse cone um tronco de 3cm de altura. Determine o volume desse tronco. (Faça por diferença).

570 Resolver:

a) Os raios das bases de um tronco de cone circular reto medem 4cm e 6cm e a sua geratriz mede 5cm. Determine a área lateral desse tronco. (Fazer por diferença de áreas laterais de cones).

b) A geratriz de um tronco de cone de revolução mede 6cm e os raios das bases medem 10cm e 14cm. Determine a área desse tronco. (Para determinar a área lateral faça a diferença das áreas laterais dos cones).

c) A altura de um tronco de cone de revolução mede 5cm e os raios das bases medem 6cm e 9cm. Determine o volume desse tronco. (Fazer por diferença de volumes de cones).

571 Um tronco de pirâmide com bases de 24cm² e 36cm² tem 6cm de altura. Determinar a altura da menor pirâmide que obtemos quando prologamos as arestas laterais desse tronco.

572 Sendo **A** e **B** as áreas das bases e **h** a altura de um tronco de pirâmide (quando nada for dito em contrário considere sempre que as bases dos troncos são paralelas), mostre que o volume desse tronco (V_T) é dado por:

$$V_T = \frac{h}{3}[A + \sqrt{AB} + B]$$

Verifique que para um tronco de cone circular com raios das bases sendo **r** e **R** e altura, do tronco, sendo **h**, então tem-se:

$$V_T = \frac{\pi h}{3}[r^2 + rR + R^2]$$

573 Resolver:

a) Sendo 6cm a altura de um tronco de pirâmide e 28cm² e 63cm² as áreas das bases, determine o seu volume.

b) Se um tronco de pirâmide com bases de 45cm² e 80cm² de área tem 555cm³ de volume, qual é a sua altura?

c) Um tronco de pirâmide tem 78cm³ de volume, 6cm de altura e uma das bases com 25cm² de área, determine a área da outra base.

574 Resolver:

a) Os raios das bases de um tronco de cone circular medem 4cm e 5cm e a sua altura 9cm. Determine o seu volume.

b) Um tronco de cone circular com raios de 5cm e 8cm tem 258πcm³ de volume. Determine a sua altura.

c) Um tronco de cone circular com 279πcm³ de volume e uma base com 7cm de raio tem 9cm de altura. Determine o raio da outra base.

575 Em cada caso considere um tronco de pirâmide regular e determine o seu volume.

a) Quadrangular com altura de 6cm e com arestas das bases de 3cm e 5cm.

b) Triangular com altura de 9cm e com arestas das bases de 4cm e 6cm.

c) Hexagonal com altura de 6cm e com arestas das bases de 6cm e 8cm.

576 Em cada caso considere um tronco de pirâmide regular de volume **V** e arestas das bases **a** e **b** e determine a sua altura.

a) Tronco quadrangular com $V = 93cm^3$, $a = 4cm$ e $b = 7cm$.

b) Tronco triangular com $V = 105\sqrt{3}cm^3$, $a = 6cm$ e $b = 12cm$.

c) Tronco hexagonal com $V = 114\sqrt{3}cm^3$, $a = 2cm$ e $b = 3cm$.

577 Em cada caso considere um tronco de pirâmide regular de volume **V**, altura **h** e a aresta de uma base **a** e determine a aresta da outra base.

a) Tronco quadrangular com V = 152cm³, h = 6 cm e a = 4cm.

b) Tronco triangular com V = $19\sqrt{3}$cm³, h = 3cm e a = 6cm.

c) Tronco hexagonal com V = $624\sqrt{3}$cm³, h = 6 e a = 4cm.

578 Em cada caso considere um tronco de pirâmide regular com arestas das bases **a** e **b** e apótema **y** e determine a sua área lateral.

a) Tronco quadrangular com a = 5cm, b = 7cm e y = 11cm.

b) Tronco triangular com a = 6cm, b = 8 cm e y = 10 cm.

c) Tronco hexagonal com a = 3cm, b = 5cm e y = 9cm.

579 Em cada caso considere um tronco de pirâmide regular com arestas das bases **a** e **b** e área lateral AL e determine o seu apótema.

a) Tronco quadrangular com a = 7cm, b = 9cm e AL = 160cm².

b) Tronco triangular com a = 5cm, b = 15cm e AL = 390cm².

c) Tronco hexagonal com a = 4cm, b = 6cm e AL = 240cm².

580 Em cada caso considere um tronco de pirâmide regular com aresta das bases **a** e **b** e aresta lateral **f** e determine a sua área:

a) Tronco quadrangular com a = 2cm, b = 8 cm e f = $3\sqrt{5}$cm.

b) Tronco triangular com a = 4cm, b = 6cm e f = $2\sqrt{7}$cm.

c) Tronco hexagonal com a = 8cm, b = 12 cm e f = 4cm.

581 Em cada caso considere um tronco de pirâmide regular com arestas das bases **a** e **b** e altura **h** e determine a sua área.

a) Tronco quadrangular com a = 8cm, b = 12cm e h = $4\sqrt{2}$cm.

b) Tronco triangular com a = 12cm, b = 6cm e h = 12cm.

c) Tronco hexagonal com a = 16cm, b = 8cm e h = $3\sqrt{3}$cm.

582 Em cada caso considere um tronco de pirâmide regular com arestas das bases **a** e **b** e área lateral AL e determine a sua altura.

a) Tronco quadrangular com a = 10cm, b = 12cm e AL = 220cm².

b) Tronco triangular com a = 12cm, b = 18cm e AL = $90\sqrt{7}$cm².

c) Tronco hexagonal com a = 12cm, b = 16cm e AL = 336cm².

583 Em cada caso considere um tronco de pirâmide regular com arestas das bases **a** e **b** e área **A** e determine o seu volume.

a) Tronco quadrangular com a = 12cm, b = 18cm e A = 708cm².

b) Tronco triangular com a = 12cm, b = 18cm e A = $342\sqrt{3}$cm².

c) Tronco hexagonal com a = 10cm, b = 16cm e A = $924\sqrt{3}$cm³.

584 Em cada caso considere um tronco de pirâmide regular com arestas das bases **a** e **b** e volume **V** e determine a sua área lateral.

a) Tronco quadrangular com a = 8cm, b = 14cm e V = 744cm³.

b) Tronco triangular com a = $2\sqrt{3}$cm, b = $6\sqrt{3}$cm e V = $78\sqrt{3}$cm³.

c) Tronco hexagonal com a = 14cm, b = 24cm e V = $1662\sqrt{3}$cm³.

585 Em cada caso considere um tronco de pirâmide quadrangular regular e resolva:

a) Se os apótemas das bases medem 7cm e 10cm e o diedro de uma base 45°, determine a altura e o apótema do tronco.

b) Se as arestas das bases medem 8cm e 12cm e a aresta lateral forma um ângulo de 60° com os planos das bases, determine a altura e o apótema do tronco.

c) Se o diedro de uma base mede 30° e a altura $2\sqrt{3}$cm determine uma relação entre as arestas das bases.

d) Se a aresta lateral forma um ângulo de 45° com os planos das bases e mede 6cm, determine uma relação entre as arestas das bases.

e) Se a aresta lateral forma um ângulo de 30° com os planos das bases e o apótema do tronco mede 5cm, determine uma relação entre as arestas das bases.

586 Em cada caso considere um tronco de pirâmide triangular regular e resolva:

a) Se os apótemas das bases medem 2cm e 5cm e o diedro de uma base mede 30°, determine a altura e o apótema desse tronco.

b) Se as arestas das bases medem $4\sqrt{3}$cm e $6\sqrt{3}$cm e a aresta lateral forma um ângulo de 45° com os plano das bases, determine a altura e o apótema do tronco.

c) Se o diedro de uma base mede 120° e a altura 6cm determine uma relação entre as arestas das bases.

d) Se a aresta lateral mede 10cm e forma um ângulo de 30° com os planos das bases, determine uma relação entre as arestas das bases.

e) Se a aresta lateral forma um ângulo de 30° com os planos das bases e o apótema do tronco mede $4\sqrt{7}$cm determine uma relação entre as arestas das bases.

587 Em cada caso considere um tronco de pirâmide hexagonal regular e resolva:

a) Se os apótemas das bases medem 7cm e 13cm e o diedro de uma base mede 135°, determine a altura e o apótema do tronco.

b) Se as arestas das bases medem 10cm e 16cm e a aresta lateral forma um ângulo de 30° com os planos das bases, determine a altura e o apótema desse tronco.

c) Se o diedro de uma base mede 30° e a altura 4cm determine uma relação entre as arestas das bases.

d) Se a aresta lateral forma um ângulo de 30° com os planos das bases e mede 6cm, determine uma relação entre as arestas das bases.

e) Se a aresta lateral forma um ângulo de 60° com os planos das bases e o apótema do tronco mede $3\sqrt{5}$cm, determine uma relação entre as arestas das bases.

588 Os raios das bases de um tronco de cone de revolução medem 8cm e 20cm. Se a geratriz do tronco mede 15cm, determine a geratriz do menor cone que se obtém quando se prolonga as geratrizes do tronco.

589 Sendo **g** a geratriz de um tronco de cone de revolução e **r** e **R** os raios das bases, mostre que a área lateral desse tronco é dada por $\pi g(R + r)$.

590 Em cada caso considere um tronco de cone circular reto e resolva:

a) Os raios das bases medem 7cm e 11cm e a geratriz 8cm. Determine a área lateral desse tronco.

b) Os raios das bases medem 3cm e 7cm e a geratriz 9cm. Determine a área desse tronco.

c) O tronco tem área lateral de $128\pi cm^2$ e raios com 5cm e 11cm. Determine a geratriz e a altura do tronco.

d) O tronco tem $164\pi cm^2$ de área, geratriz de 9cm e uma base com raio de 7cm. Determine o raio da outra base.

591 Em cada caso considere um tronco de cone de revolução com raios **r** e **R**, altura **h**, geratriz **g** e volume **V** e determine a sua área.

a) $r = 6cm$, $R = 2cm$, $h = 3cm$.

b) $r < R = 11cm$, $h = 12cm$, $g = 13cm$

c) $r = 2cm$, $R = 5cm$, $V = 78\sqrt{2}\pi cm^3$

d) $r = 9cm$, $h = 2\sqrt{10}cm$, $V = 78\sqrt{10}\pi cm^3$

e) $h = 3\sqrt{15}cm$, $g = 12cm$, $V = 171\sqrt{15}\pi cm^3$

592 Em cada caso considere um tronco de cone circular reto com raios r e **R**, altura h, geratriz **g** e área **A** e determine o seu volume.

a) $r = 7cm$, $R = 4cm$, $g = 3\sqrt{5}cm$

b) $r < R = 11cm$, $h = 6cm$, $g = 2\sqrt{13}cm$

c) $r = 7cm$, $R = 13cm$, $A = 458\pi cm^2$

d) $r = 6cm$, $g = 9cm$, $A = 342\pi cm^2$

e) $h = 15cm$, $g = 17cm$, $A = 432\pi cm^2$

593 Em cada caso considere um tronco de cone de revolução e determine uma relação entre os raios **R** e **r** das bases, sendo r < R.

a) A geratriz mede 16cm e forma um ângulo de 30° com os planos das bases.

b) A geratriz medem 6cm e forma um ângulo de 30° com o eixo do tronco.

c) A geratriz forma um ângulo de 60° com os planos das bases e a altura mede $5\sqrt{3}cm$.

594 A geratriz de um tronco de cone circular reto mede 12cm e forma um ângulo de 60° com os planos das bases. Se esse tronco tem $188\pi cm^2$ de área qual é o seu volume?

595 A altura de um tronco de cone de revolução mede $9\sqrt{3}cm$ e forma um ângulo de 30° com a geratriz. Se esse cone tem $333\sqrt{3}\pi cm^3$ de volume, qual é a sua área?

596 Um tronco de cone de revolução com geratriz de 10cm tem $270\pi cm^2$ de área. Se uma secção plana desse tronco, por um plano que passa pelo eixo, tem 48cm de perímetro, determine o seu volume.

597 A altura e a geratriz de um tronco de cone de revolução medem 15cm e 17cm. Se a área lateral do tronco é igual à soma das áreas das bases, determine a área e o volume dele.

598 A área de um cone reto de 6m de raio é 96π m². Um plano paralelo à base, eqüidistante do vértice e base, determina neste cone um tronco. Ache a área deste tronco.

599 Ache a área de um tronco de cone reto cujos raios medem 6m e 10m, sabendo que o seu volume é de 196 π m³.

600 Se cortarmos um cone reto de geratriz 15m por um plano paralelo à base, distante 4m do vértice, destacamos um cone de 12 π m³ de volume. Determine o volume do tronco de cone obtido.

601 A altura de um tronco de cone reto mede 3m, a geratriz do tronco mede 5m e o seu volume é de 151 π m³. Determine a área desse tronco.

602 A área, a altura e a geratriz de um tronco de cone reto, medem 90 π m², 4m e 5m. Ache o volume desse tronco.

603 (U.MACK/66) Sobre base comum foram construídos dois cones retos (um dentro do outro). O raio da base é **R**. Um plano paralelo à base, que passa pelo vértice do cone menor, intercepta o cone maior segundo um círculo de raio **r**. A altura do cone menor é **h**. Achar o volume do sólido compreendido entre as superfícies laterais desses dois cones.

604 A altura e o raio da base de um cone reto medem respectivamente 15m e 10m. Um plano paralelo a base determina, ao interceptar este cone, um tronco cuja área lateral é de $32\sqrt{13}$ πm² . Determine o volume deste tronco.

605 (EEMAUÁ/67) Dado um tronco de cone reto, cuja altura é igual a 3m e cujas bases têm raios 4m e 1m, respectivamente, pede-se dividir esse tronco de cone por um plano paralelo às bases, de maneira que o volume da parte adjacente à base maior seja equivalente a 8 vezes o volume da outra base.

606 (FAUUSP/70) Um cilincro e um tronco de cone (circulares retos) têm uma base comum e mesma altura. O volume do tronco é a metade do volume do cilindro. Determinar a razão entre o raio da base maior e o raio da base menor do tronco.

607 A altura de um tronco de cone reto mede 6m, a geratriz do tronco mede $2\sqrt{10}$m e o seu volume é de 152 π m³. Determinar a área deste tronco.

608 O volume de um cone reto cuja altura mede 15m é de 500 π m³. Se um plano, paralelo à base, determina neste cone um tronco de 392 π m³, qual é a área lateral deste tronco?

609 A altura de um tronco cone reto mede 9m e os raios das bases medem 4m e 10m. A que distância da base menor, devemos conduzir um plano paralelo às bases, para que o tronco de bases menores tenha 76 π m³ de volume.

610 A altura de um tronco de cone reto é de 8m e os raios das bases medem 3m e 27m.

a) Ache a área lateral desse tronco.

b) A que distância da base menor devemos conduzir um plano paralelo às bases para que os dois troncos obtidos sejam semelhantes?

611 O volume de uma pirâmide de altura **h** é 2511m³. Determinar o volume do tronco que se obtém quando ela é seccionada por um plano, paralelo à base, que dista $\frac{h}{3}$ do vértice da pirâmide.

612 A que distância da base de uma pirâmide de altura H, devemos conduzir um plano paralelo à base, para que a área da secção seja metade da área da base?

613 Uma pirâmide cuja a altura é de 18m tem 6642m³. Conduzindo um plano paralelo à base, cuja secção com a pirâmide tem 123m², determina-se um tronco. Qual o volume desse tronco?

614 Um plano passa pela diagonal da base de um cubo e pelos pontos médios de duas arestas da face oposta. Determinar a razão entre os volumes das partes em que este plano divide o cubo.

615 A aresta da base de uma pirâmide quadrangular regular mede 24m e um plano paralelo à base, distante 6m do vértice determina nela uma pirâmide de 512m³. Determinar a área do tronco obtido.

616 As arestas das bases de um tronco de pirâmide quadrangular regular medem 12m e 18m e a aresta lateral mede $\sqrt{34}$m. Ache o volume deste tronco.

617 O apótema de um tronco de pirâmide quadrangular regular mede 4m, a altura $\sqrt{15}$m e a sua área é de 212m². Determinar o volume deste tronco.

618 Determinar o volume de um tronco de pirâmide triangular regular cujas arestas das bases medem $6\sqrt{3}$m e $8\sqrt{3}$m e a aresta lateral $2\sqrt{10}$m.

619 A aresta da base de uma pirâmide triangular regular mede 12m e um plano que dista 9m do vértice, paralelo à base, determina nela uma pirâmide de $27\sqrt{3}$m³. Determine o volume do tronco obtido.

620 A altura de um tronco de pirâmide triangular regular é de 3m e o apótema deste tronco mede $2\sqrt{3}$m. Sendo $99\sqrt{3}$m² a área desse tronco, qual é o seu volume?

621 As arestas das bases de um tronco de pirâmide triangular regular medem 12m e 18m e a aresta lateral $\sqrt{21}$m. Determinar o volume e a área deste tronco.

622 A área lateral de um tronco de pirâmide triangular regular é de $30\sqrt{3}$m². Se as arestas das bases medem $4\sqrt{3}$m e $6\sqrt{3}$m, deerminar o volume deste tronco.

623 As aresta das bases de um tronco de pirâmide quadrangular regular medem 4m e 6m. Se a área lateral deste tronco é de $20\sqrt{37}$m², determine o volume deste tronco.

624 As arestas das bases de um tronco de pirâmide quadrangular regular medem 12m e 18m. Sendo 768m² a área deste tronco, qual é o seu volume?

625 Em cada caso considere um tronco de pirâmide regular circunscritível (há uma esfera que tangencia todas suas faces) com arestas das bases **a** e **b**. Determine o raio da esfera inscrita, nos casos:

a) Tronco quadrangular regular.

b) Tronco hexagonal regular.

c) Tronco triangular regular.

626 Em cada caso é dado um tronco de pirâmide regular com área igual a α. Determine, em função de α, a área do tronco de cone inscrito no tronco de pirâmide dado.

a) Tronco quadrangular

b) Tronco hexagonal

c) Tronco triangular

627 Em cada caso é dado um tronco de pirâmide regular de volume γ. Determine, em função de γ, o volume do tronco de cone inscrito no tronco de pirâmide dado.

a) Tronco quadrangular

b) Tronco hexagonal

c) Tronco triangular

628 Em cada caso é dado um tronco de pirâmide regular de volume γ. Determine, em função de γ, o volume do tronco de cone circunscrito ao tronco dado.

a) Tronco quadrangular

b) Tronco hexagonal

c) Tronco triangular

629 A altura e a aresta lateral de um tronco de pirâmide quadrangular regular medem $\sqrt{7}$cm e 5cm. Se este tronco tem $84\sqrt{7}$cm³ de volume, qual é a área do tronco de cone circunscrito a ele?

630 A altura de um tronco de pirâmide quadrangular regular mede $2\sqrt{3}$cm, a aresta da base menor mede 2cm e ele tem 104cm² de área. Determine a medida da aresta da base maior.

631 Um tronco de pirâmide triangular regular tem $4\sqrt{6}$cm de altura e $306\sqrt{3}$cm² de área. Se a aresta da base menor mede 6cm, qual é o seu volume?

632 Um tronco de pirâmide hexagonal regular tem $3\sqrt{5}$cm de altura e $198\sqrt{3}$cm² de área. Se a aresta da base maior mede 6cm, qual é o seu volume?

633 Um trapézio isósceles de bases 10cm e 18cm e perímetro 38cm faz uma rotação de 180° em torno de um eixo que passa pelos pontos médios das bases. Determine o volume e a área do sólido definido por esta rotação.

634 Um hexágono regular com lado de 12cm faz uma rotação de 180° em torno de um eixo que passa pelos pontos médios de dois lados opostos. Determine o volume e a área do sólido definido por esta rotação.

635 Um octógono regular de 6cm de lado faz uma rotação de 180° em torno de um eixo que passa pelos pontos médios de dois lados opostos. Determine o volume e a área do sólido definido por esta rotação.

636 Um hexágono regular de 6cm de lado faz uma rotação de 60° em torno de um eixo que passa pelos pontos médios de dois lados opostos. Determine o volume e a área do sólido gerado por essa rotação.

637 Um triângulo equilátero de 6cm de lado gira em torno de um eixo que não tem ponto em comum com ele, sendo esse eixo paralelo a um lado e distante $2\sqrt{3}$cm desse lado. Determine o volume e a área do sólido de revolução gerado.

638 Um triângulo equilátero de 6cm de lado gira em torno de um eixo que não tem ponto em comum com esse triângulo, sendo esse eixo paralelo a um lado e distante $2\sqrt{3}$cm do vértice oposto a esse lado. Determine o volume e a área do sólido de revolução assim gerado.

639 Um quadrado de 6cm de lado gira em torno de um eixo paralelo a uma diagonal, distante $4\sqrt{2}$cm desse quadrado, gerando um sólido de revolução. Determine o volume e a área desse sólido.

640 Um triângulo equilátero de 6cm de lado gira em torno de um eixo paralelo a uma das alturas do triângulo, distante 6cm do triângulo, gerando um sólido de revolução. Determine o volume e a área desse sólido.

641 Um hexágono regular de 6cm de lado gira em torno de um eixo paralelo a um lado, distante $3\sqrt{3}$cm do hexágono, gerando um sólido de revolução. Determine o volume e a área desse sólido.

642 Um hexágono regular de 6cm de lado gira em torno de um eixo paralelo a uma diagonal menor desse hexágono, distante 6cm dele, gerando um sólido de revolução. Determine o volume e a área desse sólido.

643 Um octógono regular de 6cm de lado gira em torno de um eixo paralelo a um lado, distante $3\sqrt{2}$cm dele, gerando um sólido de revolução. Determine o volume e a área desse sólido.

644 Um trapézio retângulo de bases com 2 cm e 6cm gira em torno de um eixo paralelo ao lado perpendicular às bases, afastado 5cm do trapézio, e o mesmo tanto do lado perpendicular às bases. Se o sólido gerado tem 172π cm³ de volume, qual é a sua área?

645 Um trapézio retângulo de bases 2cm e 14cm e lado oblíquo às bases com 13cm, gira em torno de um eixo paralelo às bases, que não tem ponto em comum com o trapézio, e mais próximo da base menor do que da outra. Se o sólido gerado tem 434π cm² de área, qual é o seu volume?

646 Um trapézio isósceles de bases com 1cm e 17cm e perímetro 38cm gira em torno de um eixo que não tem ponto em comum com ele é perpendicular às retas das bases.. Se o sólido gerado tem 722π cm² de área, qual é o seu volume?

647 Um triângulo ABC com AB = 5cm, BC = 10 cm e AC = $5\sqrt{5}$ cm gira em torno de um eixo que não tem ponto em comum com ele, distante 6cm de A e 3cm de B. Determinar o volume e a área do sólido de revolução gerado.

648 A região sombreada da figura gira em torno do eixo **y** determinando um sólido. Se o arco da figura é um arco de circunferência de 90° com centro em **y** e o cm a unidade das medidas indicadas na figura, determine o volume do sólido, nos casos:

a) Ele tem 321 π cm² de área

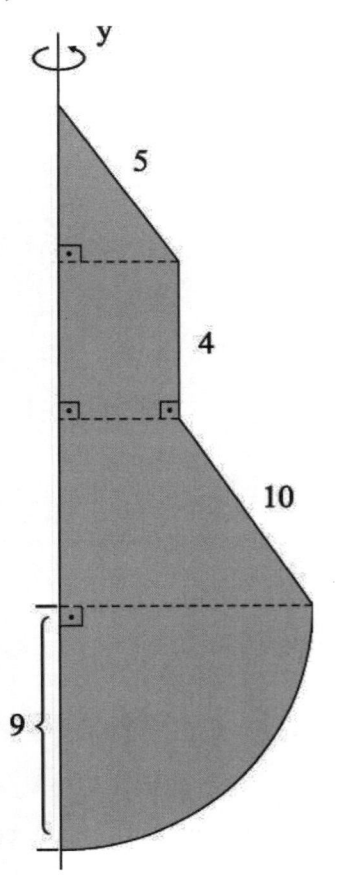

b) Ele tem 303 π cm² de área.

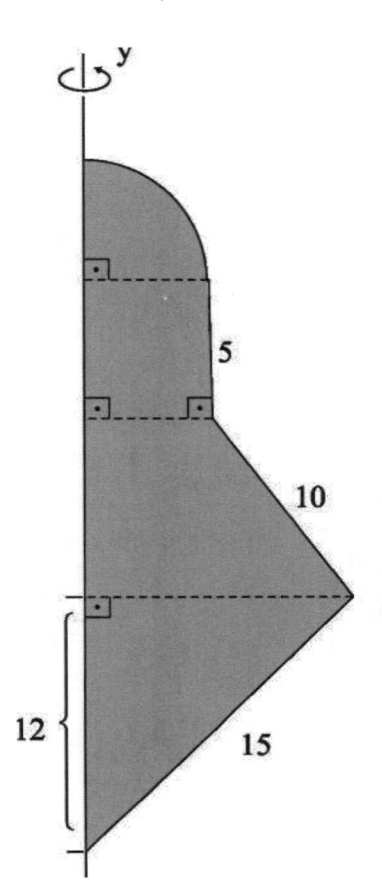

c) Ele tem 249 π cm² de área

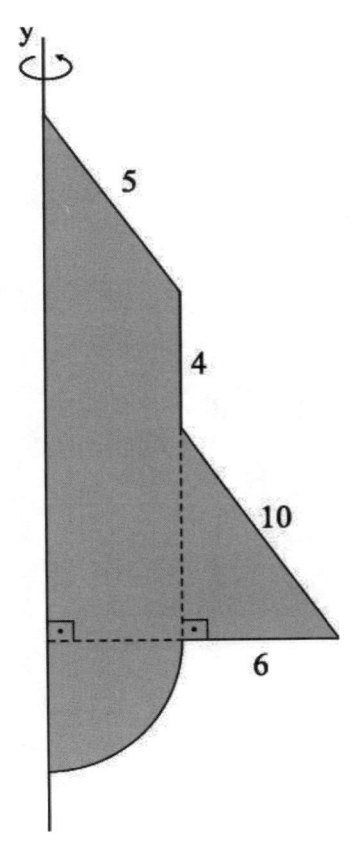

d) Ele tem 486 π cm² de área.

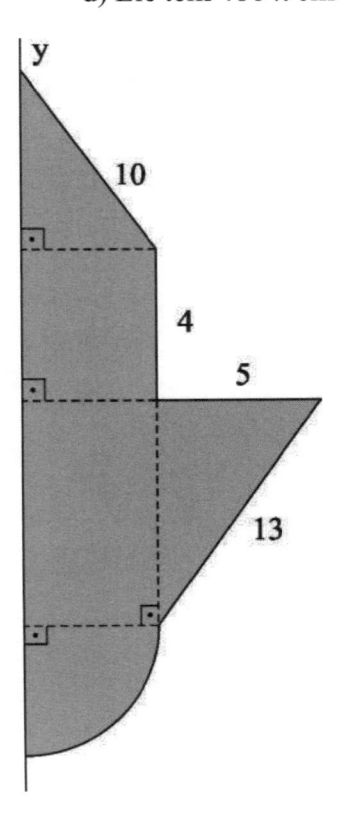

649 A região sombreada da figura gira em torno do eixo **y** determinando um sólido. Se o arco da figura é um arco de circunferência de 90° com centro em **y** e o cm é a unidade das medidas indicadas na figura, determine o volume do sólido, nos casos:

a) Ele tem 360π cm² de área.

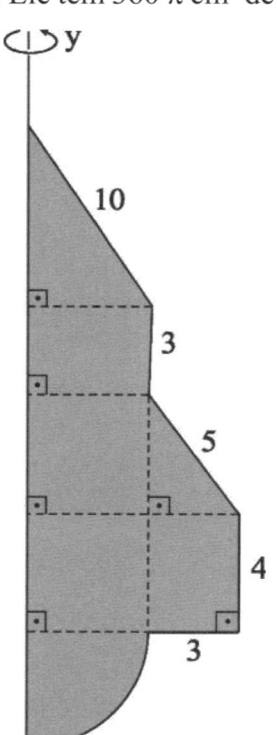

b) Ele tem 369π cm² de área.

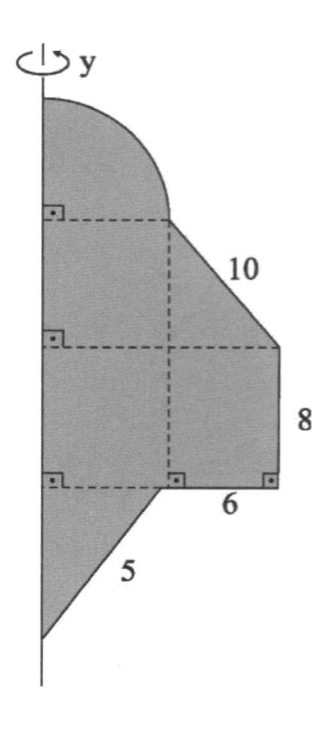

650 A região sombreada da figura gira em torno do eixo **y** determinando um sólido. Se o arco da figura é um arco de circunferência de 90° com centro em **y** e o cm é a unidade das medidas indicadas na figura, determine a área do sólido, nos casos:

a) Ele tem 1026π cm³ de volume

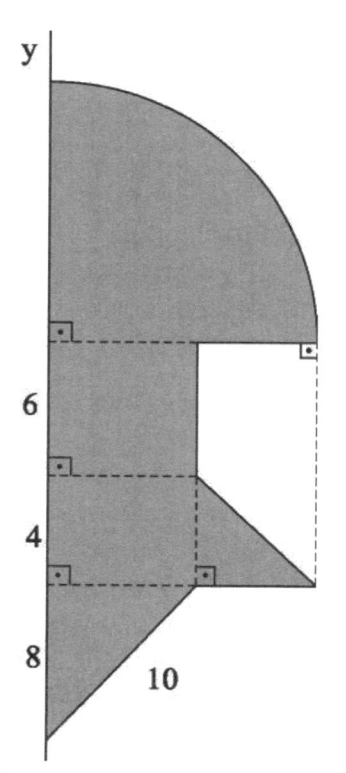

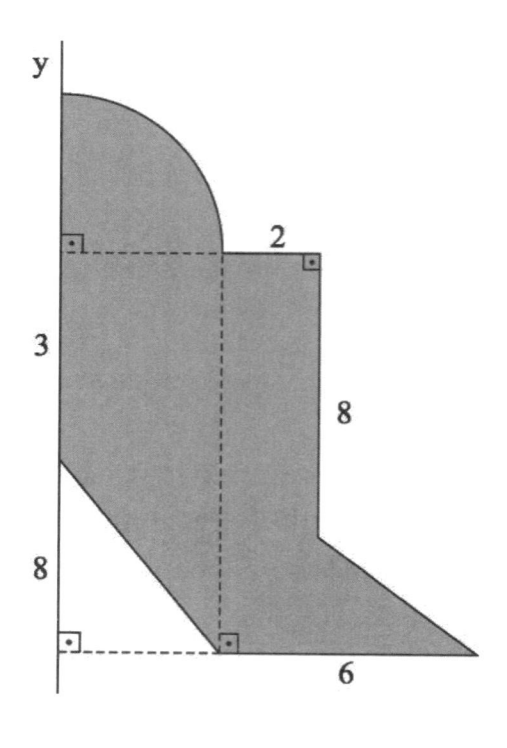

b) Ele tem 864π cm³ de volume.

Esboço de Alguns Sólidos

Etapas que podem ser feitas para facilitar o esboço do desenho de alguns sólidos (os números indicados nas figuras são números de centímetros).

I) Prisma triangular regular

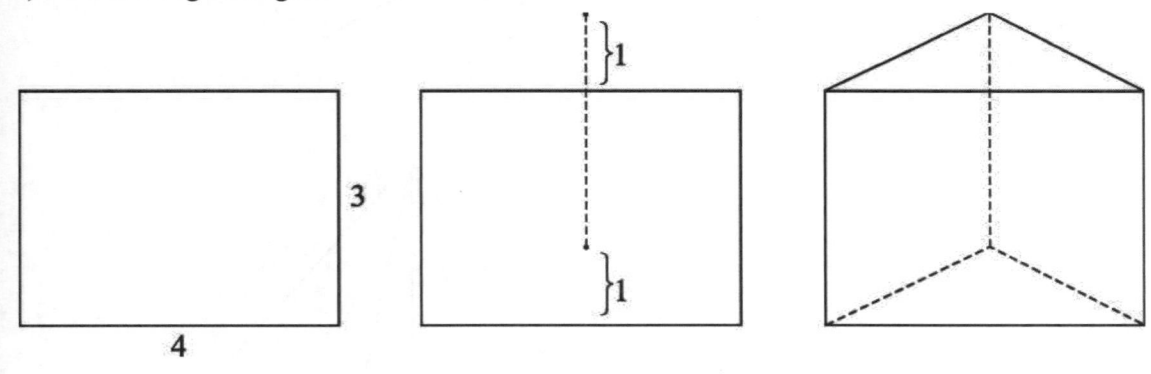

II) Prisma hexagonal regular

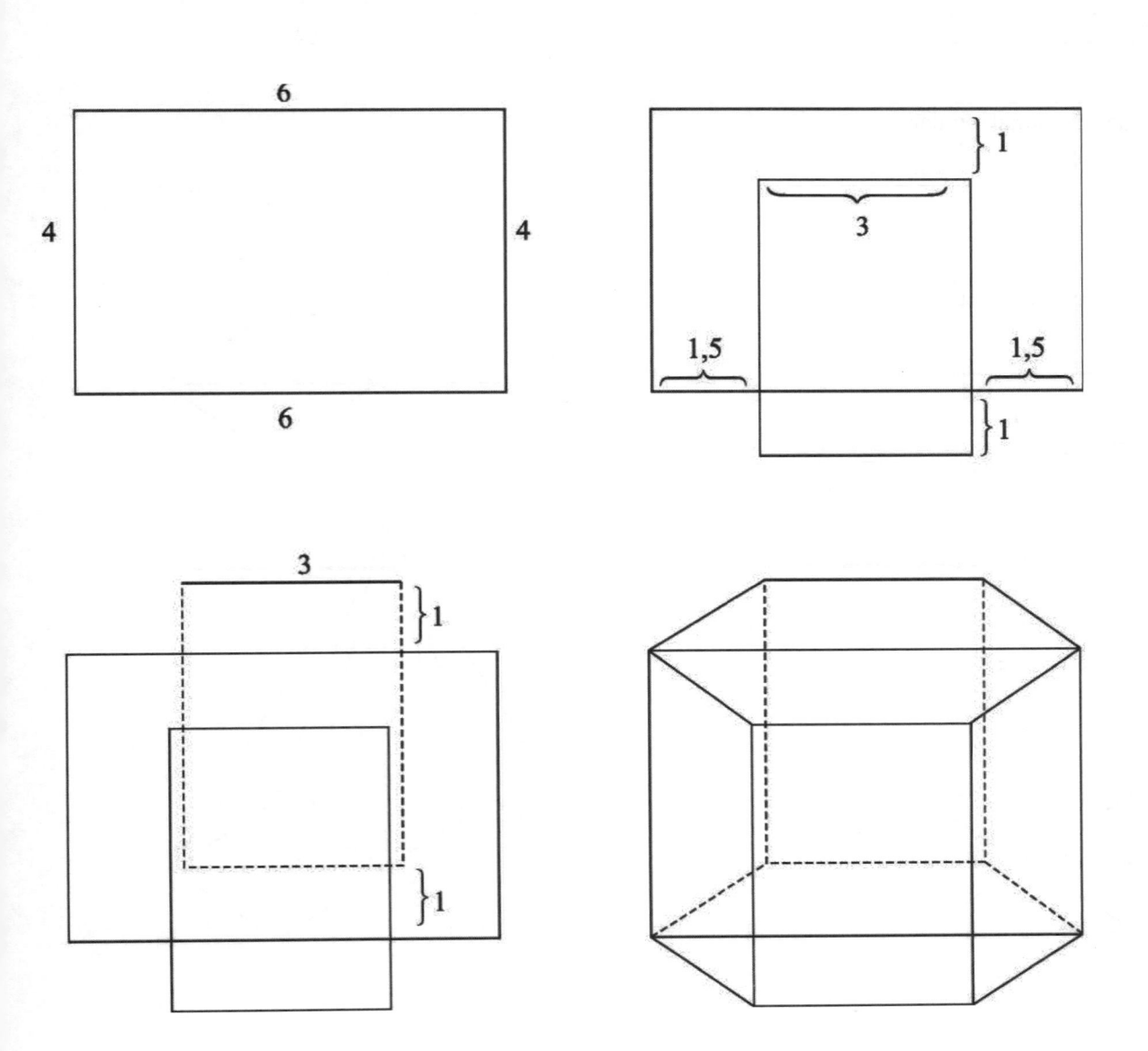

199

III) Pirâmide quadrangular regular

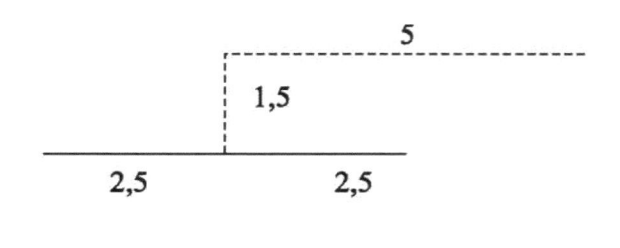

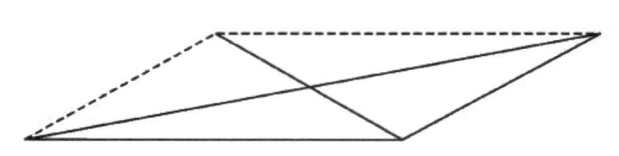

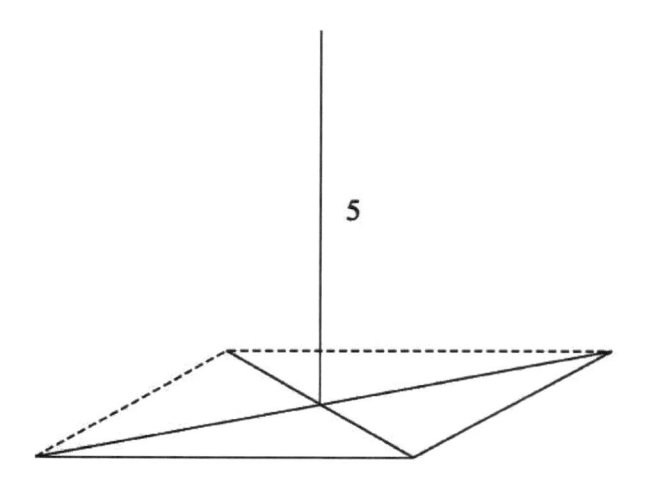

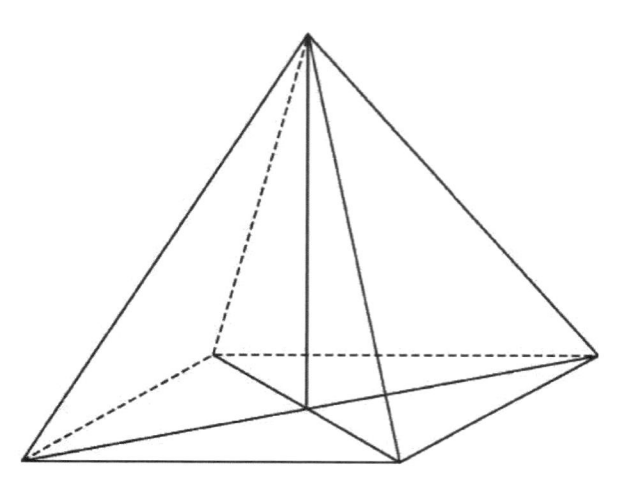

5

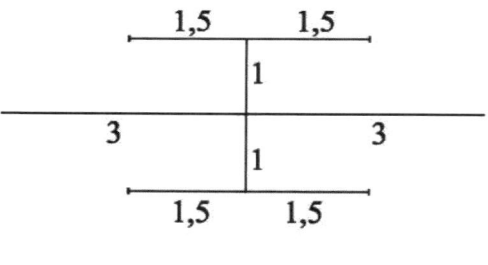

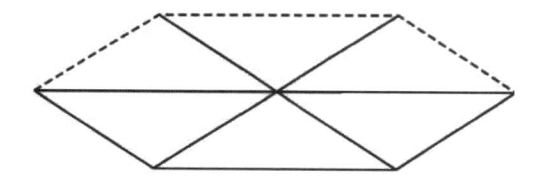

1,5

2,5   2,5

5

IV) Pirâmide hexagonal regular

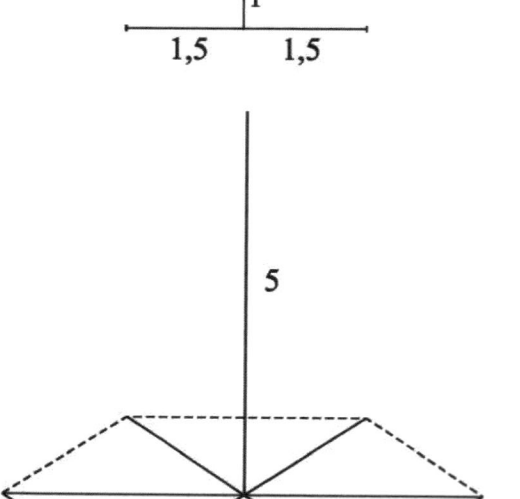

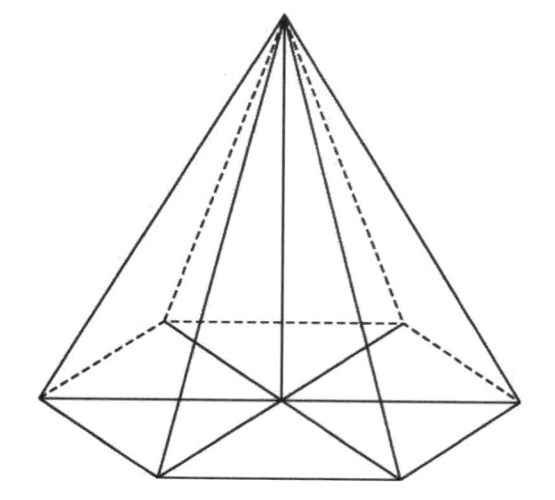

1,5   1,5

1

3   3

1

1,5   1,5

5

200

V) Pirâmide triangular regular

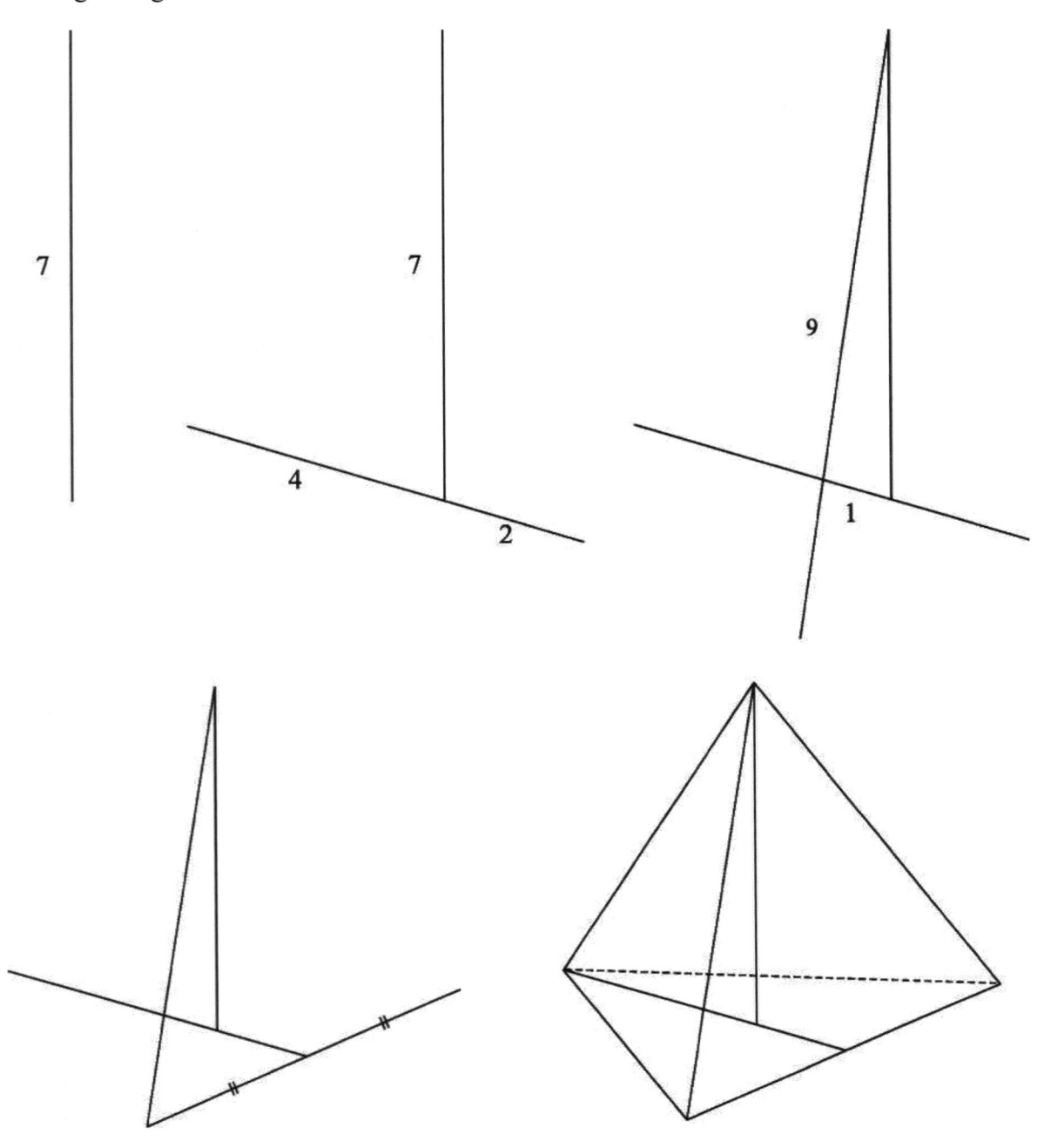

IV) Pirâmide quadrangular regular com dois ângulos notáveis

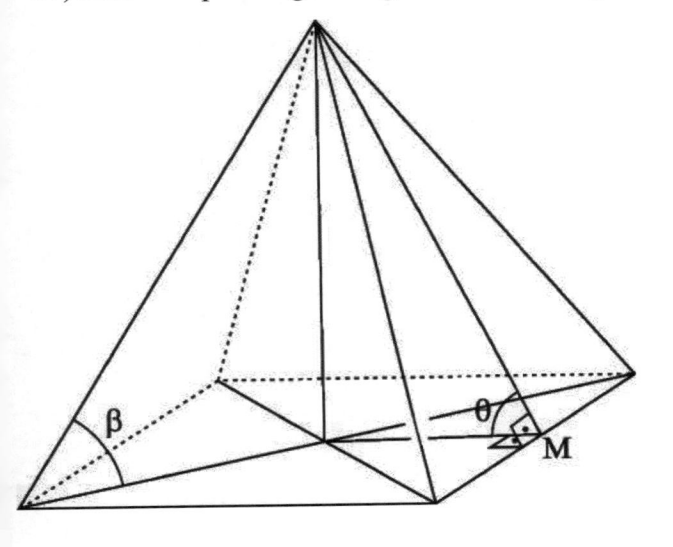

- β é o ângulo que a aresta lateral forma com o plano da base.

- θ é a medida do diedro da base

VII) Pirâmides hexagonal e triangular regulares e dois ângulos notáveis

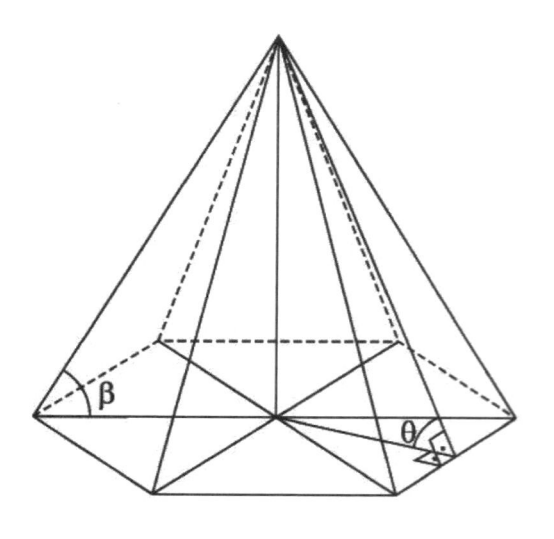

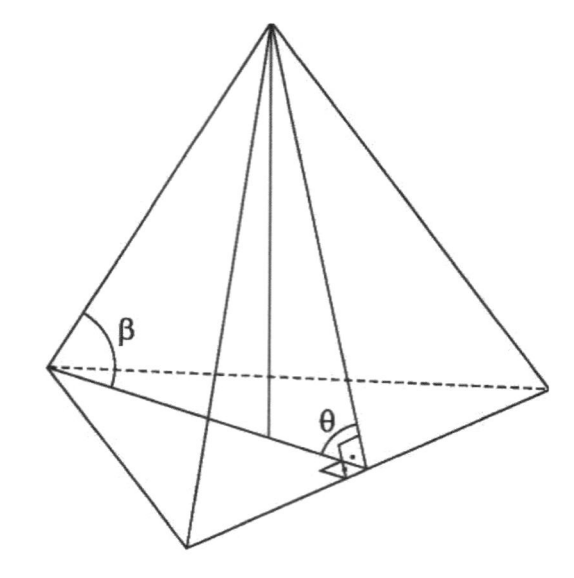

- β é o ângulo que a aresta lateral forma com o plano da base
- θ é a medida do diedro da base

VIII) Cilindro de revolução com duas secções planas paralelas ao eixo.

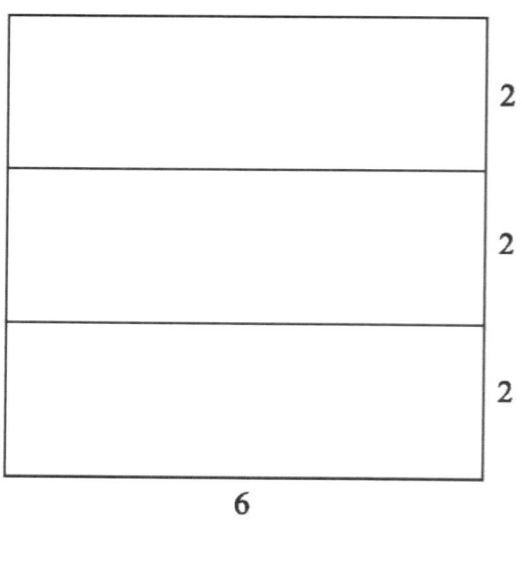

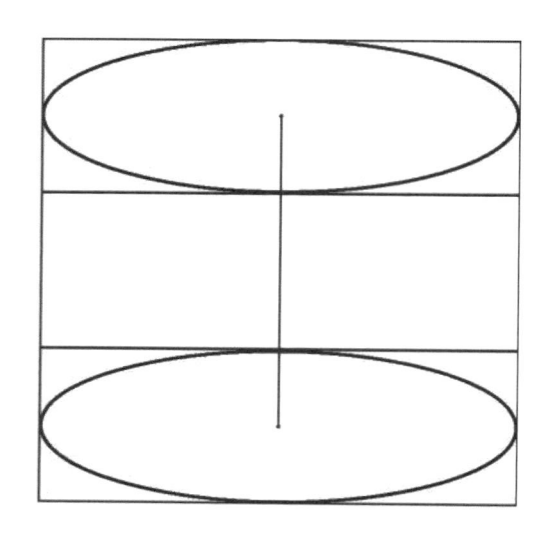

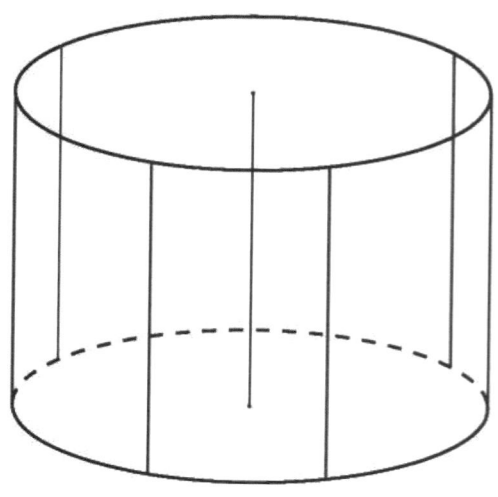

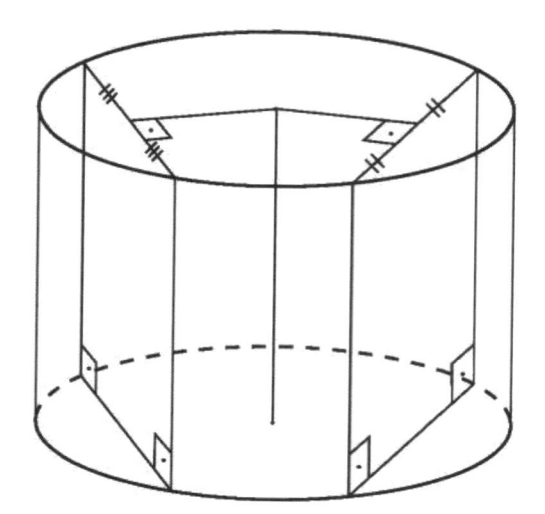

IX) Tronco de cone de revolução
(Faz-se o cone e corta-o por um plano paralelo à base)

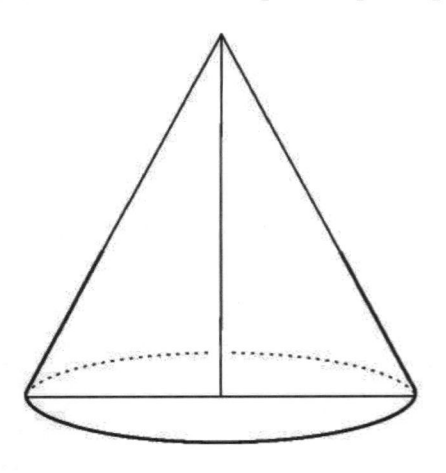

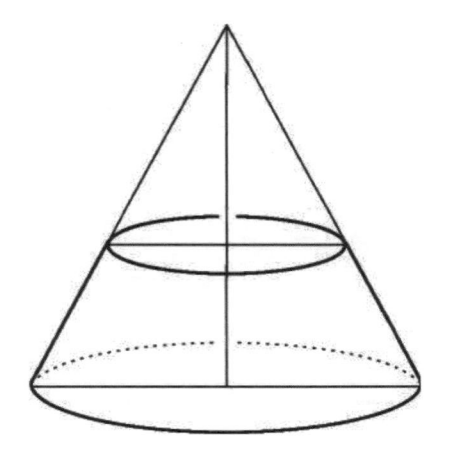

X) Troncos de pirâmides regulares de bases paralelas
(Faz-se a pirâmide regular e corta-a por um plano paralelo à base)

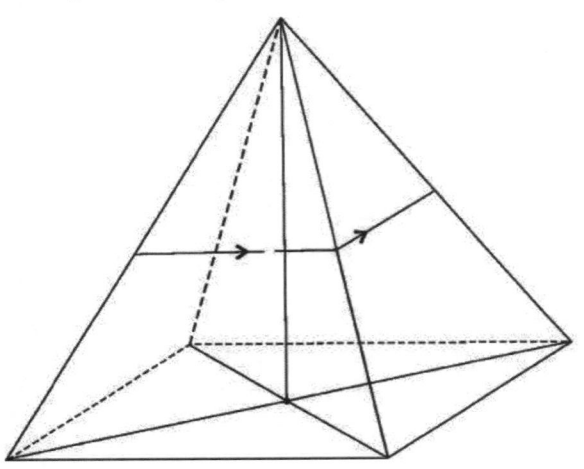

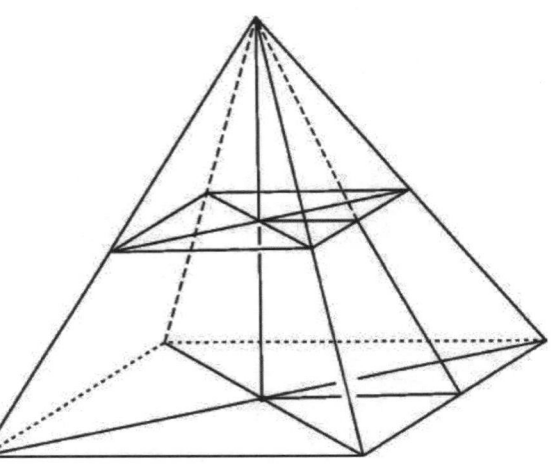

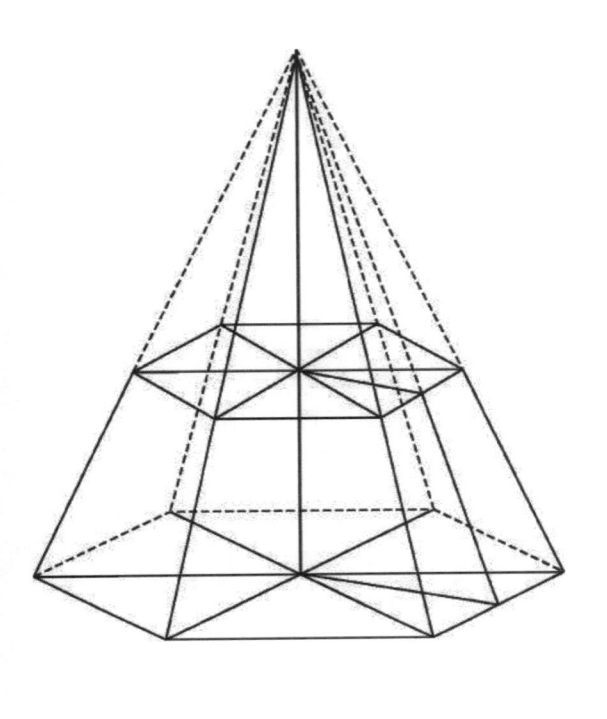

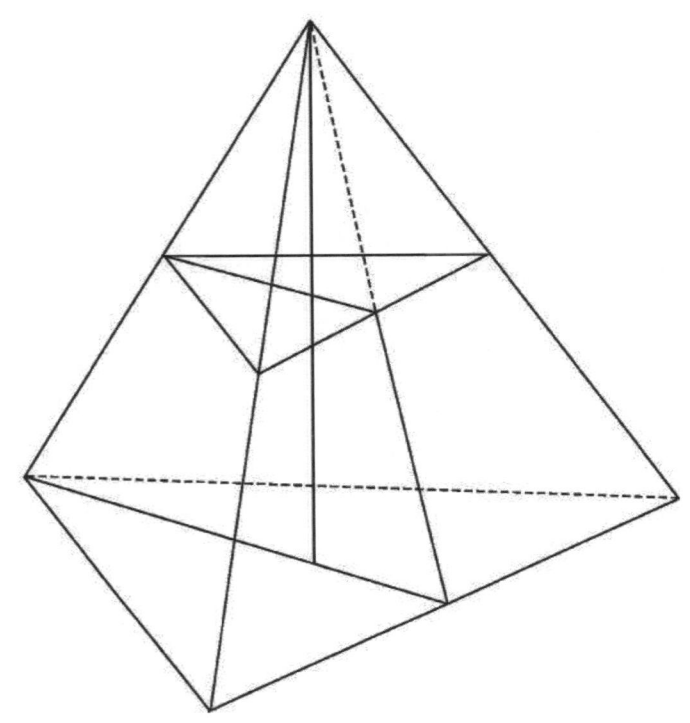

RESPOSTAS

I Cilindro

1 a) 72π m³   b) 300π m³   **2** a) 112π m²   b) 648π m²   **3** 360π m³, 192π m²

4 1024π m³, 384π m²   **5** 216π m³, 144π m²   **6** 150π m²

7 130π m²   **8** 176π m³   **9** 648π m³   **10** 343π m³

11 216π **12** 648π cm³ ou 972 cm³   **13** 168 m²   **14** $\dfrac{27}{16}$ m ou 3 m

15 80π cm²   **16** a) 500π m³   b) 64π m³   c) 2000π m³   d) 252π m³

17 a) 208π m²   b) 168π m²   c) 2400π m²   d) 80π m²   **18** a) 384π m²
 b) 686π m³   c) 144π m³   d) 180π m²   e) 288π m²   f) 640π m³   g) 1728π m²

19 Se R = H, o volume não alterou, se R < H, o volume aumentou e se R > H o volume diminuiu

20 V = 1090π, A = 460π **21** V = 390π, A = 286π **22** a) 225π m³, 140π m²
 b) 192π m³, 128π m²   **23** 672π m³, 392π m²   **24** a) 4π b) 12π c) 12π
 d) 8π e) 8π f) 32π **25** a) 16π b) 20π c) 4π
 d) 32π e) 24π f) 16π g) 8π **26** a) V = 37π, A = 54π
 b) V = 124π, A = 140π c) V = 126π, A = 172π **27** 448πm³, $16\left(\dfrac{35}{3}\pi + 12\right)$m²

28 $\dfrac{824}{5}\pi$m³, $\dfrac{1232}{5}\pi$m²   **29** b) 24 m²   c) $35\sqrt{2}$ m²   **30** $2\sqrt{182}$ m²   **31** 84 m²

32 a) $2\sqrt{3}$ m   b) $4\sqrt{3}$ m   **33** 10 m   **34** 10 m   **35** a) 4 m   b) 10 m

37 $\sqrt{5}$ m   **38** $3\sqrt{3}$ m   **41** $\dfrac{297\sqrt{35}}{280}$ m   **42** 192 m³   **43** 108 m³

44 64 m³ ou 128 m³   **45** 324 m³   **46** $90\sqrt{6}$ m³   **47** 384 m³

48 $432\sqrt{3}$ m³   **49** 216π m²   **50** 800 m³   **51** $128(\sqrt{3}+1)\pi$ m²

52 648 m³   **53** 1176 m²   **54** $1296\sqrt{3}$ m²   **55** 1458 m³

56 1728 m³   **57** 144 m²   **58** 110π m²   **59** 180π m²   **60** 960 m²

61 1008 m²   **62** 1470 m³   **63** $256\sqrt{7}\pi$m³   **64** $27(\pi-2)$ m³

65 $24(8\pi+3\sqrt{3})$m³   **66** 88π m²   **67** 384 m²   **68** $48(4\pi-3\sqrt{3})$m³

69 $84(4\pi-3\sqrt{3})$m³   **71** 72π m³   **72** 96π m³ ou 75π m³

73 18π m²   **74** 900π m³ ou 900π m³ ou 1011π m³

| 75 | a) 288π m², 168π m²   b) 192π m²   c) 175π m³ | 76 | 250π m³

b) 384π m²   c) 2 | 77 | a) 432π m³   b) 200π m³   c) 324π m³ | 78 | 256π m³

| 79 | 50π m³ | 80 | 150π m³, 110π m² | 81 | 408π m² | 82 | 144π m²

| 83 | $\dfrac{6\pi}{\pi-1}$ m² | 84 | 300π m³ | 85 | 4m e 1m ou $2(\sqrt{2}-1)$m e $4(3+2\sqrt{2})$m

| 86 | 176π m² | 87 | 225π m³ | 88 | 216π m² | 89 | 32π m³ | 90 | 144π m³ ou 150π m³

| 91 | 192π m³ | 92 | $84\sqrt{3}$ m³ | 93 | $\dfrac{3\sqrt{3}r^3}{2}$ | 94 | 18π m³ | 95 | $54\sqrt{3}$ m³

| 96 | 576π m³ | 97 | 24π m² | 98 | 150π m³ e 110π m² | 99 | 32π cm³ ou 54π cm³

| 100 | 144π m³ | 101 | $384\sqrt{3}$ m³ | 102 | 50π m³ | 103 | 576 m² | 104 | 42π m²

| 105 | 192 m³ | 106 | $5\sqrt{15}\,\pi$ m³ | 107 | 400 m² | 108 | 30π m² | 109 | $36(\pi-2)$ m³

| 110 | a) $V = 112\pi$, $A = 88\pi$ b) $V = 1350\pi$, $A = 630\pi$ c) $V = 490\pi$, $A = 238\pi$

d) $V = 1728\pi$, $A = 964\pi$ | 111 | a) 16π b) 20π c) 64π d) 64π

e) 11π f) 16π g) 16π h) 36π i) 140π j) 36π k) 30π

l) 18π | 112 | a) $V = 349\pi$, $A = 234\pi$ b) $V = 294\pi$, $A = 224\pi$

c) $V = 316\pi$, $A = 308\pi$ d) $V = 510\pi$, $A = 520\pi$ e) $V = 1053\pi$, $A = 780\pi$

| 113 | a) $V = 393\pi$, $A = 2(159\pi + 65)$ b) $V = 462\pi$, $A = 3(111\pi + 40)$

II Cone

| 114 | a) 245π m³   b) 100π m³ | 115 | a) 60π m²   b) 136π m² | 116 | a) 96π m²

b) 224π m² | 117 | a) 189π m², $81\sqrt{7}\,\pi$ m³   b) 216π m², 324π m³ | 118 | $72\sqrt{3}\,\pi$ m³, 108π m²

| 119 | 1536π m³ | 120 | 144π m² | 121 | $36\sqrt{21}\,\pi$ m³, 126π m² | 122 | 360π m²

| 123 | 36π m² | 124 | 800π m³ | 125 | $144\sqrt{33}\,\pi$ m³ | 126 | $81\sqrt{7}\,\pi$ m³ | 127 | $9\sqrt{15}\,\pi$ m³

| 128 | $12\sqrt{7}\,\pi$ m³ | 129 | 36π m³ ou 18π m³ | 130 | $2\sqrt{13}\,\pi$ m² ou $2\sqrt{39}\,\pi$ m²

| 131 | 4m | 132 | $288\sqrt{5}\,\pi$ m³ | 133 | 324π m³ | 134 | a) 45π m²   b) 75 m²   c) $135°$

d) 15π m   e) $96°$ f) 12π m | 135 | 15 m | 136 | 33π m

| 137 | $R = 28$m, $H = 12\sqrt{39}$ m | 138 | $r = \dfrac{7}{10}g$ | 139 | 14 m, 24 m | 140 | $225°$

| 141 | $180°$ | 142 | 297π m² | 143 | 154π m² | 144 | $216\sqrt{319}\,\pi$ m³

| 145 | $36\sqrt{21}\,\pi$ m³, 126π m² | 146 | $144\sqrt{2}\,\pi$ m³, 144π m²

147 $sen\,\theta = \dfrac{3}{5}$ ou $\theta = \arcsen\dfrac{3}{5}$ **148** 96π m² **149** $9\sqrt{5}\pi$ m² **150** $\dfrac{1}{4}$

151 a) $\dfrac{V\pi}{4}$ b) $\dfrac{\sqrt{3}V\pi}{9}$ c) $\dfrac{\sqrt{3}V\pi}{6}$ **152** a) 210π m³ b) 192π m³

c) 90π m³ **153** $144\sqrt{2}\pi$ m³ **154** $12(\sqrt{2}-1)$ m **155** $A = 216\pi$ m², $V = 448\pi$ m³

156 $V = 528\pi$ m³, $A = 396\pi$ m² **157** a) $V = 80\pi$, $A = 68\pi$ b) $V = 576\pi$, $A = 240\pi$

c) $V = 2072\pi$, $A = 644\pi$ **158** a) 100π m³, 90π m² b) $V = \dfrac{\pi a^3}{4}$, $A = \sqrt{3}\pi a^2$

c) 1200π m³, 420π m² **159** a) 192π m³, 216π m² b) 228π m³, 192π m²

160 a) $126\sqrt{3}\pi$ m³, 126π m² b) $54\sqrt{3}\pi$ m³, 108π m² **161** 1728π m³, $72(3\pi + 11)$ m²

162 $\dfrac{252}{5}\pi$ m³, $18(3\pi + 2)$ m² **163** 216π m², $108\sqrt{3}\pi$ m³ **164** $120\sqrt{3}\pi$ m³, $12(\sqrt{3}+9)\pi$ m²

165 a) $V = 336\pi$, $A = 196\pi$ b) $V = 168\pi$, $A = 120\pi$

166 É a circunferência de diâmetro AB, fora os pontos A e B. **167** É a circunferência de diâmetro AB.

169 60 m², 36 m² **170** É a circunferência com diâmetro OB, onde O é o centro do círculo.

171 12π m³ **172** $9\sqrt{3}\pi$ m³ **173** 80π m² **174** 72π m³ **175** $\arctg\dfrac{1}{2}$

176 $\arcsen\dfrac{3}{5}$ **177** 12 m **178** 112π m³ **179** 72π m³ **180** $\dfrac{17}{9}$

181 96π m³ **182** $9{,}6$ m **183** 216π m² **184** 1800π m², 4300π m³

185 a) 320π m³, 200π m² b) 189π m² c) $36\sqrt{5}\pi$ m³ d) 648π m³

186 a) 12π m³ b) 90π m² **187** $24\sqrt{91}\pi$ m³ **188** $18\sqrt{2}\pi$ m³ **189** $24\sqrt{55}\pi$ m³

190 96π m² **191** 84π m² **192** 6 m ou 4 m **193** $\dfrac{9}{4}\pi$ m³

194 $R = H$, não alterou; $R < H$, aumentou; $R > H$, diminuiu. **195** 96π m³ **196** $\dfrac{\sqrt{35}}{3}\pi$ m³

197 $6\sqrt{2}$ m **198** $\dfrac{\sqrt[3]{18}}{3}$ **199** $9(2\sqrt{3}+3)\pi$ m² **200** 192π m³ **201** 324π m³

202 96π m² **203** $\dfrac{3}{5}$ **204** $54\sqrt{6}\pi$ m³ **205** 54π m² **206** 90π m²

207 144π m³ **208** 324π m³ **209** 24π m² **210** $27(2\sqrt{3}+1)\pi$ m² **211** $\sqrt{6}\pi$ m³

| 212 | 19π m³ | | 213 | $36\sqrt{3}\pi$ m³ | | 214 | 36π m² | | 215 | $V = \dfrac{\pi a^3}{2}$, $A = 2\sqrt{3}\pi a^2$ |

| 216 | 312π m³, 240π m² | | 217 | $V = \sqrt{2}\pi a^3$, $A = 4\sqrt{2}\pi a^2$ | | 218 | 350π m³, 270π m²

| 219 | 312π m³, 210π m² | | 220 | $30\sqrt{13}\,\pi$ m², 156π m³ | | 221 | 528π m³ | | 222 | 128π m³, 182π m² | | 223 | $180\sqrt{3}\,\pi$ m³, $9(19+6\sqrt{3})\pi$ m² | | 224 | 96π m³ | | 225 | 224π m³

| 226 | a) 288π m², 256π m³ b) 336π m², 432π m³ c) 444π m², 991π m³
d) 414π m², 748π m³

III Esferas

| 227 | a) 100π m² b) 196π m² | 228 | a) 288π m³ b) 972π m³ | 229 | 2304π m³, 576π m²

| 230 | $576\sqrt{2}\,\pi$ m³ | 231 | 900π m² | 232 | 192π m² | 233 | 484π m² | 234 | 972π m³

| 235 | 324π m² | 236 | 2304π m³ | 237 | a) 11 m b) 15 m | 238 | 7 m | 239 | $10\sqrt{2}$ m | 240 | 30 m

| 241 | 5 m | 242 | 8 m | 243 | 18π m² | 244 | 400π m² | 245 | 48π m²

| 246 | $12\sqrt{3}$ m | 247 | $8(\sqrt{3}-1)$ m | 248 | É o semi-plano bissetor do diedro

| 249 | No bissetor do diedro | 250 | É o plano perpendicular ao segmento, conduzido pelo ponto médio do segmento. | 251 | No plano que passa pelo ponto médio de AB e é perpendicula a AB.

| 252 | É o plano que passa pela bissetriz do ângulo e é perpendicular ao plano do ângulo.

| 253 | No semi-plano que contém a bissetriz do ângulo e tem origem em uma reta perpendicular ao plano do ângulo, conduzida pelo vértice. | 254 | a) infinitas b) infinitas c) infinitas.

| 255 | É a semireta com origem no vértice do triedro, contida no triedro (no seu interior), determinada pelas intersecções dos bissetores dos diedros do triedro. | 256 | Na semireta descrita no exercícios anterior.

| 257 | É a semireta com origem no vértice do triedro, contida no triedro (no seu interior) determinada pela intersecção dos planos perpendiculares as faces, conduzidas pelas bissetrizes das faces.

| 258 | Na semireta descrita no exercício anterior. | 259 | a) É a reta perpendicular ao plano do quadrado, conduzida pelo seu centro   b) Idem ao item anterior

| 260 | a) Na reta descrita no exercício anterior   b) Idem. | 261 | É a reta perpendicular ao plano da circunferência, conduzida pelo seu centro. | 262 | É a reta perpendicular ao plano do triângulo, conduzida pelo circuncentro do triângulo. (Circuncentro de um triângulo é a intersecção das mediatrizes dos lados do triângulo). | 263 | Na reta perpendicular ao plano da circunferência, conduzida pelo seu centro.

| 264 | Na reta perpendicular ao plano do triângulo conduzida pelo seu circuncentro (centro da circunferência circunscrita).

265 a) É a reta perpendicular ao plano do quadrado, conduzida pelo seu centro.

b) É a reta perpendicular ao plano do losango, conduzida pelo seu centro (intersecção das diagonais).

266 a) Na reta descrita no exercício anterior. b) Idem. **267** É a reta perpendicular ao plano do triângulo, conduzida pelo seu incentro. (Incentro de um triângulo é a intersecção das bissetrizes internas do triângulo. Ele eqüidista dos lados do triângulo). **268** Na reta descrita no exercício anterior.

269 a) 382π m³ b) 478 m² c) 651π m³ d) 477 m² **271** a) 686π m³

b) 450π m² c) $72\sqrt{2}\,\pi$m³ d) 484π m² **272** 512π m² **273** $2058\sqrt{3}\,\pi$m³

274 $360\sqrt{10}\,\pi$m³ **275** 100π m² **276** 40π m² **277** a) 7 m b) 28 m

278 a) $3\sqrt{3}$ m b) $6\sqrt{3}$ m **279** a) $4\sqrt{3}$ m b) $6\sqrt{3}$ m **280** 4 m

281 18 m, $19,5$ m **282** 10 m **283** 3 m, 9 m **284** $32\sqrt{3}\,\pi$m³ **285** 256π m²

286 324π m² **287** $48\sqrt{2}\,\pi$m³ **288** 36π m³ **289** 400π m² **290** 288π m³

291 36π m³ **292** 64π m² **293** 288π m³ O centro da esfera está fora do cone.

294 250π m³ **295** 6m O centro da esfera coincide com o centro da base do cone.

296 729π m³ ou 81π m³ **297** $\dfrac{\sqrt{6}}{3}R$ **298** $3\sqrt{11}$m **299** 13m **300** 8m

301 $5\sqrt{13}$m **302** 26 m **303** 12 m **304** 12 m **305** 13 m

306 $6\sqrt{6}$m **307** $4\sqrt{7}$m **308** 13m **309** $5\sqrt{5}$m **310** a) 5 m b) $2\sqrt{3}$m

311 $12\sqrt{3}$m **312** 4 m **313** $10\sqrt{3}$m **314** $8\sqrt{3}$m **315** 6 m **316** 6m

317 $3\sqrt{3}$m **318** $2\sqrt{5}$m **319** $4\sqrt{3}$m **320** 9 m **321** $4\sqrt{5}$m

322 a) $12,5$ m b) $\dfrac{6(18-\sqrt{34})}{29}$ m **323** 20m **324** $225\sqrt{3}$m² **325** 8 m

326 50 m, 30 m e 30 m **327** 4 m **328** $4\sqrt{455}$m² **329** $(\sqrt{2}+1)r$ **330** $\dfrac{r}{2}$

331 $\dfrac{2\sqrt{6}r}{3}$ **333** a) $\dfrac{a}{2}$ b) $\dfrac{a\sqrt{3}}{2}$ **337** $\dfrac{a\sqrt{2}}{2}$ **338** $\dfrac{a\sqrt{6}}{6}$

339 $\dfrac{a\sqrt{2}}{2}$ **340** $\dfrac{a}{2}$ **341** $\dfrac{a\sqrt{2}}{4}$ **343** 9 m, $9\sqrt{3}$m **344** $3\sqrt{6}$m, $9\sqrt{6}$m

345 27 **346** 288π m³ **347** 64π m² **348** $\dfrac{a\sqrt{6}}{24}$

| 349 | $216\sqrt{3}$ m³ | 350 | $72\sqrt{2}$ m³ | 351 | $8\sqrt{6}\pi$ m³ | 352 | $64\sqrt{6}\pi$ m³ | 353 | 432π m² |

| 354 | 24π cm² | 355 | $384\sqrt{3}$ m³ | 356 | $\dfrac{27\sqrt{3}}{2}$ m³ ou $\dfrac{81}{2}$ m³ | 357 | 360 m² |

| 358 | $216\sqrt{3}$ m² | 359 | $432\sqrt{3}$ m² | 360 | 1080 m² | 361 | $r = 4$m, 5m, 20m | 362 | $648\sqrt{3}$ m² |

| 363 | $\dfrac{7}{3}$ | 364 | 576 m³ | 365 | 972π m³ | 366 | a) 3 m b) 13 m |

| 367 | $\dfrac{2h^3}{\operatorname{sen} 2\alpha(1+\operatorname{sen}\alpha+\cos\alpha)}$ | 368 | $30°$ ou arc tg $\dfrac{\sqrt{6}}{3}$ | 369 | $60°$ | 370 | $\dfrac{2}{3}(2\sqrt{3}+3)r$ |

| 371 | $\dfrac{a}{2\operatorname{sen} 2\alpha}$ | 372 | $2\pi R^3$, $\dfrac{2}{3}\pi R^3$ | 373 | $\dfrac{4}{3}\pi R^3$ | 375 | a) $V = \dfrac{4}{3}\pi R^3$, $A = 4\pi R^2$ |

b) $V = 108\pi$, $A = 84\pi$ c) $V = 504\pi$, $A = 408\pi$ d) I) $V = 162\pi$, $A = 117\pi$

II) $V = 126\pi$, $A = 117\pi$ | 376 | a) $V_{sól} = \dfrac{496}{3}\pi$, $A = 128\pi$ b) $V = 798\pi$, $A = 447\pi$,

| 377 | a) $V = \dfrac{664\pi}{3}$, $A = 175\pi$ b) $V = 540\pi$, $A = 507\pi$ | 378 | a) 384π cm³, 240π cm²

b) $\alpha = 72°$, 900π cm³   c) 6 cm | 379 | a) 576π cm³   b) 720π cm³

| 380 | 306π cm² | 381 | a) 972π m³, 324π m²   b) 2304π m³   c) 36π m²
382	676π m²	383	92π m²	384	256π m²	385	100π m²	386	1156π m²
387	4500π m³	388	288π m³	389	$256\sqrt{3}\pi$ m³	390	256π m²	391	17 m
392	$288\sqrt{3}$ m²	393	$64\sqrt{6}$ m³	394	$32\sqrt{2}\pi$ m²	395	288π m³	396	216 m³
397	192π m²	398	100π m²	399	36π m³	400	$a\sqrt{21}/6$	401	$96\sqrt{6}\pi$ m³
402	$\sqrt[3]{12}/3$	403	$18\sqrt{3}$ m²	404	676π m²	405	$(3\sqrt{5}+5)\pi R^2/2$	406	36π m³
407	a) $\dfrac{4}{9}$ b) $\dfrac{4}{9}$	408	36π m³	409	400π m²	410	676π m²	411	$256\pi/3$ (m³)

412	$24\sqrt{3}$ m³	413	288π m³	414	108π m³	415	288π m³	416	676π m²
417	$6k$	418	6 m	419	36π m²	420	100π m²	421	16π m²
422	$12,75$m, $7,2$m	423	108π m²	424	$72\sqrt{3}\pi$ m³	425	676π m²	426	576 m³
427	36π m³	428	4500	429	432 m³	430	81π m²	431	$8\sqrt{6}$ m
432	$2\sqrt{3}$ m	433	1600π m²	434	$6\sqrt{3}$ m³	435	6 m	436	900π m²

| 437 | $2304 m^3$ ou $576 m^3$ | | 438 | $24\pi\ m^2$ | | 439 | $64\sqrt{6}\pi\ m^3$ | 440 | $400\pi\ m^2$

| 441 | $400\pi\ m^2$ | 442 | $2500\pi\ m^2$ | 443 | $676\pi\ m^2$ | 444 | $162\sqrt{3} m^2$

| 445 | $\dfrac{1}{1+2\cotg^2\alpha}\cdot\sqrt[3]{\dfrac{6V}{\pi}}$ | 446 | $\sqrt[3]{\left(1+\dfrac{1}{\cos^2\dfrac{\pi}{n}}\right)^2}$ | 447 | $R \geq \sqrt{3}r$ | 448 | $\dfrac{2(3+\sqrt{3})^3}{9\pi}$

| 449 | $2R\sqrt{1-\dfrac{4}{3}\sen^2\dfrac{\alpha}{2}}$ | 450 | $\tg\dfrac{\alpha}{2}=\sqrt{\dfrac{3+\sqrt{2}}{7}}$ ou $\tg\dfrac{\alpha}{2}=\sqrt{\dfrac{3-\sqrt{2}}{7}}$

| 451 | $2\arcsen\dfrac{5}{6}$ ou $2\arcsen\dfrac{1}{6}$ | 452 | $\dfrac{8}{3}\pi R^3\left(\dfrac{k^2-1}{k^3}\right)^2$ | 453 | $\dfrac{q^2}{4}(2-q), 0 < q < 2$

| 454 | $\dfrac{1}{n}$ | 455 | $\dfrac{R}{\sqrt{2-\sqrt{2}}+1}$ | 456 | $\dfrac{R}{2}(\sqrt{3}-1)$ | 457 | a) $\dfrac{R}{2}(\sqrt{6}+2)$ b) $\dfrac{R}{2}(\sqrt{6}-2)$

| 458 | $\dfrac{R}{3}$ | 459 | $\dfrac{R\sqrt{3}}{3}$

IV Semelhança e Troncos

| 460 | $588\ m^2$ | 461 | $36\ m^2$ | 462 | $\dfrac{3}{4}$ | 463 | $\dfrac{h}{3}$ | 464 | a) $10 m$ b) $2\sqrt{5}\ m$

| 465 | $300\ cm^2$ | 466 | $(\sqrt{A}+\sqrt{B}+\sqrt{C})^2$ | 467 | a) $A = B$ b) $294\ cm^2$

c) $36 cm^2$ e $36\ cm^2$ d) $A + 2\sqrt{AB} + B$ | 468 | $\dfrac{2}{5}$ | 469 | $625\ m^3$

| 470 | $96\ m^2$ | 471 | $480\ m^2$ | 472 | $228\ cm^3$ | 473 | $640\ m^3$ | 474 | $\dfrac{h}{2}$

| 475 | $E = 122\ ml, L = 128 ml$ | 476 | $\left(\dfrac{2-\sqrt[3]{4}}{2}\right)h, \dfrac{h}{5}$ | 477 | $837\ m^3$ | 478 | $324\ m^3$

| 479 | $1500\ cm^3$ | 480 | $608\pi\ cm^3$ | 481 | $50\pi\ cm^2$ | 482 | $416\pi m^3, 320\pi m^2$ | 483 | $242\pi\ m^2$, $156\sqrt{5}\pi\ m^3$ | 484 | $R = r + 4$ | 485 | $76\pi\ m^3$ | 486 | $80\pi\ cm^2$ | 487 | $456\sqrt{5}\pi\ cm^3$

| 488 | $518\pi\ cm^3$ | 489 | $336\ m^3, 360\ m^2$ | 490 | $468\sqrt{2}\ m^3, 306\sqrt{3}\ m^2$

| 491 | $12\sqrt{3}\ cm, b = a + 36$ | 492 | $372\sqrt{3}\ cm^3$ | 493 | $4\sqrt{3}\ cm, b = a + 12$

| 494 | $351\sqrt{7}\ cm^3$ | 495 | $3\sqrt{6}\ cm, b = a + 6$ | 496 | $6156\sqrt{2}\ cm^3$ | 497 | $7\sqrt{3}\ cm$

| 498 | a) $x = \sqrt{ab}$ | 499 | $12\ cm, 24\ cm$ e $9\ cm$ | 500 | a) $g = 35$, $h = 28$ b) 8

| 502 | a) $3\sqrt{6}$ cm | b) $9\sqrt{2}$ cm | c) $3\sqrt{2}$ cm | | 503 | $504\sqrt{2}$ cm³ |

| 504 | a) 80π m², 52π m³ | b) 236π m², 560π m³ | c) 153π m², 243π m³ |

| 505 | a) 1184π cm³ | b) 288π cm³ | 351π cm³ | 506 |

| 507 | a) 222π cm² | b) 99π cm² | 508 | 267π cm² | 509 | 171π cm² | 510 | k^2, k^3

| 511 | 60 cm² | 512 | $\dfrac{h\sqrt{2}}{2}$ | 513 | 3 cm | 514 | $\dfrac{3}{4}h$ | 515 | 3 cm

| 516 | 4 cm | 517 | 90 cm² | 518 | 20 cm | 519 | a) 144 m² | b) 168 m

| 520 | a) 96 cm² | b) 135 cm e 225 cm | 521 | 216 cm² e 384 cm² | 522 | a) 10 cm | b) $2\sqrt{7}$ cm

c) $6\sqrt{2}$ cm | d) $8\sqrt{3}$ cm | 523 | a) $3\sqrt{34}$ cm | b) 12 cm | 524 | a) 20 cm

b) $4\sqrt{5}$ cm | 525 | 17 m | 526 | 13 m | 527 | $6\sqrt{5}$ cm | 528 | 256 cm²

| 529 | 144 cm² | 530 | a) $\dfrac{4}{5}$ | b) $\dfrac{8}{5}$ | c) $\dfrac{3}{5}$ | d) $\dfrac{2\sqrt{2}}{3}$ | e) $\dfrac{3\sqrt{3}}{4}$ | f) $\dfrac{2\sqrt{3}}{3}$ | g) $\dfrac{9}{7}$

h) $\dfrac{5}{6}$ | i) $\dfrac{5}{2}$ | j) $\dfrac{3}{4}$ | k) $\dfrac{2}{3}$ | 531 | a) $\dfrac{9}{16}$ | b) $\dfrac{4}{9}$ | c) $\dfrac{27}{125}$

d) $\dfrac{9}{16}$ | e) $\dfrac{9}{25}$ e $\dfrac{27}{125}$ | f) $\dfrac{1}{4}$ e $\dfrac{1}{8}$ | g) $\dfrac{4}{9}$, $\dfrac{4}{9}$ e $\dfrac{4}{9}$ | h) $\dfrac{8}{27}$ | i) $\dfrac{16}{25}$

j) $\dfrac{3\sqrt{3}}{8}$ | 532 | a) 192 cm³ | b) 756 cm² | 533 | 13 m | 534 | 448 m³

| 535 | 729 m³ | 536 | 128 cm³ e 686 cm³ | 537 | $26\sqrt{13}$ cm³ | 538 | a) $\dfrac{2}{3}$ | b) $\dfrac{3}{7}$

| 539 | a) $\dfrac{\sqrt{5}}{3}$ | b) $\dfrac{\sqrt{3}}{2}$ | c) $\dfrac{2}{3}$ | 540 | a) 32 cm | b) 32 cm

| 541 | a) 4 cm | b) 45 cm | c) 324 cm³ e 1500 cm³ | 542 | 114 cm³ | 543 | 186π cm³

| 544 | 684 m³ | 545 | a) 222 m³ b) 518 m³ | 546 | 180 m³ | 547 | 190 m³

| 548 | 2058 cm³ | 549 | 7 cm | 550 | 3500 cm³ | 551 | 1596 cm³ | 552 | 3 cm

| 553 | 896 cm³ | 554 | 2750 cm³ | 555 | 392 cm³ | 556 | 900 cm² | 557 | 588 cm³

| 558 | 456 cm³ | 559 | 762π cm³ | 560 | 456π cm³ | 561 | $\dfrac{2}{5}$ | 562 | 1750π cm³

| 563 | 444π cm³ | 564 | 4116π cm³ | 565 | 1650π cm² | 566 | 780π cm² | 567 | 3108π cm³

| 568 | 120π cm² | 569 | 76π cm³ | 570 | a) 50π cm² | b) 440π cm² | c) 285π cm³

| 571 | $6(\sqrt{6}+2)$ cm | 573 | a) 266 cm³ | b) 9 cm | c) 4 cm² | 574 | a) 163π cm³

b) 6 cm c) 4 cm |575| a) 98cm³ b) 57√3cm³ c) 444√3cm³

|576| a) 3 cm b) 5 cm c) 12 cm |577| a) 6 cm b) 4 cm c) 12 cm

|578| a) 264 cm² b) 210 cm² c) 216 cm² |579| a) 5cm b) 13 cm c) 8 cm

|580| a) 188 cm² b) 58√3cm² c) 432√3cm² |581| a) 448cm² b) 126√3cm²

c) 840√3cm² |582| a) 2√6cm b) 5cm c) 2cm |583| a) 228√7cm³ b) 342√6cm³

c) 3096cm³ |584| a) 132 cm² b) 24√30cm² c) 228√21cm² |585| a) 3cm, 3√2cm

b) 2√6cm, 2√7cm c) b = a + 12 d) b = a + 6 e) b = a + 2√15

|586| a) √3cm, 2√3cm b) 2cm, √5cm c) b = a + 12 d) b = a + 15 e) b = a + 24

|587| a) 6cm, 6√2cm b) 2√3cm, √39cm c) b = a + 8 d) b = a + 3√3 e) b = a + 2√3

|588| 10 cm |590| a) 144π cm² b) 148π cm² c) 8 cm, 2√7cm d) 4 cm

|591| a) 80π cm² b) 378π cm² c) 92π cm² d) 258π cm² e) 297π cm²

|592| a) 186π cm³ b) 494π cm³ c) 618√3πcm³ d) 252√5πcm³ e) 1040πcm³

|593| a) R = r + 8√3 b) R = r + 3 c) R = r + 5 |594| 168√3πcm³ |595| 299π cm²

|596| 326π cm³ |597| 1088π cm², 3920π cm³ |598| 90π m² |599| 216π m²

|600| 312π m³ |601| 176π m² |602| 84π m³ |603| $\dfrac{R^2 r h \pi}{3(R-r)}$ |604| 392π m³

|605| Basta conduzir um plano paralelo às bases, distante 1m da base menor |606| $\dfrac{R}{r} = \sqrt{3} + 1$

|607| 4π(13 + 5√10)m² |608| 32√13πm² |609| 3m |610| a) 240√10πm²

b) 2m |611| 2418m³ |612| $\left(\dfrac{2-\sqrt{2}}{2}\right)H$ |613| 6396πm³ |614| $\dfrac{17}{7}$

|615| 1232m² |616| 912m³ |617| $\dfrac{148}{3}\sqrt{15}$m³ |618| 222√3m³ |619| 189√3m³

|620| 63√3m³ |621| 171√3m³, 207√3 m² |622| 57m³ |623| 152m³

|624| 912m² |625| a) $\dfrac{1}{2}\sqrt{ab}$ b) $\dfrac{1}{2}\sqrt{3ab}$ c) $\dfrac{1}{6}\sqrt{3ab}$ |626| a) $\dfrac{\pi}{4}\alpha$

b) $\dfrac{\pi\sqrt{3}}{6}\alpha$ c) $\dfrac{\pi\sqrt{3}}{9}\alpha$ |627| a) $\dfrac{\pi}{4}\gamma$ b) $\dfrac{\pi\sqrt{3}}{6}\gamma$

c) $\dfrac{\pi\sqrt{3}}{9}\gamma$ |628| a) $\dfrac{\pi}{2}\gamma$ b) $\dfrac{2\pi\sqrt{3}}{9}\gamma$ c) $\dfrac{4\pi\sqrt{3}}{9}\gamma$

629 $45(\sqrt{2}+2)\pi \text{cm}^2$ **630** 6 cm **631** $468\sqrt{2}\text{cm}^3$ **632** $114\sqrt{15}\text{cm}^3$

633 $176\pi \text{ cm}^2$, $151\pi \text{ cm}^3$ **634** $504\pi\text{cm}^2$, $1008\sqrt{3}\pi\text{cm}^3$ **635** $(72\sqrt{2}+126)\pi\text{cm}^2$, $(198\sqrt{2}+270)\pi^3$

636 $6(18\sqrt{3}+7\pi)\text{cm}^2$, $42\sqrt{3}\pi\text{cm}^3$ **637** $108\sqrt{3}\pi\text{cm}^2$, $162\pi \text{ cm}^3$

638 $144\sqrt{3}\pi\text{cm}^2$, $216\pi \text{ cm}^3$ **639** $336\sqrt{2}\pi\text{cm}^2$, $504\sqrt{2}\pi\text{cm}^3$ **640** 324π

641 cm², $162\sqrt{3}\pi\text{cm}^3$ **642** $432\sqrt{3}\pi\text{cm}^2$, $1944\pi \text{ cm}^3$ **643** $288(2\sqrt{2}+1)\pi\text{cm}^2$, $864\pi \text{ cm}^2$,

644 **645** $1296\sqrt{3}\pi\text{cm}^3$ **646** $240\pi \text{ cm}^2$

647 $432(3\sqrt{2}+5)\pi\text{cm}^3$ $\frac{1000}{3}\pi\text{cm}^3$ **648** $490\pi \text{ cm}^3$ 1026π cm³

649 $(85\sqrt{5}+185)\pi\text{cm}^2$,

a) $846\pi \text{ cm}^3$ b) $699\pi \text{ cm}^3$

650 c) $378\pi \text{ cm}^3$ d) $1276\pi \text{ cm}^3$

a) $900\pi \text{ cm}^3$ b) $990\pi \text{ cm}^3$

a) $459\pi \text{ cm}^2$ b) $496\pi \text{ cm}^2$

Impressão e Acabamento
Bartira
Gráfica
(011) 4393-2911